52.7

**It's sugar?
Aus meinen letzten neunzig Jahren**

Ilse Schneider

It's sugar?

Aus meinen letzten neunzig Jahren

Ilse Schneider

Ein Buch aus dem WAGNER VERLAG

Lektorat: www.marianne-glasser@freenet.de
Umschlaggestaltung: post@kayserdesign.com
Titelgestaltung: ennohurlin.de

1. Auflage

ISBN: 978-3-86683-883-3

Bibliografische Information der Deutschen Nationalbibliothek:
Die Deutsche Nationalbibliothek verzeichnet diese Publikation in der
Deutschen Nationalbibliografie; detaillierte bibliografische Daten sind
im Internet über http://dnb.d-nb.de abrufbar.

Die Rechte für die deutsche Ausgabe liegen beim
Wagner Verlag GmbH,
Zum Wartturm 1, 63571 Gelnhausen.
© 2011, by Wagner Verlag GmbH, Gelnhausen
Schreiben Sie? Wir suchen Autoren, die gelesen werden wollen.

www.wagner-verlag.de
www.podbuch.de
www.buecher.tv
www.buch-bestellen.de
www.wagner-verlag.de/presse.php
www.facebook.com/WagnerVerlag
Wir twittern ...
www.twitter.com/wagnerverlag

Das Werk ist einschließlich aller seiner Teile urheberrechtlich geschützt. Jede Verwertung und Vervielfältigung des Werkes ist ohne Zustimmung des Verlages unzulässig und strafbar. Alle Rechte, auch die des auszugsweisen Nachdrucks und der Übersetzung, sind vorbehalten! Ohne ausdrückliche schriftliche Erlaubnis des Verlages darf das Werk, auch nicht Teile daraus, weder reproduziert, übertragen noch kopiert werden, wie zum Beispiel manuell oder mithilfe elektronischer und mechanischer Systeme inklusive Fotokopieren, Bandaufzeichnung und Datenspeicherung. Zuwiderhandlung verpflichtet zu Schadenersatz. Wagner Verlag ist eine eingetragene Marke.
Alle im Buch enthaltenen Angaben, Ergebnisse usw. wurden vom Autor nach bestem Wissen erstellt. Sie erfolgen ohne jegliche Verpflichtung oder Garantie des Verlages. Er übernimmt deshalb keinerlei Verantwortung und Haftung für etwa vorhandene Unrichtigkeiten.

Druck: DIP *...angenehm anders*, Stockumer Str. 28, 58453 Witten

Ende November 1926. An einem Samstag vor dem ersten Advent kurz nach meinem sechsten Geburtstag ertönte am späten Nachmittag ein leises Klingeln. Das hatte eine besondere Bedeutung. Ein „Adventsengel" hatte den Auftrag, eine Süßigkeit für mich vor die Etagentür zu legen. Plötzlich kamen von der Hauptstraße her laute Geräusche. Wir eilten an das Fenster des Wohnraumes. Man konnte die Straße sehen und ich wurde auf die Fensterbank gesetzt und festgehalten. Auf dieser Straße schob sich eine lange Reihe von Männern und Frauen langsam heran. Sie waren links und rechts flankiert von Polizisten mit ihren Tschakos (Helmen). Die Hände dieser Männer und Frauen waren hochgereckt zur Faust, und es ertönte ein Satz wie ein Schrei: „Wir haben Hunger!" Ich war auf das Tiefste erschrocken. Meine Mutter beruhigte mich mit den Worten: „Wer wirklich Hunger hat, geht nicht zu einem solchen Aufmarsch." War es so? Die Leute unten auf dieser Straße waren Kommunisten und denen traute man in keiner Weise. Mein Adventsgeschenk wirkte in diesem Moment sehr deplatziert, aber ich biss trotzdem hinein.

Meine Mutter nahm mich oft mit zu Bekannten aus ihrer Jugendzeit vor dem Ersten Weltkrieg 1914 bis 1918. Es handelte sich um alte Menschen, die Schwierigkeiten hatten mit dem großen Umbruch und der Armut, die der verlorene Krieg und der Versailler Friedensschluss zur Folge hatten. Der alte Herr, 90-jährig, der in einem bescheidenen Altersheim lebte, freute sich auf ein Gespräch und im Besonderen auf die Zigarren. Für mich waren 90 Jahre damals kein Begriff. Lediglich wusste ich, dass er uralt war. Dementsprechend stellte ich mir ein männliches Pendant zu der Hexe aus dem Märchen „Hänsel und Gretel" vor. Aber er war noch groß und aufrecht und ich bewunderte sein besticktes Samtkäppchen auf dem Kopf. Wie der Lehrer Lämpel in „Max und Moritz".

Nach dem Besuch im Altenheim gingen wir zu zwei älteren Damen. Sie waren stets schwarz gekleidet, nur ein weißes Krägelchen unterbrach das Schwarz. Es fiel ihnen schwer, ihre schöne Wohnung mit den schönen alten Möbeln weiterhin zu bezahlen. Meine Mutter besprach mit ihnen ihre Probleme und machte ihnen die Möglichkeit eines Untermieters schmackhaft. Ich beschäftigte mich währenddessen mit dem Porzellanmops, der an der Flügeltür zwischen Salon und Wohnraum stand.
Die beiden Damen machten hin und wieder einen Gegenbesuch. Jedes Mal brachten sie Kokosmakronen in einem hübschen Tütchen mit. Das war ein Problem: Ich mochte keine Kokosmakronen. Ich hoffte stets vergebens auf billige Himbeerbonbons von dem Kolonialwarenhändler in der Nähe. Dort standen diese in einem großen Bonbonglas auf der Theke. Daneben befand sich ein Porzellanneger, der ununterbrochen mit dem Kopf nickte. Neben ihm stand eine Dose mit der Aufschrift „Spende für die Mission".
Mein älterer Bruder entzog sich dem Besuch und den Kokosmakronen sehr schnell. Er wollte mit seinen Freunden Fußball spielen. Die beiden Damen sahen uns fragend an. Wer spielte damals schon Fußball? Meine Mutter hatte damit weniger Probleme. Sie gab dem Spiel nur die Schuld daran, dass mein Bruder sträflich die Schule vernachlässigte. Sie wollte nicht noch einmal eine Bemerkung des Klassenlehrers unterschreiben müssen: „Wage nicht noch einmal, mir so eine Arbeit abzuliefern." Meinen Bruder beeindruckte es weniger. Er wollte Flugzeugführer werden oder zur See fahren. Das Zweite ist ihm dann gelungen. Nach entsprechender Ausbildung wurde er zunächst Schiffsingenieur-Aspirant bei Hapag-Lloyd in Hamburg. Bis zum Kriegsausbruch 1939 fuhr er mehrere Male die Ostasien-Route China-Japan. Ich freute mich besonders über seine außergewöhnlichen exotischen Geschenke.

1927 begann die Schule für mich. Meine erste Lehrerin war eine bemerkenswerte Pädagogin. Die neu eingeschulten Erstklässler saßen ein wenig ängstlich auf ihren Plätzen. Man fand schließlich ein gemeinsames Lied, das schlecht und recht gesungen wurde. Eine Kleine sang sehr viele Strophen vom Bauernhof und den vielen Tieren dieses Hofes. Es wurde ziemlich langweilig und Unruhe kam auf. Da meldete sich vehement eine andere Kleine und wollte auch noch ein Lied singen. Ein kurzes, sagte sie. Sie stand auf und es erklang deutlich, klar und laut: „Valencia, meine Oma fährt Motorrad ohne Bremse, ohne Licht. Und der Schutzmann an der Ecke sieht die dicke Alte nicht." Großes Schweigen. Die Mutter wurde hochrot. Dann lächelte unsere Lehrerin zu der Mutter hinüber. Das Lächeln blieb auch auf ihrem Gesicht. Von diesem Augenblick an liebten wir sie und unsere Zuneigung war berechtigt.

Fräulein Mann hatte stets Zeit für die Nöte ihrer kleinen Schülerinnen. Diese hatten so großes Vertrauen zu ihr, dass sie schon mal aus Versehen „Mutti" zu ihr sagten und sie am liebsten umarmt hätten. Sie fühlte sich betroffen von der großen Armut einiger Schülerinnen. Diese Kinder fehlten sehr häufig. Wir brachten von zu Hause Lebensmittel, Wäsche, Kleidung und Spielsachen mit. Sie machte sich in ihrer Freizeit auf den Weg, um sich nach den kranken Schülerinnen zu erkundigen. Die Spenden unserer Eltern waren meistenteils eine bittere Notwendigkeit.

Fräulein Mann wohnte mit ihrer Mutter im ehemaligen bischöflichen Schloss. In dem Schloss gab es nun Büros und eine Wohnung mit Blick auf den großen Schlosspark, der für die Öffentlichkeit freigegeben war. Der Mutter wegen hatte sie die Wohnung gemietet. Diese sollte sich an Berlin erinnert fühlen. Der verstorbene Vater war Kastellan des kaiserlichen Schlosses in Berlin gewesen. Sie erzählte uns, dass der jüngste Sohn des

Kaisers Wilhelm II., Prinz Joachim, ihr, als sie ein kleines Mädchen war, im Treppenhaustrakt beggenete und ihr einen ausgestopften Vogel im Käfig, den er bei sich trug, zum Geschenk machte. Eines von den beiden Kindern hatte sich wahrscheinlich verirrt oder war neugierig. Ich war erstaunt, dass es Kaiser und Prinzen nicht nur im Märchen gab. Ich hatte bisher nichts von den Hohenzollern und dem letzten Kaiser gehört. Mein Vater war in seiner politischen Richtung Liberaler und Republikaner gewesen. Außerdem war er Schleswig-Holsteiner wie seine Vorfahren und den Preußen gegenüber zurückhaltend. Diese republikanische Gesinnung meines Vaters hatte ich, wie es schien, übernommen. – Meine spätere Gesangslehrerin veranstaltete zweimal im Monat in Köln eine Matinee mit musikalischen Nachwuchstalenten aus den verschiedenen Musiksparten. Eines Sonntagmorgens stellte sie den Chef des Hauses Hohenzollern mit einigen seiner Kompositionen vor. Ich half meiner Gesangslehrein meistenteils bei den anfallenden Vorbereitungen bis zum Überreichen eines Blumenstraußes. Nach den Darbietungen gingen wir stets in ein nahe gelegenes Restaurant. Ich fragte: „Wie redet man den Enkel des letzten deutschen Kaisers an?" Auf die Antwort: „Eure Hoheit" sagte ich etwas voreilig: Dann bleibe ich zu Hause." Meine Großmutter väterlicherseits stammte aus Tondern nördlich von Flensburg. Nach dem Ersten Weltkrieg 1920 stimmte sie mit anderen ab. Die Option war deutsch oder dänisch. Die Abstimmung ging zugunsten der Dänen aus. Über 70 % stimmten damals für Dänemark. Die Beziehungen der Schleswiger zu Dänemark waren und blieben freundschaftlich.

Als kleines Mädchen, etwa sieben bis acht Jahre alt, war ich ein Hundefan. Hunde, die mir gefielen, wollte ich unbedingt streicheln. Meistenteils hatte ich Glück dabei und wurde nicht angeknurrt oder gebissen. Eine Etage unter unserer wohnte ein Ehepaar mit drei Hunden, Gilda und Kosak, zwei russische

Windhunde, so genannte Barsois, und ein Schäferhund. Mit dem Schäferhund ging ich gerne spazieren und keiner durfte mir zu nahe kommen, dann knurrte er. Ich fühlte mich immer gut behütet.

Hin und wieder wanderten wir, sechs an der Zahl, zwei Erwachsene, ein Kind und drei Hunde, zu den Außenbezirken der Stadt. Damals gab es da noch große Grünflächen und Schrebergärten. Das war die Stunde für Kosak und Gilda. Sie wurden nun von der Leine gelassen und rasten in atemberaubender Geschwindigkeit über die Wiesen. Man sah den beiden ihre Begeisterung an. Wenn sie sich nach ihrem sportlichen Einsatz ein wenig ausruhten, bevor das nächste Wettrennen startete, sahen sie wieder elegant und geschmeidig aus. Für Gilda, Kosak und den Schäferhund holte ich auch bereitwillig Fleisch und Wurst vom Pferdemetzger. Die Erwachsenen schienen den Pferdemetzger zu meiden. Warum, wusste ich nicht. Die Scheibe Wurst, die man für mich abschnitt, schmeckte mir auf jeden Fall prima. Die Barsois (russisch: borzij = schnell) waren damals bereits selten zu sehen. In der Sowjetunion gab es kaum noch Zuchtstellen, da Barsois Hunde des russischen Adels gewesen waren. Die adligen Jäger nahmen Barsois mit auf die Wolfsjagd. Aber ausgestorben sind sie nicht. Viele Jahre später sah ich in einem Park in Nürnberg zum ersten Mal wieder einen Barsoi. Er war allerdings ein alter Herr und etwas dicklich. Aber ich erinnerte mich wieder an Gilda und Kosak und ihre Rennen.

Durch meine Vorliebe für Hunde war ich auch keineswegs befremdet, als ich mit meiner Mutter einen Restaurantbesuch machte und uns dort ein Herr, begleitet von einem prächtigen Schäferhund namens Cäsar, erwartete. Cäsar und ich hatten keinerlei Schwierigkeiten. Sein Herrchen und ich auch nicht.

Im 3. Volksschuljahr hatten wir bei einem jungen Lehrer Musikunterricht. Damals war es Sitte, falls man ein Klavier im Wohnzimmer hatte, dass man Klavierunterricht bekam. Dies geschah häufig gegen Begabung und den Willen der Lernenden und strapazierte die Nerven der Zuhörer und des Klavierlehrers. Meine Mutter wartete erst einmal ab, ob es bei mir Anzeichen gäbe, dass man das Geld für den Unterricht nicht umsonst ausgeben würde. Der Musiklehrer in der Volksschule zeichnete eines Tages die Klaviertasten einer Oktave an die Tafel. Darunter schrieb er die Namen der entsprechenden Töne. Wir übertrugen seine Zeichnung in unsere Notenhefte. Danach ließ er uns ein Kinderlied singen und zeigte uns am Tastenbild, wo sich die Töne dieses Liedes befanden. Er spielte das Lied auch auf dem Klavier. Ich war beeindruckt. Der junge Lehrer vermittelte uns Kenntnisse, die sicherlich nicht im Lehrplan standen. Zuhause ging ich an das Klavier und suchte mir einfache Liedchen zusammen. Hiermit war die Frage des Klavierunterrichts gelöst und auch schon der Weg für meine spätere berufliche Laufbahn vorgezeichnet.

Mein Vetter Günther und ich waren im gleichen Alter. Seine Mutter pflegte eine tolerante Erziehungsmethode. Da Günther aber ein cleverer Bursche war, wusste er, wann die Toleranz ein Ende hatte. Trotzdem galt er als Schrecken der Verwandtschaft. Günther und ich verstanden uns gut. Streit ergab sich nur im gemeinsamen Spiel mit meiner großen Puppenstube. Er sah diese nur als Objekt des von ihm bewunderten Al Capone, des Chefs der Mafiagang in Chicago. Wir sahen uns später nicht mehr oft; wir wohnten nicht mehr in der gleichen Stadt. Im Krieg wurde er eingezogen und kam nach Russland. 1943 hatte er sich zum Fallschirmjäger ausbilden lassen. Er meldete sich zum Besuch in Köln an. Von dort sollte seine Einheit in Süditalien eingesetzt werden. Er war ein fescher Fallschirmjägerleutnant. Ich holte ihn gern vom Kölner Hauptbahnhof ab.

Dom und Bahnhof standen noch. Aber in der Umgebung sah es schlimm aus.

Einige Monate vorher, vom 30. auf den 31. Mai 1942, war der so genannte englische 1000-Bomber-Angriff auf Köln gewesen, der erste der folgenden großen Angriffe. Straßenbahnen fuhren aber bereits wieder. Und in unserem Vorort waren wir fast verschont geblieben. Beim bescheidenen Nachmittagskaffee bemerkten wir, dass von Günthers jugendlichem Draufgängertum nicht mehr viel da war. Von Russland wollte er nichts erzählen.

Wusste er von Hitlers Weisung 21, die brutales Vorgehen gegen die russische Zivilbevölkerung als straffrei erklärte? Wir erzählten von früher und konnten uns von schlimmen Eindrücken so weit wie möglich befreien und wieder fröhlich sein. Wir mussten lachen, weil es jetzt im Krieg seltsam erschien, dass wir als Fünfjährige große Angst vor Uniformierten hatten. Dazu zählten im Besonderen Schutzmänner. Günther gab mir gute Ratschläge und brüstete sich damit, einige Schutzleute zu kennen. Unter diesen befand sich Onkel Klingel. Dieser regelte den bescheidenen Verkehr von Autos, Motor- und Fahrrädern am Nicolaiort in Osnabrücks Mitte. „Du brauchst nur, wenn du da vorbeikommst, frühzeitig anfangen zu knicksen. Ich mache dann immer schon Verbeugungen, so genannte Diener, und Onkel Klingel ist sehr freundlich." Ich probierte das ebenfalls aus Als ich mit meiner Mutter in die Nähe des Nicolaiorts kam, begann ich zu ihrem Ärger mit dem Knicksen. Sie konnte mich nicht davon abbringen. Onkel Klingel war ein gut aussehender junger Mann und musste lächeln. Meine Mutter war ebenfalls jung und ihr war das sehr peinlich. Von Onkel Klingel kam zu mir herüber ein freundliches, kurzes Kopfnicken und ich stellte mein Knicksen ein. Meine Mutter war eine gut aussehende Frau. Ich fand sie natürlich hübsch, aber klar wurde mir das erst später. Wir wohnten schon einige Jahre in

Köln, ich war ein Teenager oder, wie man damals sagte, ein Backfisch. Eine Bekannte meiner Mutter kam auf uns zu. Man sprach miteinander und sie sagte: „Ich habe gar nicht gewusst, dass Sie eine so große Tochter haben. Schade, dass sie Ihnen nicht ähnlich sieht." Ich zuckte zwar etwas zusammen, nahm es aber nicht übel.

Zu unserer Kinderzeit gab es unter anderem den gefühlvollen Schlager: „In einer kleinen Konditorei, da saßen wir zwei bei Kuchen und Tee. Und das elektrische Klavier, das spielte leise eine Weise von Kummer und von Weh ..." Dieser Schlager ist viele Jahre später als Evergreen wieder aufgetaucht. Mein Vetter konnte den Schlager vorzüglich pfeifen und brachte es mir auch bei. Ich hatte nichts Eiligeres zu tun, als diesen mittags um 13.00 Uhr im Treppenhaus zu pfeifen. Die Hauswirtin kam aus der Tür. Mit ihrem Spruch, den sie sagte, brachte sie mich zum Verstummen: „Mädchen, die pfeifen, und Hühnern, die krähen, soll man beizeiten die Hälse umdrehen." Heulend kam ich in unserer Wohnung an und fragte: „Dürfen nur Jungen pfeifen?" Meine Mutter antwortete: „Du kannst genau so oft pfeifen wie dein Vetter. Vielleicht aber nicht um die Mittagszeit im Treppenhaus."

Am folgenden Tag brachte ich meinen Vetter an den Zug nach Italien. Es ging in die Richtung nach Salerno. Mussolini war bereits vom italienischen König verhaftet und nach Gran Sasso nördlich von Rom gebracht worden. Mein Vetter kam nicht mehr zum Einsatz. Die Amerikaner landeten im Hafen von Salerno. Günther kam in amerikanische Gefangenschaft in die USA. Für ihn war der Krieg zu Ende.

Meine Mutter kannte ich von meiner frühesten Jugend an nur mit einem schmalen weißen Streifen in ihrem dunklen Haar, ein Zeichen ihres Entsetzens und Kummers über den Unfalltod meines Vaters einen Tag nach meiner Geburt. Sie hatte jedoch ihre Selbstständigkeit über Jahre gut bewältigt, und das auch nicht ungern.

Nach dem Abschluss des Lyzeums wollte sie so gern berufstätig sein. Es scheiterte jedoch am Willen ihrer Mutter, die ihrer jüngsten Tochter dies nicht erlauben wollte.

Im Ersten Weltkrieg war sie verlobt mit einem Soldaten aus Königsberg. Bevor sie eine endgültige Entscheidung traf, wollte sie aber ihre zukünftigen Schwiegereltern, Königsberg sowie etwas von Ostpreußen kennen lernen.

Konnte man sich als Fremde in Königsberg wohl fühlen? Um dies festzustellen, fuhr sie hin.

In Berlin lebte ein älterer Bruder, und meine Großmutter war beruhigt, dass ein Familienmitglied sie zum richtigen Zug brachte. Meine Großmutter war ebenso beruhigt, als ihre Tochter ihr mitteilte: „Ich bleibe in Osnabrück!" Ein goldener Ring mit einem Goldtopas war die Erinnerung an Königsberg.

Meine Großmutter hatte ein etwas gespaltenes Verhältnis zu Russen. Wenn einer ihrer Söhne sich schlecht benahm, schimpfte sie diesen mit den Worten aus: „Du Russe". Das hatte eine besondere Bedeutung. Sie stammte aus einem Dorf in Westfalen. 1813 erlebten die Dorfbewohner einen großen Schrecken. Was damals vor sich ging, wurde von Mund zu Mund weitergegeben. Es war die Zeit des russisch-preußischen Bündnisses gegen Napoleon nach dessen Fiasko in Russland. Die Dorfbewohner in Westfalen, die ihrer gewohnten Arbeit nachgingen und an nichts Böses dachten, hörten auf einmal Pferdegetrappel und Geschrei. Sie sahen eine wahrscheinlich versprengte kleine Gruppe fantastischer Reiter und Pferde, die über die Felder fegten. Sie waren allerdings nur an ihre gemächlichen Ackergäule gewöhnt. Die unheimlichen Fremden schrieen in einer seltsamen Sprache, schwangen ihre Gerten, trugen hohe Mützen und lange Röcke über den Hosen. Es waren Kosaken. Die Dorfbewohner erholten sich vom Schrecken

so schnell wie möglich, eilten nach Hause und versteckten ihre Töchter, Geld und Lebensmittel.
Natürlich kamen die Kosaken in die Häuser des Dorfes, nahmen sich reichlich an Proviant und forderten Futter für die Pferde. Auch den selbst gebrannten Korn der Bauern verachteten sie in keiner Weise. Am nächsten Morgen verschwanden sie wieder so überraschend, wie sie gekommen waren.

Wenn meine Großmutter ihre Eltern besuchte, nahm sie auch ihre Kinder mit. Einmal waren es zwei Söhne und zwei Töchter. Die Fahrt von Osnabrück nach Westerkappeln konnte man nicht ganz mit der Eisenbahn zurücklegen. Für den letzten Teil des Weges gab es noch keine Eisenbahnverbindung, aber die Dorfbewohner hatten ihre alte Postkutsche noch in Betrieb. Sie ächzte zwar ein bisschen, auch die Pferde waren schon alt und etwas langsam. Die beiden ältesten Söhne meiner Großmutter hatten so ein Gefährt noch nie gesehen. Sie stiegen deshalb gar nicht ein, sondern versuchten einen Wettlauf mit der Kutsche zu starten. Meiner Großmutter war das sehr peinlich. Besonders, da einige Mitfahrer im westfälischen Platt sagten: „Sind das nicht Ihre Kinder?" Sie schüttelte leicht den Kopf und starrte verkrampft geradeaus. Ihre beiden Töchter im roten Kleidchen benahmen sich besser. Als sie dann mit den Kindern am Kaffeetisch ihrer Eltern saß (meine Urgroßmutter trug noch ihre Biedermeierfrisur – die geflochtenen, später so genannten Affenschaukeln), klopfte es an die Tür – die Nachbarn. Etwas aufgeregt sagten sie: „Passt auf, draußen auf eurem Acker sind Kemmediantenkinner" (Komödiantenkinder). Man schaute aus dem Fenster und was war? Auf der Wiese spielten die beiden Töchter meiner Großmutter in ihren roten Kleidchen. Meine Großmutter aber stand dazu!
Als Kind und als junges Mädchen war sie oft im Hause des Arztehepaares aus dem Landbezirk. Diese hatten keine Kinder und bewunderten die schöne und große Stimme meiner

Großmutter. Sie wollten gern zur Ausbildung ihrer Stimme beitragen, da sie vom Erfolg überzeugt waren. Aber leider wurde nichts daraus. Doch in der Familie meiner Mutter wurde viel musiziert und ihre Brüder waren eifrige Chorsänger. So berichtete die Großmutter.
Ihre Kinder, die Protagonisten des Berichts, gaben es bei Zusammenkünften zum Besten, und so erfuhren es die Enkelkinder.

1931 wurde auch Kindern ein Name ein Begriff. Dieser Name war in aller Munde: „Adolf Hitler". Plakate mit der Inschrift „Wer Hitler wählt, der wählt den Krieg" waren nicht zu übersehen. Ich konnte das aber nicht richtig einordnen. Sonntagmorgens nach der „Kirche" kamen oft die Brüder meiner Mutter zum so genannten Frühschoppen. Mit Cognac, einer guten Zigarre und politischen Gesprächen konnte es recht laut werden. Einiges schnappte ich auf, an das ich mich in späterer Zeit erinnerte und das ich dann auch in den richtigen Zusammenhang brachte.
Über Hitler und seine aggressive SA wurde stets gesprochen. Vielleicht ist er der kommende Mann? Das war er allerdings. Politiker der Weimarer Republik halfen ihm und seinen Gefolgsleuten, die sie unterschätzt hatten, an die Macht zu kommen.

1931 kam ich in das Osnabrücker Oberlyzeum.
Als Sextanerin bewunderte man die Oberstufenschülerinnen. Eines Morgens kamen einige von ihnen auf uns Kleine zu und verteilten an uns Stecknadeln mit roten, weißen, schwarzen Köpfen. Die sollten wir uns an den Revers der Mäntel befestigen. „Zeigt eure Gesinnung", sagten sie. Zu Hause wurde die Gesinnung wieder entfernt. „Könnte sein, dass du dir eine Ohrfeige einhandelst, da einigen Leuten deine Gesinnung nicht passt." Am nächsten Morgen steckte ich mir die Nadeln wieder

an, da ich kein Spielverderber sein wollte. Zum Glück wurde das Problem durch ein Einschreiten des Direktors gelöst. Er verbot das Tragen jeglicher Abzeichen mit politischem Hintergrund.

1932 zogen wir von Osnabrück nach Köln. Ich freute mich darüber, und meine Freude wurde auch nicht getrübt durch die Aussicht, eineinhalb Jahre Französisch nachholen zu müssen. Im Rheinland begannen die höheren Schulen mit Französisch, während in Osnabrück Englisch die erste Fremdsprache war. Über eine Wiederholung der Klasse wurde nicht nachgedacht. Entweder man schaffte es oder verließ die höhere Schule. So einfach war das!

In der Köln-Mülheimer Schule, in die ich gerne ging, fand man sich oft in Gruppen zusammen, um Fotos von berühmten Filmstars, Sängern oder Schauspielern zu tauschen. Unter den Sängern war Richard Tauber besonders beliebt. Wenn in den Familien viel geraucht wurde, bedeutete das viele Fotos, denn diese befanden sich in den Zigarettenschachteln.

Im Herbst 1932 bemerkte ich auf dem Wege von der Schule nach Hause eine Gruppe SA-Männer. Sie waren wieder zu sehen und zu hören. Das SA-Verbot war aufgehoben. Plötzlich gab es Geschrei und Steine flogen. Ich blieb stehen und verfolgte aus einiger Entfernung das weitere Geschehen. Es handelte sich um eine handfeste Auseinandersetzung der SA-Leute mit Kommunisten, die in einer kleinen Seitenstraße ihr Parteibüro hatten. Es wurde in dem Moment ruhiger, als sich Polizei zeigte. Monate später, nach der so genannten „Machtübernahme", war das Parteibüro zertrümmert und man sah niemanden mehr. Einige Leute sagten vorsichtig: „Man hat sie zusammengeschlagen und weggebracht." Die Zeitungen zeigten Fotos vom Marsch durch das Brandenburger Tor. Zum Teil fanden es die Erwachsenen erstaunlich. Es hatte vor Hitler schon eine

Reihe Reichskanzler in wechselnden Regierungen gegeben. Aber durch das Brandenburger Tor marschierten ihre Anhänger nicht.
Nun gab es ein neues irritierendes Schlagwort: „Machtergreifung", das keinesfalls zu verharmlosen war. Der spektakuläre und überraschende Fackelzug war der Beginn der kommenden großen Inszenierungen.

Im Februar erschien unser Musiklehrer überraschenderweise in SA-Uniform. Eine Mitschülerin meinte spöttisch: „Nun sieht man die Löcher in den Strümpfen nicht mehr." Sein Erscheinen in Uniform war nur kurz. Mehr Respekt hatte sie ihm bei den Schülerinnen nicht eingebracht, und kein Kollege leistete ihm Gesellschaft.

Einige Schülerinnen – ich auch – liebten es, in den beiden großen Pausen in einer etwas abseits gelegenen Ecke des Schulhofes zusammenzukommen. Wir hörten aufmerksam zu, was einige Ältere zu berichten wussten. Manchmal geheimnisvolle Dinge oder auch Witzchen, die uns einiges Kopfzerbrechen machten. Vielleicht konnte man diese zu Hause vorbringen, um etwas Licht in die Angelegenheiten zu bringen. Beim Nachtisch wurden sowieso Begebenheiten besprochen. Aufklärung gab es allerdings nicht, sondern nur das strikte Verbot, nichts über die Schwelle des Hauses zu lassen. Die Austauschecke war daraufhin einige Tage verwaist.

Aber Anfang März 1933 kam eine Mitschülerin und lud uns in unsere Ecke mit den Worten ein, sie hätte einen prima Witz und ihre Eltern hätten darüber gelacht. Ihre Erzählung war für uns unverständlich: „Beim Mittagessen fragt der Sohn seinen Vater: ‚Sag mal, wer hat eigentlich den Reichstag angezündet?' Der Vater will keine Antwort geben und sagt energisch zu seinem Sohn, der weiter essen sollte: ‚(E)S, (E)S!'"
Damit war Schluss – und man sollte nun lachen. Es war für

uns so nebulös, wie der Reichstagsbrand vom 27. auf den 28. Februar 1933 nebulös blieb, aber einschneidende Maßnahmen und Willkür zur Folge hatte. Nun war ich für das Verständnis dieses Witzes vollkommen auf zu Hause angewiesen. Erstaunlicherweise bemerkte ich nach dem Erzählen des so genannten Witzes keine Reaktion, sondern großes Schweigen. Meine Mutter fasste sich zuerst: „Das ist aber grammatisch falsch. Es heißt: ‚Iss, iss!' Nur nicht weitererzählen, sonst blamierst du dich." Ich war nicht recht überzeugt. Das Schweigen hatte mich misstrauisch gemacht; aber es schien mir auch besser, nichts zu erzählen. Etwa eine Woche danach trafen wir uns nicht mehr in unserer Schulhofecke. Als wir unsere alte Gewohnheit wieder aufnehmen wollten, sahen wir unsere nette Klassenlehrerin. Sie kam auf uns zu und forderte uns freundlich auf, unser Clübchen aufzugeben und uns lieber gesunde Bewegung zu verschaffen. Sie kam daraufhin noch einige Male in den Pausen auf den Schulhof. Unser kleiner Club löste sich auf. Von vorsichtigen Vätern gesandte Mütter hatten mit unserer Klassenlehrerin gesprochen und so weiteren Unvorsichtigkeiten vorgebeugt.

Ich hatte inzwischen wieder Klavierunterricht. Meine Lehrerin war sympathisch und tüchtig. Es machte Spaß, mit ihr zu arbeiten. Aus Gesprächen wusste ich, dass ihr Mann als Geiger im Tanz- und Unterhaltungsorchester im Kölner Rundfunk beschäftigt war.

Am 1. Mai 1933 gab es einen großen Umzug durch die Straßen Kölns mit den Mitgliedern der Parteiorganisationen, ohne die alten Gewerkschaften, aber mit der neu gegründeten Deutschen Arbeitsfront unter Dr. Robert Ley. Viele Menschen standen am Straßenrand. Heil-Rufe ertönten, es war herrliches Wetter. Das nahm man zum Anlass, vom Hitler-Wetter zu sprechen, so, wie vor gut 30 Jahren vom Kaiserwetter.

Kurz nach dem 1. Mai, das schöne Wetter hielt noch an, gab es an einem Samstag einen Vorspielnachmittag für die Schülerinnen meiner Klavierlehrerin. Etwas aufgeregt fanden wir uns im Musikzimmer ein. Die Eltern oder Mütter saßen im angrenzenden Raum. Ich bemerkte auch die Eltern einer Mitschülerin. Der erste Teil des Programms lief zunächst bis zur Pause, in der es Erfrischungen gab, ohne Komplikationen ab. Die Erwachsenen plauderten unbefangen miteinander. In einem entfernten Zimmer, in das ich neugierig schaute, bekam ich Folgendes mit: Meine Klavierlehrerin und die Eltern meiner Mitschülerin sprachen erregt miteinander. Das Tanzorchester des Rundfunks existierte nicht mehr, denn der Dirigent war Jude. Meine Mitschülerin war ebenfalls Jüdin. Wir hatten zwei Jüdinnen in der Klasse. Das wussten wir eigentlich nur, da sie weder am katholischen noch protestantischen Religionsunterricht teilnahmen. Sonst waren sie Klassenkameradinnen wie andere auch. Aber einige Monate nach dem 30.01.1933 bekam das Wort „Jude" einen besonderen Akzent.

Mein Bruder Heinz kam sehr stolz aus New York. Nun hatte er einen kleinen, aber wichtigen Teil der Welt gesehen. Inzwischen hatte er es bis zum 4. Ingenieur geschafft. Das Handelsschiff blieb kurze Zeit in New York. Von der Schiffsbesatzung war der größere Teil alte erfahrene Seefahrer. Von ihnen erfuhr er, wie sehr sie die USA schätzten und dies auch zum Ausdruck brachten. Mein Bruder gab es uns ebenfalls zu Gehör. Erstaunt erfuhren wir: „In den USA wohnen und eine japanische Frau, das ist der Himmel auf Erden." Nun hatten wir eine Ahnung davon, wie man glücklich werden konnte. Ich nickte zustimmend mit dem Kopf; nur die japanische Frau konnte ich nicht recht einordnen. Seine Freude und Zufriedenheit mit seinem Beruf veranlasste Heinz, mich zum Tanztee ins Zoorestaurant einzuladen. Ich hatte frisch meine Tanzstunden beendet – leider wenig erfolgreich. Mein Dauertanzpartner war ein

netter rotwangiger junger Mann. Nur mit dem Tanzen haperte es. Der Hit der damaligen Zeit „You Are My Lucky Star" erklang fortwährend in den höchsten Tönen. Wir zählten „eins, zwei, Wechselschritt". Beim Wechselschritt landete der Gute meist auf meinen Fuß. Es ging etwas besser mit dem langsamen Walzer „Ich tanze mit dir in den Himmel hinein, in den siebenten Himmel der Liebe".
Dafür brachte er mich immer sehr lieb zur Straßenbahn. Meine Mutter, der ich von den Tanzstunden erzählte, war sehr beruhigt. Zum Schlussball brachte er seinen älteren Bruder mit, der gut tanzen konnte. Dieser tanzte dann mit mir selbstlos die Tänze, die seinem Bruder nicht in die Füße kommen wollten.
Das Zoorestaurant hatte außer dem „Odeur" der Tiere, dem Brüllen der Löwen auch eine Varieté-Bühne. Ein Varieté war damals ausgesprochen in. Mein Bruder, der einige Zeit stirnrunzelnd die Preisliste studiert hatte, machte mir den Vorschlag, beim Tanzen mit dem Zählen aufzuhören und mich einfach mal von ihm führen zu lassen.

Wir waren noch einmal umgezogen, in einen linksrheinischen Vorort. Meine Klavierlehrerin unterrichtete mich noch so lange, bis sie und ihr Mann nach Neuwied zu den Eltern zogen. Sie hofften, unabhängig zu sein von willkürlichen Eingriffen der Nazis.
Unsere Kunsterzieherin zeigte uns einen Bildband mit Abbildungen von Werken so genannter entarteter Künstler. Gleichzeitig berichtete sie uns von der Bücherverbrennung und Verfemung dieser „entarteten und undeutschen" Schriftsteller und Künstler. Dieses von Goebbels geleitete Unternehmen fand im großen und theatralischen Stile statt (im Mai 1933). Die Anweisung für unsere Lehrerin, die Schüler darüber aufzuklären, erledigte sie mit wenig Kommentar. Nun sollten wir für den 1. Mai (Tag der Arbeit) einen Linolschnitt anfertigen, Thema: „Handwerker bei der Arbeit". Ich zeichnete einen martiali-

schen Schmied vor seinem Amboss mit erhobenem Hammer. Meine Zeit! War das ein kraftvolles Mannsbild! Meine leider bescheidene Gabe für Kunst reichte für so eine Zeichnung aus.

Unser Direx war eifrig bemüht, eine große Zahl seiner Schülerinnen für den BDM oder die Jungmädel melden zu können. Nur dann erhielt die Schule die Erlaubnis, die HJ-Fahne hissen zu dürfen. Es ging ein Gerücht um, dass unser Schulleiter früher zur SPD tendierte. Nun, diesem Gerücht musste natürlich entgegengewirkt werden. Unser „Zeus" erschien persönlich in jeder Klasse, um festzustellen, wer sich noch drückte. Ich wies darauf hin, Ende 1934 in den BDM eintreten zu wollen. Zu Hause ließ man mir darin freie Entscheidung.

Zu dieser Zeit gab es einen Film, der in geschickter Weise auf die Jugend einwirkte: „Hitlerjunge Quex". Für diesen Hitlerjungen schwärmten wir Halbwüchsigen. Heinrich George, den ich hier zum ersten Mal in einem Film sah, spielte den Vater, einen ordinär schreienden Kommunisten aus dem Berliner Wedding vor 1933. Die Mutter, dargestellt von Bertha Drews, stand leidend zwischen Vater und Sohn. Der Sohn findet seine Heimat bei der Hitlerjugend. Die nimmt ihn „warmherzig" auf und ist bemüht, ihn zu einem „verantwortungsvollen" Hitlerjungen zu formen. Unsere Begeisterung für den blonden Darsteller mit dem exakten Seitenscheitel war groß.

Am 1. Mai 1934 bekamen wir Schüler im Vergleich zur bescheideneren Darbietung des Vorjahres auf dem Kölner Stadiongelände ein riesiges Spektakel geboten. Wir sahen hier SA, HJ und BDM, die sich zu einem enormen Hakenkreuz formierten. Aus Lautsprechern ertönten Huldigungen an Hitler. Eine kleine Gruppe erhielt beim Einmarsch viel Beifall. Es waren Studenten in Wichs mit ihren farbenfrohen Standarten, Kennzeichen ihrer Verbindungen. Sie brachten Farbe in das dominierende Braun. Es war ihr letzter Auftritt. Nicht lange danach gingen sie in der entschieden farbloseren NS-Studentenschaft unter.

Eine Begebenheit, die nicht wenige Erwachsene beunruhigte, war die „Röhm-Affäre". Ich bekam einiges von den Gesprächen mit: die Erschießung Röhms (Stabschef der SA) und seiner Spitzenfunktionäre ohne Gerichtsverhandlung. Dieses erschreckende Geschehnis (30. Juni bis 2. Juli 1934) schuf für diese Zeit einen rechtsfreien Raum.

In der Zeitung konnte ich davon lesen, ohne seine tiefere Bedeutung zu verstehen. Von Putschisten war die Rede und von der Notwendigkeit des Geschehenen zum Schutze des Staates. Hitler gab eine Erklärung im Reichstag ab: Er handele als oberster Gerichtsherr des deutschen Volkes.

Ein SA-Mann kam mir ins Gedächtnis, der mir vor gar nicht langer Zeit geholfen hatte. Eine Angelegenheit, die ich zunächst nicht ernst nahm, aber die im Nachhinein schon Erschreckendes aufzeigte. Wenn ich aus der Schule kam und mit der Straßenbahn bis zur Haltestelle Zoo fuhr, ging ich zu unserer Wohnung die Straße „Am Botanischen Garten" entlang – es war ein scheußlicher Herbsttag. Plötzlich sah ich einige kleinere Kinder hinter mir herrennen. Sie bewarfen mich mit Schlamm und Laub und schrieen „Jude". Ich fand dieses seltsame Spiel nicht amüsant und drohte ihnen, konnte sie aber nicht verscheuchen. Da kam ein SA-Mann auf seinem Fahrrad heran, stieg ab und verjagte die Rasselbande. Ohne sich umzuschauen, stieg er wieder auf und fuhr weiter.
Die Straße „Am Botanischen Garten" führte an der kleinen Klinik des Dr. Eldering vorbei. Aus dem Hause hörte ich oft leise Geigenklänge. Hier wohnte auch Bram Eldering, ein bekannter Geiger und ehemaliger Professor der Kölner Musikhochschule, unter anderem Schüler des Geigers Joachim, eines Freundes von Johannes Brahms. Als 1943 das Haus durch

Bomben schwer getroffen wurde, starb Bram Eldering. Nachbarn erzählten, dass er seine Geige fest umklammert gehalten hätte.

Aber auch Erstaunliches bot diese Straße – einen Krimi, fast im Stile von Edgar Wallace, einem Schriftsteller, den man von Staates wegen lesen durfte. Ich sah im Vorgarten eines Hauses, das auffiel, weil es einen Anstrich benötigte, zwei Männer in langen Ledermänteln und Hut. Doch keine Gestapo? Nein, es schienen Kriminalbeamte zu sein. Sie beaufsichtigten zwei Arbeiter, die den gesamten Garten umgruben. Was suchten sie? Eine Leiche? Die Überschrift zu diesem Krimi hätte lauten können: „War es doch der Gärtner?" Einen Gärtner hatte ich verschiedentlich bemerkt. Er trug Vollbart und Strohhut. Die Nachbarn hatten vieles gehört, Seltsames gerochen, aber nichts gesehen. Der Garten war umgepflügt, Brandreste wurden untersucht, aber herausgefunden wurde nichts. Der Gärtner war der Lebensgefährte und der Erbe der älteren wohlhabenden Besitzerin des Anwesens, die spurlos verschwunden war. Im Hause lebten außer den Menschen noch altersschwache Tiere: Pferd, Hunde, Katzen, Mäuse und Kakerlaken. Kein Tier durfte getötet werden. Stereotyp behauptete der Gärtner: „Sie wollte zu ihrem Sohn in die USA." Dort war sie aber nicht angekommen. Die Angelegenheit weitete sich aus. Die Straße wurde belebter, Neugierige kamen. Erst der Krieg ließ das Interesse erlahmen.

Bald begannen die großen Ferien. Ganz sorglos für Schüler, denn Zeugnisse und Versetzungen gab es zu Ostern. Wir hatten uns mit Verwandten in Österreich verabredet. Zunächst blieben wir drei Tage in München. Unsere dortige Pensionswirtin sagte uns: „Sie wollen nach Österreich, das können Sie vergessen. Die Grenzen sind geschlossen." – Was war denn jetzt wieder passiert? – Der österreichische Bundeskanzler

Dollfuß war erschossen worden. Mussolini hatte Soldaten am Brenner stehen. Hitler sagte, seine Leute und er hätten nichts damit zu tun gehabt. Er hatte sogar ein Beileidstelegramm an die österreichische Regierung geschickt. „Mei, nach Berchtesgaden kommen's schon noch."
Mit einer kleinen Touristengruppe besichtigten wir München. Eine junge Frau und ich machten uns den letzten Abend selbständig und überließen den Älteren das Hofbräuhaus.
Die junge Frau war aus Oels in Schlesien. Sie erzählte von ihrer Stadt und dem dortigen Besitz der Hohenzollern, verwaltet von dem früheren Kronprinzen. Fast elf Jahre später, im März 1945, wurde ich noch einmal an Oels erinnert.

Mit List und Tücke fanden wir tatsächlich noch eine Unterkunft in Berchtesgaden, denn die Vermieter schliefen in der Waschküche und dem angrenzenden Trockenraum. Jetzt war für sie die Gelegenheit, Geschäfte zu machen. Jeden Morgen durchforsteten wir den Frühstückskorb. Wir hatten das dunkle Gefühl, dass in der Eile Morgentoilette und Frühstückszubereitung zusammenfielen. Essen in den Restaurants gestaltete sich zu kleinen Katastrophen. Aber wenigstens fanden wir nette Ferienfreunde und beschlossen, gemeinsam im Stile der Pfadfinder am Lagerfeuer zu kochen.
Allerdings setzte dies doch gewisse Techniken voraus. Trotz allem machte es Spaß.

Radio und Zeitung meldeten den Tod des Reichspräsidenten Paul von Hindenburg am 2. August 1934. Es hieß weiter: „Hitler ist sein Nachfolger." Sein offizieller Titel „Führer und Reichskanzler" bezeichnete bereits den Klammergriff der Diktatur. Der Slogan „Führer, befiehl, wir folgen!" machte dies deutlich. – Etwa zehn Jahre später hatte er für einige Deutsche immer noch Gültigkeit. Im Oktober 1944 – die Amerikaner bewegten sich schon auf Aachen zu – konnten wir in Köln in allen Himmelsrichtungen Brandherde sehen. Bombenalarm gab es nicht mehr rechtzeitig oder gar nicht mehr. Wir wollten nach Thüringen. Ich traf morgens eine gute Bekannte, erzählte von unserem Vorhaben und unserer Besorgnis. Ein Mieter von Frau St. hatte sich zu uns gesellt. Er sagte in beruhigendem Ton: „Ach, Fräulein, da brauchen Sie sich keine Sorgen zu machen, unser Führer denkt für uns." Ich hielt dies im Hinblick auf die chaotischen Zustände für eine spöttische Anmerkung und wollte gerade etwas von den großen Köpfen der Pferde und ihrer daraus resultierenden noch besseren Denkmöglichkeit sagen. Aber da spürte ich einen kräftigen Fußtritt. Ich klappte meinen Mund wieder zu und unser korpulenter Gesprächspartner wackelte mit „Heil Hitler" davon. Ich schaute zu Frau St. und sie bemerkte: „Der kann einen in Teufels Küche bringen. Der Dummkopf glaubt wirklich, was er sagt."

In Berchtesgaden gab es im Sommer 1934 eine immer wiederkehrende Frage: „Waren Sie schon auf dem Obersalzberg?" Ich hatte die strikte Anweisung, stets zu antworten: „Den Ausflug machen wir noch." Unsere Ferienfreunde benutzten eine kleine Variante: „Das haben wir für die nächste Woche vorgesehen." Ich war nicht unbedingt abgeneigt, mir den Berghof anzusehen. Vielleicht war Deutschlands wichtigster Mann sogar anwesend. Auf Fotos hatte ich gesehen, wie er in schöner „Potentatenmanier" den blond bezopften kleinen Mädchen die Hand auf den Kopf legte und ihre Wangen tätschelte. Allerdings war ich aus dem Alter heraus und Zöpfe hatte ich auch keine. So hielt sich meine Enttäuschung in Grenzen. Anstelle des Berghofs war eine Autofahrt durchs Berchtesgadener Land keinesfalls zu verachten.
Leider zeigte sich Berchtesgaden mit Dauerregen von seiner schlechten Seite. Wir fuhren in Richtung Norden zurück und blieben in Heidelberg.

Ich bemühte mich um meinen Eintritt in den BDM. Die unvermeidlichen arischen Vorfahren konnte ich nachweisen. Drei Monate später durfte ich nicht nur, sondern musste ich auch bei Veranstaltungen die BDM-Kluft tragen. Sie war nicht unbedingt attraktiv. Eine Freundin, die mit mir Konfirmandenunterricht besuchte, meldete sich zur gleichen Zeit an. Wir beide und eine Reihe anderer „frischer" BDM-Mädel genossen bald darauf die Begrüßung einer hohen BDM-Führerin. Sie war in der Gauverwaltung tätig und erschien mit Gefolge. Wir marschierten mit Gesang und unserer Gruppenführerin zu unserem BDM-Heim. Auf „Drei, vier!" sangen wir los. Die Lieder konnten wir wie im Schlaf:

Vorwärts! Vorwärts!
Schmettern die hellen Fanfaren,
Vorwärts! Vorwärts!
Jugend kennt keine Gefahren.
Deutschland, du wirst leuchtend stehn
Mögen wir auch untergehn.
Vorwärts! Vorwärts!
Schmettern die hellen Fanfaren,
Vorwärts! Vorwärts!
Jugend kennt keine Gefahren.
Ist das Ziel auch noch so hoch,
Jugend zwingt es doch.
Refrain ...

Jugend! Jugend!
Wir sind der Zukunft Soldaten.
Jugend! Jugend!
Träger der kommenden Taten.
Ja, durch unsre Fäuste fällt
Wer sich uns entgegenstellt
Jugend! Jugend!
Wir sind der Zukunft Soldaten.

Jugend! Jugend!
Träger der kommenden Taten.
Führer, wir gehören dir,
Wir Kameraden, dir!
Refrain ...

Refrain:
Uns're Fahne flattert uns voran.
In die Zukunft ziehen wir Mann für Mann.
Wir marschieren für Hitler
Durch Nacht und durch Not
Mit der Fahne der Jugend
Für Freiheit und Brot.
Uns're Fahne flattert uns voran,
Uns're Fahne ist die neue Zeit.
Und die Fahne führt uns in die Ewigkeit!
Ja, die Fahne ist mehr als der Tod!

           Baldur von Schirach

Es zittern die morschen Knochen
Der Welt vor dem großen Krieg,
Wir haben den Schrecken gebrochen,
Für uns war's ein großer Sieg.

Refrain:
Wir werden weiter marschieren,
Wenn alles in Scherben fällt,
Denn heute gehört uns Deutschland
Und morgen die ganze Welt.

Und liegt vom Kampfe in Trümmern
Die ganze Welt zuhauf,
Das soll uns den Teufel kümmern,
Wir bauen sie wieder auf.

Nicht zu vergessen: „Schwarzbraun ist die Haselnuss ..." Dieses beliebte Volkslied sangen wir zum Schluss. Über die Liedtexte machten wir uns damals wenig Gedanken. Den Realitätsbezug brachte erst der Krieg mit seinen schrecklichen Folgen.

Nach einigem Warten im Heim kam unser „hoher" Besuch: eine freundliche junge Frau. Die blonden Zöpfe hatte sie im Stil der Reichsfrauenschaftsführerin um den Kopf gewunden. Das bestaunten wir, denn von uns trug niemand eine solche Frisur. Ihr Gesicht wurde ernst, und sie wies uns ein wenig pathetisch auf unsere Pflichten gegenüber dem Führer, dem Nationalsozialismus und Deutschland hin. Es folgte eine Hommage an den Führer: „Tag und Nacht ist er bemüht um Volk und Vaterland. Er kennt kein Privatleben, keine Frau, keine Familie." Eva Braun war damals das bestgehütete Geheimnis, obwohl Hitler und sie sich schon ziemlich lange sehr gut kannten. Unsere Rednerin wusste auf jeden Fall nichts – und wir schon gar nicht. Sie war im Gegenteil so gerührt von dem selbstlosen Einsatz ihres Führers für das deutsche Volk, dass sie ihre Tränen nicht zurückhalten konnte. Da sich unsere Rührung in Grenzen hielt, war es uns eher peinlich. Sie bemerkte es, schnaufte noch einmal und kam zu einem Witzchen über Goebbels: „Wisst ihr schon, dass die Löwenmäulchen einen neuen Namen bekommen haben? Sie heißen jetzt ‚Goebbelsblümchen'." Diese Art der Verharmlosung verkannten wir, doch lachen konnten wir beim besten Willen nicht. Nun brachte unsere Erzählerin einen zweiten Witz, diesmal über Göring: „Ein Beamter des Luftfahrtministeriums hatte für den Luftfahrtminister Göring eine Meldung zu übermitteln. Im Hause Göring ist aber nur seine Frau anwesend, und sie weiß nicht, wo ihr eitler Mann sich aufhält, Sie schaut im Kleiderschrank nach, kommt zurück und sagt: ‚Mein Mann ist im Keller, er trägt seinen ‚Bergmannsanzug'." Allgemeines Schmunzeln.

Unsere Erzählerin drohte neckisch mit dem Finger nach dem Motto: nur nicht weitererzählen.

Die weibliche Euphorie für den selbstlosen Retter Deutschlands war durchaus keine Seltenheit. Unser Hausmeisterehepaar einschließlich Sohn, Tochter und Schwiegersohn war in der Partei bzw. den angeschlossenen Organisationen. Frau S. kam eines Nachmittags in unsere Wohnung, um etwas nachzuprüfen. Danach hielten wir einen kleinen Plausch. Hitler hatte vor einigen Tagen Köln besucht und in der Messehalle eine Rede gehalten. Alles, was in der Partei Rang und Namen hatte, war vertreten. Die gesamte Veranstaltung versprach ein großes Schauspiel zu werden. Frau S. war als Mitglied der NS-Frauenschaft unseres Vorortes ausgewählt, daran teilzunehmen. Sie hatte einen guten Platz ergattert. Hitler und Gefolge wurden angekündigt. Sieg-Heil-Rufe erschütterten die Halle. Frau S. stand weit vorn, aber hinter ihr befanden sich noch viele Begeisterte. Als Hitler ziemlich nah war, rissen alle die Arme hoch. Damals trug die Dame noch Hut. Hitler marschierte dynamischen Schrittes vorbei, Hand wie üblich am Koppelschloss. Frau S. hatte in diesem historischen Moment ihren Hut vor dem Gesicht. (Folge der emphatischen Heil-Rufe mit ausgestrecktem Arm.). Als sie das erzählte, kamen ihr die Tränen. Einmal die Gelegenheit, dem Führer in die Augen zu schauen. Die Augen, die so faszinierend sein sollten. Wir hatten Mühe, unsere Lachmuskeln unter Kontrolle zu bekommen. Sie schaute uns böse an und machte einen Angriff auf meine Mutter mit den Worten: „Wollten Sie nicht in die Frauenschaft eintreten?" Meine Mutter erschrak. Sie war jedoch auf diese Frage eingestellt und wehrte mit Vorsicht und Geschicklichkeit ab. Frau S. fragte nicht wieder. Sie hatte sich wohl doch noch ein Gefühl für Toleranz und freie Entscheidung erhalten; im Hinblick auf gute Nachbarschaft.

Frau M. und ihre Tochter Ruth, etwa zwei Jahre jünger als ich, wohnten zusammen mit uns in einem Haus. Ebenso die Mutter bzw. Großmutter, die immer noch eine schöne Frau war. Sie zog später mit ihrer jüngeren Tochter in die Kölner Innenstadt. Hier besaßen sie vor dem Ersten Weltkrieg ein stattliches Haus. Frau M. war eine recht gute Klavierspielerin und wir musizierten gerne miteinander. Aus dieser Beziehung wurde eine Freundschaft. Die Abende verbrachten wir oft zusammen und es war stets ein anregendes und fröhliches Zusammensein. Ihr geschiedener Ehemann lebte in München. Wir hatten ihn nie kennen gelernt. Jahre später kreuzte er plötzlich wieder auf. Das hatte seine Gründe: Für ihn als ehemaliges Parteimitglied schien nun seine von ihm geschiedene Frau, eine Halbjüdin, recht nützlich zu sein. Seine Tochter, um die er sich nicht gekümmert hatte, tat das einzig Richtige. Sie schlug ihm die Tür vor der Nase zu.

Frau M. gärtnerte gern und ihr Schrebergarten wurde für uns alle im Sommer zum lohnenden Ziel. Ihre Schwester und sie, beide Realschullehrerinnen, mussten plötzlich aus ihrem Beruf ausscheiden. Wir konnten es uns nicht erklären. Der Vater war Jude und sie waren demnach Halbjüdinnen. Dies war in den Augen der Nazis natürlich ein Makel. Als wir es erfuhren, störte es uns nicht. Frau M. erzählte oft von ihrem Vater, Alexander C., dem Sohn eines Kölner Bankiers. Sie erinnerte sich gerne an Reisen mit ihrem Vater und an Feste im Hause ihrer Eltern. Erst später erfuhren wir Genaueres. Die Mutter kam als junges Mädchen aus der Eifel und fand eine Anstellung im Bankiershaushalt. Der Sohn des Hauses verliebte sich in die hübsche junge Frau und beide wollten heiraten. Aber es standen erhebliche Unterschiede in der Religion und den finanziellen Verhältnissen dagegen. Beider Eltern waren entschieden gegen eine Heirat. Sie heirateten also nicht, aber sie kauften ein schönes Haus in der Kölner Innenstadt. Es wurden zwei Töchter geboren und katholisch getauft, denn die Mutter blieb auch katholisch. Nach dem Ersten Weltkrieg musste die Bank schließen und die Besitzer starben. Einer Heirat stand nun nichts mehr im Wege. Die langjährige Lebensgefährtin wollte es aber belassen, wie es war. Unglücklich war sie nicht gewesen, im Gegenteil, sie und ihr Lebenspartner hatten sich gut verstanden. Aber da die Vaterschaft im Standesamt vermerkt war, kam es zu dem späteren Verhängnis für seine beiden Töchter.

Die Tochter Ruth erhielt Klavierunterricht, doch da das Klavier nach vielen Jahren überholungsbedürftig war, dachte Frau M. an den Kauf eines Stutzflügels. Dieser fand noch Platz in der Wohnung. Frau M. bat mich, mit zu dem von ihr vorgesehenen Pianogeschäft zu kommen. Ich sollte auf einigen Instrumenten zur Probe spielen und auch meine Meinung dazu äußern. Ich freute mich darüber und war mächtig stolz auf das Vertrauen, das sie in mich setzte. Wir zogen also los. Ich probierte einige Instrumente aus und tippte auf den teuersten Flügel. Jetzt kam der Besitzer, der bis dahin etwas misstrauisch mir gegenüber war, auf mich zu, redete mich mit „Gnädiges Fräulein" an und lobte meinen musikalischen Sachverstand. Seine Absicht verkannte ich, sondern fühlte mich außerordentlich geschmeichelt, denn bis dahin war ich noch nie für jemanden ein „gnädiges Fräulein" gewesen. Frau M. zuckte trotz der „übergroßen" Höflichkeit vor Schreck zusammen, als sie den Preis erfuhr. Nach einigen weiteren Hörproben einigte man sich auf einen Stutzflügel, der einen guten Klang hatte, aber noch bezahlbar war. Das „gnädige Fräulein" blieb mir noch lange im Gedächtnis.
Ich spielte nach diesem Kauf gern einmal auf dem neuen Flügel. Etwas hatte ich ganz gut im Griff, und zwar die „Lieder ohne Worte" von Felix Mendelssohn. Als ich mit meinen Noten erschien und die ersten Takte anschlug, schaute Frau M. mich an, zwinkerte mit den Augen und sagte: „Eigentlich ver-

boten." Und so war es: Die Musik von Mendelssohn war seit 1933 gesetzlich verboten. Nun erinnerte ich mich, dass meine Mutter leicht zusammenzuckte, als sie die Noten ansah, die mir mein Musiklehrer mitgegeben hatte. Aber meine Familie und Bekannte beunruhigten mich nicht mit dem Satz: „Felix Mendelssohn ist ein jüdischer Komponist und man darf ihn nicht spielen."

Meine Klavierlehrerin empfahl uns, als sie nach Neuwied verzog, die Klavierschule Berger. Diese befand sich in Köln im Agnesviertel. Die Chefinnen, zwei ältere Damen und Töchter des Professors Berger von der Kölner Musikhochschule, führten diese in seinem Sinne weiter. Inmitten der Häuser fiel sie nicht besonders auf und das war gut in der Hitlerzeit.

Mein Klavierlehrer, ein tüchtiger junger Mann, gab mir stets die Erarbeitung von Klavierstücken aus Barock, Klassik und Romantik auf. (Moderne Musik war damals auch ein Problem.) Ein „Lied ohne Worte" von Mendelssohn war stets dabei. Meine Unbefangenheit geriet allerdings ins Wanken nach den Worten von Frau M. Über uns wohnte ein Orgelbauer mit Familie, der gern zuhörte, ebenso seine Schwiegereltern. Die anderen Mieter blieben uninteressiert. Shakespeares „Sommernachtstraum" hatten sie wohl lange nicht mehr gesehen. So blieb es ihnen verborgen, dass Mendelssohns Bühnenmusik für diesen Shakespeare nicht mehr gespielt wurde. Die Mieter des Nachbarhauses kümmerten sich weniger um Komponisten, sondern mehr darum, dass ich nicht vor 15.00 Uhr übte.
Diskriminierung von Juden wurde „Gesetz", die Beschränkungen radikaler und die Drohungen gegen Arier, die diesen Gesetzen nicht Folge leisten wollten, gefährlicher. Nach einem Gespräch meiner Mutter mit meinem Klavierlehrer gab es keine „Lieder ohne Worte" mehr. Ich vermisste sie, aber ich nahm es in Kauf, dass man sich arrangierte.

In dem Buch „Die Mendelssohns – Bilder aus einer deutschen Familie" (Eckart Kleßmann) steht Folgendes: „Zwölf Jahre lang durfte in Deutschland Musik von Mendelssohn nicht gespielt werden; auch den Kirchen war es strikt verboten, geistliche Musik von ihm aufzuführen. Das 1892 errichtete Mendelssohn-Denkmal vor dem Leipziger Gewandhaus wurde 1936 nachts in aller Stille abgebrochen, worauf der Leipziger Oberbürgermeister Carl Goerdeler, der zu dieser Zeit gerade auf Reisen war, seinen Rücktritt erklärte. Sogar der Volkswitz griff das Thema auf. Nach dem Reimschema des höchst populären Bilderbuchs ‚Zehn kleine Negerlein' wurde parodiert: ‚Fünf kleine Negerlein spielten einst Klavier, eines spielte Mendelssohn, da waren's nur noch vier.'"

C. F. Goerdeler, eine der wichtigsten Personen der Verschwörung vom 20. Juli 1944 und als zukünftiger Reichskanzler vorgesehen, war nach dem misslungenen Putsch untergetaucht. Hitler setzte eine Prämie von einer Million Reichsmark auf seine Ergreifung aus. Am 12. August 1944 wurde er denunziert und am 2. Februar 1945 hingerichtet.

1935, nach den Osterferien – ich war in der Obertertia (9. Klasse) – bekamen wir einen neuen Geschichtslehrer. Mich interessierte das Fach Geschichte. Inzwischen wussten wir Schülerinnen, dass neue Schulbücher erarbeitet wurden und dann für alle höheren Schulen verpflichtend sein würden. An erster Stelle standen Geschichte und Biologie. Wir saßen erwartungsvoll vor der Geschichtsstunde im Klassenraum. Die Tür ging auf, ein schneidiges „Heil Hitler" ertönte und der Neue trat ein. Das „Heil Hitler" schien allerdings das einzig Schneidige an ihm zu sein. Unsere Aufmerksamkeit erlahmte. Einige wollten sich schon auf einen leichten Stundenschlaf einstellen, andere versuchten, sich auf eigene Faust etwas Abwechslung zu verschaffen. Der „Neue" stellte sich vor. Sein Vorname Kon-

stantin in Verbindung mit „Geist" erschien uns komisch und Munterkeit kam auf. Dann stellte er die übliche Frage: „Was habt ihr durchgenommen?" Wir kamen nach einigem Überlegen auf Karl den Großen. Sehr schnell ertönte wiederum die schneidige Stimme:„Karl der Große? Das ist heutzutage ‚Karl der Sachsenschlächter!' Die Bezeichnung der Franzosen ‚Charlemagne' ist für Deutsche nicht maßgebend." Wir schauten verwirrt, sogar die Uninteressierten schraken auf: eine ziemlich vulgäre Bezeichnung, Geschichte im Hau-Ruck-Verfahren. Herr G. gab kurze Erklärungen ab, die vor allem die Vorzüge des Widersachers Karl des Großen, des sächsischen Germanenfürsten Widukind, herausstellten. Ich erinnerte mich. Bei dem vorherigen Geschichtslehrer kam nicht nur eine Person zur Geltung – und germanischen Ursprungs, also arisch, war Karl der Große ebenfalls. Auf beiden Seiten wurde der langjährige Kampf der christlichen Franken gegen die heidnischen Sachsen grausam geführt. In der Volksschule hatte ich bereits von meinen „Vorfahren" gehört, ihren Vorzügen und ihren Schwächen, aber ohne den Anspruch der Einmaligkeit.
Wir schmetterten das Lied von Hermann dem Cherusker, dem listigen Bezwinger des römischen Heeres unter Quintilius Varus: „Als die Römer frech geworden, zogen sie nach Deutschlands Norden". Nun ließ man den despektierlichen Schluss lieber weg: „Und seine Frau Thusneld konnte saufen wie ein Held!" Jetzt waren die Schwerpunkte andere, z. B.: „Und Augustus blieb vor Schrecken ein Stück Pfau im Halse stecken."

Selbst als Jugendlicher kam man ins Grübeln, wenn man Fotos der nationalsozialistischen Spitzenfunktionäre in der Zeitung sah. Nordische Merkmale, d. h. „blond, blauäugig, ‚edle Züge" wiesen sie kaum auf. Von Goebbels wurde ziemlich offen als vom „Schrumpfgermanen" gesprochen. Unsere Regierung hatte für diese Ungereimtheiten strikte Erklärungen: Nur die Gesinnung ist wichtig! Die kämpferische und rassenbewusste Einstellung, der unerschütterliche Glaube an die arische Überlegenheit gegenüber minderrassigen Völkern, die zu bekämpfen waren. Arische Merkmale können auch täuschen; sie zeigen nicht unbedingt etwas von der nationalsozialistischen Gesinnung. Hinter diesen arischen Merkmalen konnte sich auch die von den Nazis so genannte „Judenseele" verstecken. So weit wussten wir nun Bescheid. Endgültig! Herr G. zeigte sich auch fächerübergreifend und hielt es für seine Pflicht, uns über das Alte Testament aufzuklären. Alle Schülerinnen waren im Religionsunterricht, und wir staunten über seine Interpretationen der jüdischen Geschichte im AT. Das war Werbung für die Deutschen Christen und ihren Reichsbischof Ludwig Müller, der gefordert hatte: „Beseitigung alles Undeutschen im Gottesdienst und Bekenntnis." Unser Konstantin hatte allerdings nicht mit Kaplan Blum gerechnet, der katholischen Religionsunterricht gab. Die Schülerinnen mochten ihn. Er war ein rundlicher, freundlicher Herr, aber man durfte ihn nicht unterschätzen. Einige Schülerinnen meldeten sich in der nächsten Geschichtsstunde: „Herr Kaplan Blum hat gesagt, Ihre Auslegung ist nicht richtig. Vielleicht kann er mal mit Ihnen darüber sprechen." Herr G. lächelte etwas maliziös und schwieg. Einige Stunden darauf versuchte er es noch einmal; aber wieder kam Herr Kaplan Blum dazwischen. Danach gab er es auf. Dieses Terrain betrat er nicht wieder.

Alljährlich im September stand Nürnberg im Mittelpunkt des Interesses. 1935 war es der Parteitag der Freiheit, zum Schutze des deutschen Blutes und der deutschen Ehre. Die Reichsbürgerrechte wurden auf diesem Parteitag den Juden abgesprochen. Jeder Paragraf des Nürnberger Gesetzes enthielt diskriminierende Verbote. Was sollte nur reines deutsches Blut bedeuten? Immer wieder wurde im Zusammenhang mit Verbindungen zu Juden von deutschem Blut gesprochen. Klang irgendwie nach vorgestern. Was es bedeuten konnte, nicht arisch zu sein, wusste ich von Frau M., und wie es war, nicht mehr erwünscht zu sein. Einmal in der Woche hatten wir in der sechsten Stunde Geschichte. Herr G. gab unseren zwei Jüdinnen, die seit der Sexta im Klassenverband waren, unterrichtsfrei. Er trompetete: „Wir sprechen über den Nürnberger Parteitag und das wichtige Gesetz zum Schutze des deutschen Blutes und der deutschen Ehre." Wir empfanden die Peinlichkeit besonders, als wir die erschrockenen und verlegenen Gesichter unserer beiden Klassenkameradinnen sahen. Nun gab unser Konstantin erst einmal einige Erläuterungen: „Wer von drei volljüdischen Großeltern abstammt, gilt als Jude." Das in Kraft gesetzte Reichsbürgergesetz gewährte nur den arischen Deutschen volle politische Rechte. Die deutsche Bevölkerung wurde in zunehmendem Maße durch Propaganda gegen Juden aufgehetzt – „Die Aufnahmefähigkeit der großen Masse ist nur sehr beschränkt, das Verständnis klein, dafür jedoch die Vergesslichkeit groß. Aus diesen Tatsachen heraus hat sich jede wirkungsvolle Propaganda auf nur sehr wenige Punkte zu beschränken und diese schlagwortartig zu verwenden, bis auch bestimmt der Letzte unter einem solchen Wort das Gewollte sich vorzustellen vermag." („Mein Kampf", S. 198) Wir erfuhren weiter, dass Angehörige der SS, die einen speziellen Treue-Eid auf Hitler geschworen hatten, ihren arischen Nachweis bis in das 18. Jahrhundert erbringen mussten. Sie galten auch als bevorzugte Vertreter der Herrenrasse mit besonderen Aufgaben. Damit wurden wir nun konfrontiert. Die besonderen Aufgaben der SS blieben aber unerwähnt. Den Begriff der Reinrassigkeit hatten wir bisher bei Hunden eingeordnet und beachtet. Herr G. wollte auch etwas von uns hören: „Warum dürfen Juden, wenn überhaupt, nur Hausangestellte über 45 Jahre einstellen?" Er tat sich etwas schwer mit einer Erklärung. Wir ermunterten ihn, es uns deutlich zu machen. Wir wollten ihn in Verlegenheit bringen. Konstantin rief meine Freundin Anneliese auf. Diese war ein kluges Mädchen, aber sie meldete

sich nicht gern. Anneliese stand auf, kniff die Lippen zusammen und blieb stumm. Auch weitere Ermunterungen änderten daran nichts. Es schellte, und Herr G. fand seine schneidige Stimme wieder: „Fragt eure Mütter." Anneliese und ich gingen zur Straßenbahnhaltestelle. Sie sagte: „Ich hätte noch länger gestanden, aber gehört hätte er von mir nichts."
Gegen Ende des Schuljahres hieß es: „Herr G. wird nach Königsberg versetzt. Dort wird er Studienrat." In dieser Zeit gab es an höheren Schulen immer noch Anstellungsschwierigkeiten für Lehrer. Stellen waren rar. Gut ein Jahr vor dem Krieg wurde es besser. Unser Direx kam mit Konstantin, den wir in SA-Uniform bewundern konnten, und gab uns die Neuigkeit bekannt. Wir freuten uns natürlich über seinen Karrieresprung. Der Direx wirkte außerordentlich freundlich und entspannt. So kannten wir ihn kaum.
Unser nächster Geschichtslehrer war jung, und wir fanden ihn sehr nett. Die Testantwort „Karl der Große" auf die Frage „Was habt ihr durchgenommen?" ging ohne Kommentar durch. Als dieser Neue 27 Jahre alt wurde, schenkten wir ihm 27 Tulpen. Eine Mitschülerin, unsterblich in ihn „verknallt", überbrachte sie.

Die Familien unserer beiden jüdischen Klassenkameradinnen verließen frühzeitig genug Deutschland, etwa ein Jahr nach dem Nürnberger Parteitag der Freiheit. Hannah kam mit ihrer Mutter in unsere Klasse und verabschiedete sich von uns. Wir wünschten alles Gute, wie es so üblich war. Welch einen Einbruch, auch in finanzieller Hinsicht, dies für die Familie bedeutete, konnten wir damals nicht erahnen. Die Vorstellung, dass es auch das Überleben sicherte, war uns ebenfalls nicht bewusst. Hannahs Familie emigrierte nach Palästina, unsere andere Klassenkameradin in die USA. Sie gingen für immer.

Am Abend des 7. März 1936 besuchte uns ein guter Bekannter. Er war besorgt über den Coup Hitlers, d. h. die bereits vollzogene Besetzung des entmilitarisierten Rheinlandes, das die Sicherheit der französischen Grenzen dieses Gebietes garantieren sollte. Daher war dieser Schritt Hitlers außerordentlich gefährlich. Aber die Westmächte hielten sich zurück. Hitler gab eilig Friedensbeteuerungen ab, die stets lauteten: „Wir haben keine weiteren Forderungen." Die Möglichkeit, dass Hitler später über die Grenzen von 1914 hinausgehen würde, konnte sich damals kaum einer vorstellen. Ich ging am Mittag dieses Tages mit einigen anderen Mädchen in Richtung Rheinufer. Viele Menschen, zum Teil mit Blumensträußchen, die sie den Soldaten zuwarfen, säumten die Straße. Im Schritttempo fuhren Cabrios mit jungen Offizieren. Diese strahlten und fingen die Sträuße auf. Wir konnten uns dem mitreißenden Eindruck nicht entziehen. Keiner von denen, die dort am Rheinufer standen und jubelten, glaubte, dass sie hier im Grunde einem gewagten Unternehmen zuschauten. Auf dem Weg nach Hause kamen wir an der katholischen Volksschule vorbei. Hier waren einige Soldaten untergebracht. Zum ersten Mal sahen wir in unserem Vorort Soldaten, die demnächst auch im Kölner Gebiet stationiert sein würden. Vor der Eingangstür der Schule standen einige Mädchen, etwas älter als wir. Ein ungefähr zwölfjähriger Junge zeigte auf eine und rief: „Dat hat ne Zaldat gebützt!" Auch eine neue Erfahrung.

Die Vorbereitung für die Olympiade 1936, die Deutschland auszurichten hatte, lief auf vollen Touren. Das Fest der Nationen sollte großartig werden; deutsche Sportler mit allerbesten Leistungen sollten das nationalsozialistische Deutschland vertreten und dessen Image im Ausland verbessern. Die Nazis waren geübt darin, große, eindrucksvolle Schauspiele zu veranstalten. Und entsprechend war die positive Reaktion der ausländischen Besucher. Hitlers Ansehen wuchs, viele Ausländer

revidierten ihr Misstrauen und die Furcht vor dem ihnen unheimlichen Hitler. Die Deutschen waren mit Recht stolz auf die Leistungen ihrer Sportler. Sie freuten sich aber auch über großartige nichtdeutsche Sportler wie z. B. Jesse Owens, den Afroamerikaner. Besonders die Berliner jubelten dem Ausnahmeathleten zu. Ich sah in der Ufa-Wochenschau den Goldmedaillengewinner Owens die Ehrentribüne Hitlers erklimmen. Hitler hatte sich halb erhoben, und es ging das Gerücht, Hitler hätte schon vor der unumgänglichen Gratulation gehen wollen, um das Händeschütteln mit einem „Neger" zu vermeiden.
Helene Mayer, Halbjüdin, bekannte deutsche Fechterin, lebte inzwischen in New York. Sie hatte zunächst gezögert, der Einladung der deutschen Regierung Folge zu leisten, um für Deutschland zu kämpfen, aber sie tat es. Vielleicht auch im Hinblick darauf, das Ansehen der deutschen Juden verbessern zu können. Allerdings war ihre Hoffnung vergebens. Dass sie aus New York zur Olympiade kommen würde, stand unübersehbar in der Zeitung; ebenso, dass sie Halbjüdin sei. Ein geschickter politischer Schachzug.

Die großen Ferien standen vor der Tür. Mein Ferienziel waren meine Verwandten in Schleswig. Eventuell konnte ich mit meiner Cousine segeln. Die Schlei lag vor der Haustür, d. h. dem Sommerhaus ihrer Eltern. Gitta hatte einen Freund, dem hin und wieder der ältere Bruder seine Segeljolle lieh. Tommy, ebenfalls im Besitz einer geliehenen Jolle, erklärte sich bereit, mich zum Segeln mitzunehmen. Aber meine Mutter spielte nicht mit. Sie befürchtete einen eventuellen Unfall, und meine Tante konnte und wollte die Verantwortung nicht übernehmen. Aber es gab in Schleswig noch andere Gelegenheiten, sich die Zeit zu vertreiben, und Tommy verkraftete die Absage ebenfalls.

Mein Onkel Heine, der jüngere Bruder meines Vaters, führte das Baugeschäft meines Großvaters weiter und hatte einen größeren Auftrag in Kiel. Es ging um den Bau von Wohnungen für Marineangehörige. Dadurch ergab sich die Möglichkeit, an Karten für den olympischen Segelwettbewerb zu kommen, und dabei dachte er an seine beiden Nichten. Der Chauffeur sollte uns helfen und auch Gesellschaft leisten. Wir freuten uns riesig und quetschten uns stolz unter die enorme Menge der Zuschauer. Wir ertrugen geduldig die Püffe der anfeuernden und begeistert aufspringenden Segelfans. Eine deutsche Crew errang die Goldmedaille. Der Jubel war kaum zu bremsen. Die erste Strophe des „Deutschlandliedes" ging fast unter. Doch dann besann man sich und es wurde ruhiger. Onkel Heine erschien nach dem „Horst-Wessel-Lied". Er versuchte sehr aufrecht zu gehen; den Auftrag hatte er in der Tasche und diese frohe Nachricht hatte er mit Rum und wenig Wasser begossen. Den Chauffeur benötigte er unbedingt. Die Rückfahrt wurde noch sehr fröhlich, wir sangen kräftig Schlager der Saison und uns bekannte Volkslieder.

Die Segelnachmittage meiner Cousine pflegte ich mit Schwimmen, Sonnen und Lesen zu überbrücken. Ich durfte an Büchern aussuchen, was ich lesen wollte. Im Bücherschrank entdeckte ich ein Buch, das im Allgemeinen nicht mehr zu sehen war: „Buddenbrooks – Roman von Thomas Mann". Mir war bekannt, dass Thomas Mann den Nobelpreis bekommen hatte. Außerdem wusste ich, dass seine Bücher auf dem Index standen und weder verkauft, geschweige denn gedruckt noch in den Schulen besprochen werden durften. Wenn er in der Öffentlichkeit erwähnt wurde, dann nur in diffamierender Weise. Daher reizte es mich besonders, die „Buddenbrooks" zu lesen. Vorsichtshalber fragte ich meine Tante. Sie gab mir das Buch ohne Kommentar, und ich las es mit großem Interesse.

Die bereits angekündigte Fahrt nach Dänemark sollte nun endlich stattfinden. Odense war das Ziel. Im Gegensatz zu meinen

Verwandten, die mehrfach nach Dänemark fuhren, denn sie hatten im nahen Grenzgebiet dänische Freunde und Bekannte, war ich noch nie dort gewesen. Ich freute mich sehr auf diesen Ausflug und ahnte nicht, dass es dort zu einer peinlichen, nicht vorhersehbaren, aber eventuell auch aufschlussreichen Situation kommen würde. Wir waren eine kleine Gruppe, darunter einige aus dem südlicheren Raum. Meine Verwandten kannten sie nur flüchtig. Zum Lunch gingen wir in ein schönes Restaurant und die Erwachsenen unterhielten sich in bester Laune, vielleicht ein wenig laut. Wir waren die einzigen Gäste, aber seltsamerweise kam keiner von der Bedienung. Sie standen in erregter Unterhaltung hinter dem Tresen. Ein Ober nahm endlich, ohne die Miene zu verziehen, zumindest die Bestellung der Getränke auf, vermied aber nach Möglichkeit deutsche Worte. Das war im nahen Grenzgebiet nicht üblich und den Erwachsenen wurde klar, dass man uns nicht bedienen wollte, da wir Deutsche waren. Wir Jugendlichen konnten uns ihr Verhalten nicht erklären. Wie war es bei den Erwachsenen? Hätte die Bedienung uns ihr Verhalten nicht mitteilen können oder war es für beide Seiten zu gefährlich? In Kopenhagen gab es eine deutsche Botschaft, von der aus man nach Berlin berichtete. Meine Schleswiger Verwandten waren sehr betroffen. In unserer Gruppe gab es aber auch Nicht-Schleswiger, und diese zeigten sich ärgerlich und beleidigt. Von ihnen kam der Vorschlag: „Wenn sie uns als ‚eiserne' Nationalsozialisten einstufen, dann tun wir ihnen den Gefallen." Sie hoben die Gläser und prosteten sich mit „Heil Hitler" zu. Eine dumme und peinliche Situation, die Stimmung war dahin. Nur mit kräftigem Alkoholnachschub in einem anderen Lokal wurde die Rückfahrt noch einigermaßen fröhlich.

Gut zwei Jahre danach erinnerte ich mich noch einmal an das dänische Erlebnis in einem Hotel in der Eifel. Eine nette holländische Familie mit Dackel saß am Nebentisch und wir unterhielten uns miteinander. Der Dackel kam zu uns herüber und das Herrchen sagte: „Mach mal ‚Heil Hitler'." Kaum hörte dies der Hund, hob er auch schon seine rechte Pfote. Wir mussten lachen. Aber die Nazis waren bekanntlich humorlos. Am anderen Tag kaute der Hund nur noch Leckerchen. Wir nahmen an, der Besitzer des Hotels hatte bei seinem Rundgang durch den Speiseraum die Intelligenz des Hundes zwar bemerkt, aber doch einen Schrecken bekommen und mit dem Herrchen geredet.

Noch ein zweites Mal wurde ich an Dänemark erinnert. In Flensburg besaß der älteste Bruder meines Vaters ein Tiefbauunternehmen. In der Zeit der Weimarer Republik ging sein Geschäft schlecht. Nach der „Machtübernahme" bekam er durch die von Hitler betriebene Aufrüstung viele Aufträge, und sein Geschäft lief wieder bestens. Sein jüngster Sohn und seine rechte Hand in der Firma war mit einer Dänin verlobt. Sie löste die Verlobung auf, weil sie den Beitrag des Unternehmens zur Rüstungspolitik nicht guthieß und darüber hinaus auch keinen Einfluss auf die Geschäftsvorgänge hatte. Mein Vetter erschoss sich kurz darauf. In einem Brief an mich las ich, dass dieses tragische Geschehen nur der Aufkündigung der Verlobung zuzuschreiben gewesen wäre. Vielleicht war es so.

1943 zerstörte eine Bombe das Haus meiner Verwandten in Flensburg-Mürwik. (Wahrscheinlich sollte die Bombe die nahe gelegene Marineschule treffen.) Sie und eine Angestellte starben im Luftschutzkeller. In der Marineschule in Flensburg-Mürwik hielt sich Ende des Krieges kurzfristig Himmler mit seinem Stab auf. (Nicht weit von Schweden entfernt.)

Einige Zeit nach den großen Ferien hatten wir noch einmal schulfrei, weil in Köln Poliofälle, damals sagte man Kinderlähmung, vorkamen, Die Schluckimpfung lag noch in weiter Ferne. Im Kino liefen gerade Leni Riefenstahls Filme von der

Olympiade: „Fest der Schönheit" und „Fest der Völker". Ich ging heimlich ins Kino, denn größere Menschenansammlungen sollten nach Möglichkeit vermieden werden. Leni Riefenstahl war bereits 1932 in einem Film als Regisseurin und als Hauptdarstellerin in Erscheinung getreten. Sie hatte nun eine neue Kameratechnik entwickelt, eine mit dem Geschehen mitfahrende Kamera. Diese vermittelte von der Gesamtheit des sportlichen Geschehens lebhafte und mitreißende Bilder. Zum ersten Mal sah ich in einem Film auch ästhetisch schöne nackte Menschen, die den Film „Fest der Schönheit" eröffneten.

Das Kino spielte in der fernsehlosen Zeit eine große Rolle. Die erste Bekanntschaft damit machte ich als kleines Mädchen, ich sah ein Foto von Greta Garbo als „Mata Hari". Sie beeindruckte mich durch ihre Schönheit, Schminke war mir fremd. Die langen Wimpern, der schöne Schwung der Augenbrauen und den ausdrucksvollen Mund bewunderte ich sehr.
In Osnabrück war Jahrmarkt ein großes Ereignis. Meine Mutter hatte mich bereits zweimal dorthin begleitet. Jetzt stand das dritte Mal an. Zu dieser Zeit gab es im Kino eine jugendfreie Nachmittagsvorstellung. Im Vorspann liefen zwei Filme mit Charlie Chaplin und mit Dick und Doof. Meine Mutter stellte mich vor die Wahl: „Jahrmarkt oder Kino?" Zur Freude meiner Mutter entschied ich mich spontan für den Kinobesuch. Im großen Zuschauerraum sah ich viele Kinder, die gespannt auf die Vorführung warteten. Inzwischen waltete der „Mann am Klavier" seines Amtes als Pausenfüller und einfühlsamer Begleiter des Filmgeschehens. Mit dem Tonfilm starb diese Berufsgruppe leider aus. Mit großem Spaß verfolgten wir Kinder die drolligen Darbietungen der Hollywood-Komiker Charlie Chaplin und Dick und Doof. Der Mann am Klavier hatte Mühe, das Gelächter der Kinder zu übertönen. Nach kurzer Pause lief der Hauptfilm „Der Graf von Monte Cristo". Das war etwas problematisch: Die Untertitel konnte ich nicht so schnell

lesen. Im Grunde war das allerdings egal, denn mit und ohne Untertitel verstand ich nur vage, um was es ging. Dafür bot der sportliche Graf einiges an Aktionen, was mit viel Beifall aufgenommen wurde. Die ausdrucksvolle Mimik der Schauspieler beobachtete ich mit Interesse, und ich langweilte mich keineswegs, sondern war hoch zufrieden.

1931 kam der Tonfilm auch in Osnabrück an – Henny Porten in „Königin Luise". Ich durfte mit einigen Mitschülerinnen allein den Film ansehen. Da wir in diesem Jahr von der Volksschule zum Oberlyzeum wechselten, wollten wir unsere Selbständigkeit beweisen. Wir waren sehr stolz, aber auch aufgeregt, und der Film beschäftigte uns noch einige Tage in der großen Pause unserer Schule. Über einige Szenen konnten wir immer wieder sprechen, z. B. Königin Luise und ihr Zusammentreffen mit Napoleon 1807 in Tilsit. Napoleon küsst der schönen, anmutigen Königin ehrerbietig die Hand. Beide Majestäten hauchen „Madame" bzw. „Sire", aber der Feldherr Napoleon lässt die Härte des Tilsiter Friedensvertrages von 1807 bestehen. Die Zuneigung der jungen Königin zu „Louis Ferdinand, Prinz von Preußen" konnten wir gut nachempfinden. So ein schöner, schwärmerischer junger Mann. Außerdem so begabt. Mit seinen frühromantischen Kompositionen vertrat er würdig die musikalische Seite der preußischen Könige. Leider musste Louis Ferdinand so früh sterben. Er fiel 1806 in der Schlacht bei Jena und Auerstedt gegen Napoleons siegreiche französische Armee. Den Filmen, die ich später sah, stand ich gelassener gegenüber.

Fährt man heute mit dem Paris-Warschau-Express, ist dieser mit dem Namen „Jan Kiepura" auf dem Fahrplan angezeigt. Für Jan Kiepura, einen polnischem Sänger mit großer Tenorstimme und gutem Aussehen, haben wir jugendlichen Kinogängerinnen geschwärmt. Er spielte in vielen Musikfilmen Mitte der dreißiger Jahre und war an der Wiener Staatsoper engagiert. Im März 1938 verließ er Deutschland und wurde Mitglied der Met in New York. Seine Frau, Martha Eggert, deutscher Filmstar und Koloratursängerin, ich sah sie öfter in Filmen, folgte ihm in die USA. Viele Jahre später war sie als Gast bei Alfred Biolek und berichtete u. a. von ihrem Mann.

Nachdem Jan Kiepura fast ganz von der Leinwand verschwunden war, sahen und hörten wir den bekannten Tenor Benjamino Gigli, der mit Caruso verglichen wurde. Aber wir schwärmten nicht für ihn, obwohl seine Stimme bewundernswert war. Kurz darauf eroberte ein Operettensänger und Schauspieler sich große Zuneigung und Begeisterung des Kinopublikums: Johannes Heesters. Sein eleganter Schwung des weißen seidenen Schals und des leicht schräg aufgesetzten schwarzen Zylinders waren kaum zu kopieren.

Hollywood-Filme der damaligen Zeit liefen auch in deutschen Kinos. Westernfilme erfreuten im Besonderen die männliche Jugend. Der charmante Clark Gable war auch in Deutschland bekannt. Marlene-Dietrich-Filme sah man allerdings nicht mehr. Sie hatte Goebbels eine Abfuhr erteilt und kam nicht nach Deutschland zurück, sondern beantragte die amerikanische Staatsangehörigkeit. Doch nun erglänzte ein neuer Star am deutschen Kinohimmel: Zarah Leander. Ebenfalls eine Schwedin wie K. Söderbaum, das nette und reizende Mädchen „von nebenan". Bei ihr ahnte jeder schon vor Ende der Filmhandlung den traurigen Schluss. Man lag fast nie falsch, sich schon innerlich darauf vorzubereiten. Die Taschentücher wurden dann nicht so strapaziert. Sie wurde in uncharmanter Weise die „Reichswasserleiche" genannt. Zarah Leander erstaunte jedoch durch ihre völlig andere Art und Erscheinung. Sie verstörte die Bürger allerdings zunächst durch ihren Kontra-Alt und ihrem harten Akzent. Sie verkörperte die bis dahin weniger bekannte Art der Femme scandaleuse in vielen ihrer Filme.

Meine Freundin und ich sahen uns den Leander-Film „Zu neuen Ufern" an und fanden das Chanson am Beginn des Films gelungen: „Man nennt mich Miss Vane, die Berühmte, die Bekannte, yes Sir! Die nicht sehr Beliebte bei Onkel und Tante, no Sir!" Das sentimentale Lied „Ich steh im Regen und warte auf dich" fanden wir dagegen ziemlich lächerlich, und wir lachten auch etwas ungeniert. Da hatten wir aber nicht mit den männlichen Bewunderern rechts und links von uns gerechnet, und sie waren höchst empört und zischten: „Dumme Gänse." Als das Licht anging, verschwanden wir sehr eilig. Außerhalb des Ufa-Palastes konnten wir uneingeschränkt unserem Lachreiz nachgeben und uns ein Eis leisten.

1941 erschien das Leander-Lied mit dem Refrain „Er heißt Waldemar und hat schwarzes Haar". Es kam mir wie ein vorsichtiger Versuch einer Parodie vor, da es in der ersten Strophe hieß: „Mein Ideal auf dieser Welt, das ist für mich der kühne Held, der große blonde Mann." Refrain: „Er heißt Waldemar und hat schwarzes Haar, er ist weder stolz noch kühn, aber ich liebe ihn." Der Gesang der Leander reizte uns zur Nachahmung. Wir quetschten unsere hellen Stimmen in die tiefe Lage und sangen mit Ausdauer: „Kann denn Liebe Sünde sein? Darf es niemand wissen, wenn man sich küsst, wenn man einmal alles vergisst vor Glück?" Die Erwachsenen fanden es allerdings nicht so toll wie wir. Nach Ostern 1937 mussten wir uns von vielen Mitschülerinnen trennen.

Auch meine Freundin Anneliese verließ die Schule, um eine kaufmännische Ausbildung zu absolvieren. Unsere Verbindung blieb bestehen. Zu uns beiden hatte sich während der Schulzeit oft eine andere Mitschülerin gesellt, eine Namensschwester von mir. Wir drei besuchten auch gemeinsam die Tanzstunde. Durch Anneliese hörte ich hin und wieder von der anderen Ilse. Und einige Jahre nach dem Zweiten Weltkrieg sogar Erstaunliches über ihren Lebensweg. Ihr Vater hatte einen Bruder, der durch eine Erfindung für die Nazis zu einem wichtigen Mann wurde. Daraus ergab sich für Ilses Onkel folgender Aufstieg: Ernennung zum Staatsrat, Leiter eines kriegswichtigen Unternehmens – und viel Geld. Er starb früh, war nicht verheiratet und sein Bruder aus Köln beerbte ihn. Ilse zog mit ihren Eltern nach Thüringen, da hier der „wichtige" Verwandte tätig gewesen war. Schlecht hatten die Kölner Verwandten bisher nicht gelebt, aber nun hatten sie wesentlich bessere Möglichkeiten. Kurz vor dem Zweiten Weltkrieg unternahm meine Namensschwester mit den Eltern eine Reise nach London. Auf dem Schiff lernte sie einen Wiener Kunsthändler kennen. Sie war noch sehr jung, aber sie heiratete den Österreicher. Er hatte es sicher nicht zu bereuen. Sie war jung, hübsch und eine gute Partie. Vor Ende des Krieges verließ sie mit ihrer kleinen Tochter Wien und schlug sich bis Weimar durch. Sie hatte mit ihren Eltern dort einen Treffpunkt vor dem Nationaltheater verabredet. Sie erreichte das Ziel, aber ihre Eltern traf sie dort nicht an; dafür viele Flüchtlinge. Sie sah keine andere Möglichkeit, als mit der Kleinen die Nacht vor dem Nationaltheater zu verbringen. Der Gastwirt des Nationaltheaters bemerkte die beiden und bot ihnen eine Schlafmöglichkeit in seiner Wohnung an. Er wurde etwas später ihr zweiter Ehemann. Als ich mit ihnen in Köln zusammentraf, hatten sie beide die Bewirtschaftung eines der Köln–Düsseldorfer Rheinschiffe übernommen.

Wir waren eine ziemlich kleine Gruppe, die bis zum gymnasialen Abitur auf der Schule blieb. Unser Direktor kämpfte um diese Gruppe, damit er neben der Frauenoberschule mit „Puddingabitur", die neu eingeführt worden war, auch eine gymnasiale Form anbieten konnte. Seinen Einsatz zeigte er bei der Kochprüfung. Hier war er ununterbrochen dabei, damit er hilfreich eingreifen konnte. Er schien vorher bei seiner Frau Un-

terricht genommen zu haben. Wer zur Frauenoberschule wechselte, lernte dort kochen. Wir anderen mussten erst beweisen, dass wir hausfrauliche Tätigkeiten nicht zu vernachlässigen gedachten. Also musste dieser Nachweis in einer Kochprüfung erbracht werden. Hatten wir diese bestanden, konnten wir getrost in der Obersekunda Platz nehmen. Ich fehlte zum Glück an diesem ereignisreichen Tage wegen Krankheit, hörte aber von dem aufregenden Morgen. Aber drum herum kam ich nicht. Ich musste die Prüfung nachholen, und das ging gnädig ab: Reibekuchen. Ich schaffte sie recht knusprig. Das war die Hauptsache. Aber die Kartoffelmasse hatte etwas Blut vom Reiben und auch Tränen vom Zwiebelschneiden abbekommen. Das beeinträchtigte den Geschmack allerdings nicht, nur ich konnte sie nicht essen. Dem Kollegium dagegen schmeckten sie gut. Meine arme Freundin stand an dem bewussten Hausfrauentag entsetzt vor den zahlreichen Zutatenschüsselchen für den Schokoladenpudding (Oetkers Nährmittelfirma gab es bereits, also auch fertiges Puddingpulver). Für gute Hausfrauen war das zu einfach. Unser Direx griff aber helfend ein. Er war Mathematiker und beglückte uns bereits ein halbes Jahr mit Mathe. Bis zum beabsichtigten Abitur blieb er uns treu. Wir befanden uns mit ihm häufiger in einem moderaten Kriegszustand. Doch beide Seiten bemühten sich, diesen nicht eskalieren zu lassen.
Irene, eine ausgesprochen gute Schülerin, die Mathe verstand, wollte er nicht wegen Schokoladenpudding verlieren. Unsere scheue Erika verwechselte Salz mit Zucker. Nach dem Backen ließ es sich allerdings als Gugelhupf erkennen und so bestanden er und sie. Diese so genannte Prüfung hatte den gegenteiligen Effekt von dem, die sie eigentlich haben sollte. Die nächste Zeit machte ich einen großen Bogen um den Küchenherd.
Für unsere Klassenlehrerin Frau Dr. R., noch verhältnismäßig jung, waren wir ihre erste Oberstufenklasse. Sie unterrichtete

bei uns Englisch, Französisch und Deutsch. Nachdem wir am Anfang der Obersekunda (1937) die „Gudrun-Sage", „Parzival", das „Nibelungenlied", und das alles in Mittelhochdeutsch und zum Schluss mit Stöhnen, gelesen hatten, kam das umfangreiche Werk „Das Wunschkind" von Ina Seidel, von unserem Reichskulturminister, Minister für Wissenschaft, Erziehung und Volksbildung Rust besonders empfohlen. Ina Seidel war in bester Erinnerung durch ihre pathetische „Hymne an Hitler". Einige Jahre später erst distanzierte sie sich von den Nazis.

Wenn wir Führerreden während der Schulzeit in der Aula anhören mussten, waren wir nach einiger Zeit nicht mehr fähig, seinen Ausführungen zu folgen, und wurden entsprechend unruhig. Nur der Direktor konnte uns mit finsteren und strafenden Blicken wieder zur Ruhe bringen. Ich hatte Schwierigkeiten, mit Hitlers ansteigender Lautstärke in seinen Reden zurechtzukommen, und vor allen Dingen befremdete mich seine seltsame Aussprache. In dem Karnevalsgedicht „Warum wir Rheinländer unseren Führer lieben" von P. J. Schmitz heißt es unter anderem: „Uns macht nur Drill und Brüllen froh. Das war schon unter Wilhelm so. Nur nicht das Sanft-Gemache. Des Führers herrliches Organ hat es uns allen angetan. Besonders seine Sprache." Neben dem offiziellen Kölner Karneval gab es unter den Jecken offensichtlich auch eine starke Widerstandsbewegung. Diese Spottverse auf Hitler stammen aus der „Kölner Rosenmontags-Zeitung", einem Flugblatt, das im Untertitel mutig als „Einzig offizielle Festschrift für den Karneval 1938" bezeichnet und vermutlich in den Niederlanden gedruckt wurde (zitiert aus „Köln im Bombenkrieg 1942 bis 1945", Hans Willi Hermans, Wartberg-Verlag).

Vor den großen Ferien 1937 feierte Berlin ganz groß sein 700-jähriges Bestehen. Wir unternahmen zum ersten Mal seit unserer Schulzeit eine Klassenfahrt. Es ging nach Berlin zur 700-Jahr-Feier. Leider konnte ich nicht mitfahren, da ich mir beim

Hochsprungtraining für das Schulsportfest eine ernsthafte Knieverletzung zugezogen hatte. Ein Jahr musste ich mich behandeln lassen. Danach konnte ich mit dem Knie wieder zurechtkommen. Es tat mir sehr leid, mit meinen Klassenkameradinnen nicht nach Berlin fahren zu können, aber ein aufgeschobener Besuch musste nicht immer ein aufgehobener sein, dachte ich. Dass ich jedoch erst 1974 zum ersten Mal nach Berlin kommen würde, wer konnte das ahnen.
Wir, meine Freundin Sigi und ich, flogen 1974 von Düsseldorf nach Tegel (Westberlin), um Grenzkontrollen, Wachttürme, Volkspolizei, Volksarmee, eventuelle Schikanen zu vermeiden. Berlin gab es nun zwei Mal: West- und Ost-Berlin, innerhalb der BRD und DDR. Ich musste an den im Krieg vom Volksmund geprägten Satz denken: „Gebt mir vier Jahre Zeit, und ihr werdet Deutschland nicht wiedererkennen", der sich an einem Zitat von Hitler vom Februar 1933 orientierte.

Bei meinem ersten Besuch in Berlin hat meine Freundin und mich ein Konzert der „Berliner Philharmoniker" unter Karajan sehr begeistert: die Aufführung der 6. Sinfonie von Schostakowitsch.
In Ostberlin galten als Vorführungsobjekte hauptsächlich „Karl-Marx-Allee", „Friedrichstraße" und „Museumsinsel". Weit davon entfernen durfte man sich besser nicht, denn da waren viele Häuser renovierungsbedürftig. Die Ostberliner zeigten sich durchaus aufgeschlossen und hilfsbereit; sobald sie aber im Dienste der DDR-Behörden standen, änderte es sich. Auf dem S-Bahnsteig hatte ich Vertrauen zu dem Ticketautomaten und steckte Geld hinein, und es tat sich nichts. Kein Ticket, kein Geld zurück. Am Schalter hörte ich unfreundlich: „Bezahlen". Noch unfreundlicher erwies sich der Kontrolleur bei der U-Bahnabfahrt nach Westberlin.

Unsere Obersekunda (1937) hatte weniger Schülerinnen als sonst üblich, und am Anfang der Oberprima zählten wir nur noch 13 Schülerinnen. Die Lehrer unterrichteten gern bei uns, denn es gab wenig Möglichkeiten für uns, abzuschalten.
In der Oberstufe wurde Irene meine Freundin, eine Freundschaft, die anhielt, so lange sie lebte. Wir machten viele Dinge gemeinsam, unter anderem Schularbeiten, jeweils bei ihr oder bei mir.
Sie bewunderte Hitler als Retter Deutschlands: Nun konnte man als Deutscher den Kopf wieder hoch erheben. Dies, so glaubte sie, habe der Führer geschafft. Zweifel an seiner Menschlichkeit hatte sie nicht. Der „Gutmensch" wusste eben nicht immer, was seine Genossen hinter seinem Rücken trieben. Sie strebte allerdings kein Amt im BDM an und nahm das nationalsozialistische Frauenbild für sich nicht in Anspruch.
Sie war tolerant und verkannte, dass es die Nazis in keiner Weise waren. Es kam immer wieder zu Diskussionen mit ihrem Vater, der überhaupt nicht ihre Meinung teilte. Sie sah in ihrem Vater, der noch keine 50 Jahre alt war, einen „alten" Mann, der eben mit der neuen Zeit nicht mehr mitkam. Als sie in einem Gespräch das nun „erwachte" neue Deutschland euphorisch schilderte, sagte ihr Vater: „Ubi bene, ibi patria." Irene holte tief Luft, überlegte, sie musste auch noch übersetzen. „Wo es mir gut geht, ist mein Vaterland" war natürlich konträr zum dem damaligen Verständnis. Ihr Vater wollte aber die gefährliche Euphorie seiner Tochter, auf die er im Grunde stolz war, relativieren. Er sah eindeutig und mit Recht in Hitler einen Kriegstreiber und wollte seine Kinder nicht „verheizen" lassen. Er hatte den Ersten Weltkrieg mitgemacht und seinen Wunsch, Musik zu studieren, nicht erfüllen können. Er wählte, um schneller in einen Beruf hineinzukommen, den Beruf des Volkschullehrers. Er war ein ganz guter Pianist und zu seiner Freude Mitglied des Kölner Gürzenich-Chors. Sein Angebot,

Sohn und Tochter Klavierunterricht zu geben, scheiterte zu seinem Leidwesen am Desinteresse der beiden.
Seinem Sohn war die Politik Hitlers ziemlich egal. Sein Interesse galt dem Fußball und dem Autorennen. Das unterstützte der Vater. Sohn und Tochter sahen stets die Nürburgrennen. Sie machten sich mit Freunden auf in die Eifel und alle Strapazen machten ihnen nichts aus. In ihren Zimmern befanden sich die Fotos von ihren „angebeteten", siegreichen und berühmten Rennfahrern wie Manfred v. Brauchitsch und Rudolf Caracciola, der meistenteils für Mercedes fuhr. Die Unterschriften derselben unter den Fotos waren natürlich selbstverständlich. In diesem Hobby stimmten Vater und Irene überein. Sonst war es – damals noch – die Mutter, die die Ansichten ihrer Tochter vertrat. Zum Glück störte es das eheliche Verhältnis nicht. Die Diskussionen mit dem Vater schlossen meistens mit dem Seufzer von Irene: „Ach, Papa!" In einem konnte der Papa aber sicher sein: Von den Gesprächen kam nichts nach „draußen".

In der Obersekunda (11. Klasse) konnten wir Schülerinnen uns für einen Briefwechsel mit amerikanischen High-School-Schülerinnen auf eine Liste setzen lassen. Ich war sehr interessiert. Nach längerem Warten kam Antwort. Unsere Klassenlehrerin Frau Dr. Röckerath, genannt Röcky, gab mir einen Brief. Ich schaute kurz hinein und war beunruhigt. Der Unterricht ging weiter. Meine Freundin Irene war neugierig. Sie hatte sich nicht um einen Briefaustausch bemüht. „Los, zeig mal", sagte sie. Ich hinderte sie daran, mir den Brief zu entreißen, und antwortete: „Warte bis morgen, da stimmt etwas nicht."
In der Straßenbahn schaute ich noch einmal in den Brief, sah das Foto noch einmal genauer an. Ein Mädchen konnte das beim besten Willen nicht sein. Nein, es war ein männliches Wesen auf Skiern im hohen Schnee – auch noch einige Jahre älter als ich. Zu Hause entzifferte ich den in Englisch geschriebenen Brief. An sich war es ein kleiner Betrug. Joe, so hieß er,

war College-Student und hatte lediglich einen Deutschkurs absolviert. In diesem Kurs hatte er den Wunsch geäußert, mit einer deutschen Schülerin zu korrespondieren, und meine Adresse erhalten. Er entschuldigte sich jedoch. Ich erfuhr sein Alter: 21 – ich war 16 –, seine College-Fächer, seine Größe, sein Gewicht und seine Hobbys. Er bat um ein Foto. Kein Problem! Ich hatte doch das Foto aus der Tanzstundenzeit, das mir selbst gut gefiel.

Ich schrieb Joe an seine Adresse in Lincoln, Hauptstadt des Staates Nebraska. Seine Bemerkung zu meinem Foto: „It's sugar!" Er lobte das deutsche Schulsystem und die gute Lehrlingsausbildung. Ich schrieb nun, entgegen meiner sonstigen Gewohnheit, entschieden längere Briefe. Nebraska zwischen Missouri und den Rocky Mountains war ursprünglich Indianerland. Hier lebte eine Gruppe der Sioux-Indianer, die sich in Nebraska Omahas nannten. Inzwischen lebten sie in Reservaten. Hin und wieder erhielt ich von Joe kleine hübsche indianische Handarbeiten. Joe schickte ebenfalls Zeitungsausschnitte mit Fotos. Ich erahnte etwas von der Weite des Landes und den technischen Möglichkeiten bei der Ernte der großen Weizenfelder sowie der Verarbeitung. Viele Fotos kamen von Autoreisen mit Freunden. Zum Beispiel vom Yellowstone-Park mit seinen fantastischen Wasserfällen Dort tummelten sich auch damals schon die Grizzlybären auf den Mülltonnen, von den Touristen aus respektvoller Entfernung bestaunt. Was sollte ich nun dagegenhalten? Mir fiel Heidelberg ein. Hier verbrachten wir im Sommer stets 14 Tage. In der Nähe lag Schwetzingen mit seinem schönen Schlosspark. Nicht zu vergessen die Hofoper im Park – ein Kleinod des Rokoko.

Vom Anfang des Krieges – September 1939 – bis zur Kriegserklärung Hitlers an die USA – Dezember 1941 – wurden alle Briefe geöffnet. Ende dieses Jahres endete zunächst einmal der Briefaustausch.

Ich erinnerte mich an Jeanine, die Schülerin aus Paris. Wir hatten etwas mühsam in Französisch und Deutsch korrespondiert. Im zweiten Brief fragte sie mich das, was sie im Wesentlichen interessierte: „Stimmt es, dass deutsche Frauen nicht rauchen und sich nicht schminken?" Sie kannte wahrscheinlich aus einer französischen Zeitung den Satz von Goebbels: „Die deutsche Frau schminkt sich nicht und raucht nicht!" Und wer war es, der sich gern mit attraktiven geschminkten und auch rauchenden Frauen umgab? Goebbels, der so sein etwas bescheidenes Image aufbesserte. Ob Jeanine mit meiner Antwort zufrieden war, erfuhr ich nie, denn die Korrespondenz war zu Ende. Meine Mutter meinte, der Briefaustausch mit dem Amerikaner würde länger anhalten.

Vor dem Krieg spielten Luftschutzmaßnahmen eine wichtige Rolle. In unserem Haus wurde ein größerer Raum im Kellergeschoss zum Luftschutzkeller ausgebaut, entsprechend der damaligen Vorschriften. Die Hausgemeinschaft wählte einen Bewohner zum Luftschutzwart und ich sollte mich, wenn nötig, als Meldegänger betätigen. Als im Krieg die Bombardierungen zunahmen, wurden im Kellergang von der Mauer, die ans Nachbarhaus grenzte, einige Steine gelockert. Bei Gefahr sollten diese lockeren Steine herausgeschlagen werden, damit man durch das so entstandene Loch zum anderen Haus durchkriechen und sich eventuell retten konnte. Es handelte sich um vier Häuser, die zusammengehörten. Zu dieser Zeit war man verpflichtet, Vorträge über Verhaltensweisen im Ernstfall zu besuchen oder auch an Luftschutzübungen teilzunehmen.
Irene hatte eine Aufforderung, einen Vortrag über die Bedeutung des Luftschutzes anzuhören. Ich ging mit ihr. Im größeren Raum eines Gasthofes saßen bereits viele Leute, eine Landkarte hing an einem Kartenständer. Der Referent fragte nach der üblichen Begrüßung mit „Heil Hitler": „Können Sie von hinten auch sehen?" Allgemeines Kichern war zu hören.

Aber das war verkehrt. Und seine Verärgerung darüber machte sich Luft in einer dramatischen Schilderung möglicher Ereignisse im möglichen Kriegsfall. Sein Zeigestock hielt bei der Tschechoslowakei. Wir waren dort noch nie gewesen. Wir kannten Dvořák und Smetana, ebenso vom Hörensagen das „goldene Prag" mit dem Hradschin. Auf der Karte wirkte die Tschechoslowakei friedlich und klein gegenüber der riesigen Sowjetunion, und auch Deutschland war groß. Wir blieben im Allgemeinen ruhig, obwohl es uns fast die Sprache verschlug wegen dem, was wir anschließend hörten. Theatralisch erklärte unser Referent: „Die Bolschewiken setzen alles daran, die ‚Tscheschei' zu erobern. Für sie ist dieses Land so etwas wie ein ‚Flugzeugmutterschiff'." (Dass Hitler schon als nächstes Ziel das Sudetenland im Visier hatte, wusste er nicht.) Die „Tscheschei" als „Flugzeugmutterschiff" hatten wir auch noch nie gehört. „Stalin wird auch nicht zögern, Bomben und Giftgas einzusetzen. Aber so weit wird es natürlich nicht kommen, denn der Führer wird alles tun, um den Frieden zu erhalten. Doch vorbeugen muss ein verantwortungsvoller Staat. Deshalb bekommen bald alle Volksgenossen Gasmasken." Keineswegs wusste unser Referent etwas von den Plänen Hitlers. Er sollte uns nur die Bedeutung des Luftschutzes und die Gefährlichkeit Stalins klar machen. Meine Freundin und ich waren allerdings vollkommen verschreckt. Die Vorstellung von einem Giftgaseinsatz war entsetzlich. Wir wurden sehr nachdenklich. Irenes Optimismus ihrer 17 Jahre siegte aber bald wieder über dieses Kriegsszenario: „Hitler wird das verhindern, Krieg gibt es nicht."

Am 29.1.1938 gab es einen Erlass des Ministers für Wissenschaft, Erziehung und Volksbildung: „Aus wichtigen bevölkerungspolitischen Gründen habe ich die neunjährige höhere Schule auf acht Jahre verkürzt. Durch diese Maßnahme darf jedoch die Bildungshöhe der höheren Schule nicht herabgemindert werden. Eine gemeinsame Schulerziehung der Geschlechter widerspricht dem nationalsozialistischen Erziehungsgeiste. Für Jungen und Mädchen sind daher grundsätzlich getrennte Schulen eingerichtet."

Die einzige Möglichkeit, auf unseren „Mädchenschulhof" zu kommen, war für die Jungen des gegenüberliegenden Gymnasiums der Winter mit Schneetreiben. Sie blockierten dann das Schultor und bombardierten uns mit Schneebällen. Dauerte der Schneekampf zu lange, erschien unser Zeus und die Jungen verschwanden bis zur nächsten Ecke. Freunde taten gut daran, ihre „Flammen" an dieser Ecke zu erwarten.

Ostern 1938 gab es nun zwei Unterprimen, weil für die Klasse unter uns die Obersekunda ausfiel, um so den Ministererlass sofort umzusetzen. Wir waren wütend, dass wir drei Jahre für die Oberstufe benötigten. Die Lehrer zeigten sich ebenfalls nicht sehr begeistert, da der Erlass plötzlich kam. Uns tröstete, dass unser Geschichtslehrer uns eine Hausarbeit dieser neuen Parallelklasse zur Vorzensierung gab. Er fand die Leistung indiskutabel und mit Rechtschreibfehlern wollte er sich nicht auseinandersetzen.

Wir ahnten nicht, dass mit dem Kriegsausbruch am 1.9.1939 sofort auch für unsere Klasse eine einschneidende Änderung eintreten sollte.

Über das neue nationalsozialistische Erziehungsbild erfuhren wir damals nichts. Rust hatte seinen Erlass noch mit folgenden Worten geschmückt: „Die nationalsozialistische Revolution hat an die Stelle des Trugbildes der gebildeten Persönlichkeit die Gestaltung des wirklichen, d. h. durch Blut und geschichtliches Schicksal bestimmten deutschen Menschen gesetzt und an Stelle der humanistischen Bildungsideologie, die bis in die jüngste Vergangenheit fortgelebt hatte, eine Erziehungsordnung aufgebaut, die sich aus der Gemeinschaft des wirklichen Kampfes entwickelt hatte. Nur aus dem Geiste dieser politischen Zucht kann auch echte Bildung als zentrale Aufgabe der kommenden Schule erwachsen, die die Begeisterungsfähigkeit des jungen

Deutschen nicht lähmt, sondern steigert und zur Einsatzfähigkeit fortführt. Jede Bildung, die abseits von dieser nationalsozialistischen Erziehungswirklichkeit erfolgt, bleibt abstrakt und volksfremd, weil sie, selbst wenn der völkische Charakter des Bildungsgutes feststeht, nicht den Menschen in seiner Wirklichkeit, sondern als bloßes Verstandeswesen anspricht."

Nach den Osterferien 1938 kamen drei neue Referendarinnen an meine Schule. Meine Mitschülerinnen und ich fanden sie durchaus akzeptabel. Wir hatten an ihnen kaum etwas auszusetzen. Sie schienen selbstbewusst zu sein, und das imponierte uns. Eine Referendarin unter ihnen wurde zum Schwarm der Schülerinnen. Sie hatte Musik und Biologie studiert und war Geigerin. Unser Interesse an ihr führte dazu, dass wir uns um ihren Hintergrund bemühten. Einige Mitschülerinnen fanden auch etwas über sie und ihre Familie heraus. Sie kam aus Leverkusen. Der Vater, Chemiker, war gebürtiger Grieche und die Mutter Engländerin. Die Tochter aus dieser Mischung war eine Schönheit. Wir bewunderten auch ihren damaligen Verlobten. Wir meinten, dass er gut zu ihr passe. Er holte sie hin und wieder nach Schulschluss ab oder brachte sie morgens mit dem Auto. Unsere Klassenlehrerin meinte zu dieser jungen umschwärmten Kollegin: „Schaut nicht nur auf Äußerlichkeiten." Wir unterstellten ihr selbstverständlich Eifersucht. Da täuschten wir uns aber.
1948, kurz vor der Währungsreform, sah ich unsere Schöne wieder. Ich nahm, inzwischen selber Studienassessorin, in Leverkusen an der Höheren Mädchenschule eine Vertretung für die dortige Musiklehrerin an. Ich wollte in der Nähe von Köln bleiben, da ich für eine Wohnung für uns den Nachweis erbringen musste, im Kölner Raum beschäftigt zu sein. Die Leverkusener Höhere Mädchenschule (Studienanstalt) feierte ihr 25-jähriges Bestehen und genau für die Vorbereitung sowie bei der Feier selbst fehlte die Musiklehrerin. Diese hatte sich

beurlauben lassen, um in Stockholm einen Studienaufenthalt zu absolvieren. Sie wollte sich mit den dortigen Jugendmusikschulen vertraut machen. War das so wichtig zur Zeit des Jubiläums? Diese Frage konnte mir jedoch niemand beantworten. Deutsche kamen damals kaum nach Schweden. Wir hatten noch keine eigene Regierung, sondern lebten noch unter der Herrschaft der Militärregierungen. Wer mochte wohl die Musiklehrerin sein? Ich verabredete telefonisch einen Termin mit ihr in der Schule. Ich erkannte sie sofort wieder, obwohl ihre frühere schicke Kleidung einem Dirndl-Kleid mit rosa Schürze gewichen war. Wirklich – es war die umschwärmte ehemalige Referendarin, die Schöne aus meiner Schulzeit. Sie konnte sich durchaus noch sehen lassen. Vielleicht hatten ihre englischen Verwandten den schwedischen Aufenthalt ermöglicht. Sie bedankte sich für meine Bereitschaft, sie zu vertreten, und wir verabredeten ein erneutes Treffen in ihrer Wohnung. Als ich zu diesem Termin erschien, empfing mich die Haushälterin und führte mich in das Arbeitszimmer. Die Dame des Hauses hatte noch Wichtiges zu erledigen. Ich wartete ziemlich lange. Mein Magen machte sich bereits bemerkbar. Bücher waren reichlich vorhanden und die Haushälterin empfahl mir, ein Buch meiner Wahl herauszusuchen. Aber ich schaute mich erst im Zimmer um. An der Wand hing ein ziemlich großes Portrait von Irene. Ich bewunderte es. Gleich daneben konnte ich eine Widmung an sie von einem nicht unbekannten Schriftsteller lesen. Ich bewunderte auch das. Dann nahm ich ein Buch, das erst kürzlich auf dem Markt erschienen war, aus dem Bücherschrank. Ich begann zu lesen. Ein Brief ohne Briefumschlag fiel heraus: ein Liebesbrief. Wahrscheinlich diente er als Lesezeichen. Es war mir etwas peinlich, aber ich las weiter. Eigentlich hatte ich nicht erwartet, dass noch ein anderes „Lesezeichen", allerdings von einem anderen Autor, vorhanden war. Und ich war noch beim Anfang des Buches. Trotz aller Neugier war ich gerade im Begriff, ein anderes Buch herauszusu-

chen, da hörte ich Geräusche. Irene N. trat ein, sah das Buch, war aber keineswegs irritiert und das beruhigte mich. Wir führten die für die Vertretung notwendigen Gespräche. Ich stellte fest, dass sie für mich reichlich Arbeit übrig gelassen hatte. Ihr letzter überraschender Satz an mich war: „Glauben Sie nicht alles, was über mich erzählt wird." Nun, „Mobbing" hatte ich in Kollegien natürlich auch erlebt, aber hinter die Kulissen hatte ich bisher noch nicht geschaut.
Nach meinem Arbeitsantritt begrüßte mich das Kollegium freundlich. Aber nur eine Kollegin erwähnte Irene N. Es war die Hauswirtschaftslehrerin, die ihre Freundschaft zu der Schönen sehr betonte. Die Verwaltungsoberstudienrätin bedankte sich ebenfalls bei mir für meine Bereitschaft, beim Jubiläum auszuhelfen und den Musikunterricht zu übernehmen. Dann hörte ich von ihr etwas Überraschendes: „Jetzt kann ich in der großen Pause endlich schulische Angelegenheiten mit dem Chef auch in seinem Dienstzimmer besprechen. Sonst war stets die Kollegin N. dort." Die zweite Überraschung war die Frau des Direktors. Sie kam jeden Morgen in die Schule und sprach in der großen Pause mit Kollegen. Ich unterhielt mich freundlich mit ihr. Beruhigt konnte sie nun ihre morgendliche Zeit zum Einkaufen nutzen. Der Direktor, den ich nur von telefonischen Gesprächen her kannte, war verhältnismäßig jung und keineswegs verknöchert. Die Oberstufenschülerinnen hatten bisher im Schulchor mit den Primanern des Jungengymnasiums, die der Chorleiterin wegen kamen, gesungen. Sie erwarteten von mir die Auflösung dieses Chors, bei dem sie sich wie dumme Gänse vorgekommen waren. Sie wünschten sich einen Frauenchor und setzten sich dann für das Gelingen ihres Chors bestens beim Jubiläum ein. Ich war recht froh über ihren Wunsch. <
Als ich zum ersten Mal mit den jungen „Herren" zusammentraf (ich war fast zehn Jahre jünger als ihre „Angebetete"), erschrak ich über ihren kameradschaftlichen und lockeren Ton

mir gegenüber. Den Musiklehrer des Jungengymnasiums kannte ich noch aus meinen Schülertagen. Wir hatten einiges zu erzählen, als wir uns nun wieder über den Weg liefen. Wir kamen auch auf Irene N. seiner Kollegin von nebenan zu sprechen. Er meinte lachend: „Ich bin zu unbedeutend, um von ihr beachtet zu werden. Zum Glück!" Er blieb aber nicht so unbedeutend. Ich konnte es nicht glauben, dass er seine vorhergehende Einstellung völlig vergessen hatte. Ich sah beide bei einer Tagung im vertrauten Gespräch miteinander. Aber er war gebunden.
Meine Zeit in Leverkusen war wie vorgesehen am Ende des Schuljahres vorüber. Zu Beginn des neuen Schuljahres holte ich meine Bücher und verabschiedete mich auch von Irene N. Ein Dirndlkleid trug sie nicht mehr, sondern ein enges grünes Kleid, das ihr vorzüglich stand.
Der Wunsch des Kollegiums, sie würde in Schweden bleiben, hatte sich nicht erfüllt.
Nach ihrem späteren tragischen Selbstmord gab ihre Nachfolgerin die Stelle wegen Heirat ziemlich schnell wieder auf. Nun musste wiederum jemand anderes gefunden werden. Die Stelle wurde ausgeschrieben. Ich war inzwischen gern im Ruhrgebiet, meldete mich aber aus Neugier. Es kam zu einem Gespräch mit der Vorsitzenden der dortigen Schulverwaltung. Ich wurde vorsichtig, aber intensiv nach meinem Privatleben ausgefragt und erfuhr, dass eine Heirat ungern gesehen würde. Von Bekannten hörte ich etwas später, dass für das Leverkusener Mädchengymnasium eine tüchtige Musiklehrerin gefunden wurde. Sie hinkte jedoch ein wenig.

Im Frühjahr 1938 fuhr mein Bruder Heinz wiederum nach Ostasien. Er versprach mir, aus Japan einen Perlenring mitzubringen und von dort ein Teeservice schicken zu lassen, das nicht dem allgemeinen Klischee entsprach. – Schon jahrelang führten China und Japan einen grausamen Krieg miteinander. Wir konnten in der Wochenschau Bilder von den harten

Kämpfen sehen: riesige Flüchtlingsströme armseliger Chinesen, deren Dörfer dem Erdboden gleich gemacht waren. Nach kurzer Betroffenheit der Kinobesucher raschelten bereits wieder die Bonbontüten. Natürlich, China war weit entfernt!
Ich erinnerte mich an einen Vortrag in der Aula meiner Schule. Der Referent war lange Zeit in China gewesen und konnte viel Interessantes berichten. Zum ersten Mal hörte ich den Begriff: „die gelbe Gefahr".
Es war nicht das erste Mal, dass mein Bruder nach Shanghai kam. Aber jetzt wurde den Angehörigen der Besatzung streng untersagt, sich allein im Hafengelände zu bewegen. Ein Menschenleben hatte damals dort keinen großen Wert.
Mein Bruder konnte immer amüsant von den in jeder Weise geschickten chinesischen Schneidern berichten. Diese kamen zu den Schiffen, um ihre Waren anzubieten: schöne seidene Oberhemden und sonstige Wäsche aus Seide. Sie nahmen an Ort und Stelle auch Maß für Anzüge. Einmal probierte der Kunde der Crew den Anzug an, und dann war es nur eine Kleinigkeit, die nicht stimmte. Der Schneider versprach eine Änderung in kürzester Zeit. Vom Schiff erklang bereits die Sirene als Zeichen der Abfahrt, aber der Schneider war nicht zu sehen. Langsam setzte sich das Schiff in Bewegung, da sah man den Schneider mit dem Anzug auf dem Arm heranhetzen. Doch nun war es natürlich zu spät. Schlitzohrigkeit?
Eine Begebenheit auf dem Schiff hatte Heinz sehr beschäftigt. Es gab auch auf dem Handelsschiff Touristenkabinen, eine kleine Band und Tanzabende. Die Reisenden waren meistens sehr wissbegierig und unterhielten sich gern mit der Besatzung. Auf dieser Fahrt fiel eine kleine Gruppe Touristen auf, die sich sehr zurückhielt. Der Kapitän untersagte der Besatzung, sich mit dieser Gruppe zu unterhalten, geschweige denn Fragen zu stellen. Natürlich blieben Andeutungen nicht aus. Es handelte sich um deutsche Juden, die bis nach Shanghai fuhren, da sie in dessen exterritorialem Areal Aufnahme fanden. Es war sogar

möglich, ohne Visum einzureisen, und man benötigte keine großen finanziellen Mittel. Hierhin flüchteten auch österreichische Juden, die im März 1938 eine sofortige Festnahme befürchteten. Aber die Aufnahmekapazität war nicht groß. Mein Bruder erzählte davon, als er von Hamburg nach Köln kam und mir den hübschen Ring mit der Perle brachte. Das Paket aus Japan hatte ebenfalls den weiten Weg nach Köln heil überstanden. Ich verliebte mich in das hübsche Service so sehr, dass ich Tränen vergoss, als ich es nach dem Krieg im Keller, wo es in einer Kiste verstaut war, fast bis zu Porzellanstaub zertreten sah. Ich fand Tränen allerdings unpassend in einer Zeit, in der so vieles zerstört war, aber ich weinte trotzdem.

Fast 60 Jahre nach dem Zweiten Weltkrieg lernte ich Shanghai persönlich kennen. Inzwischen in vielen Dingen ein anderes Shanghai als das, was ich aus den Berichten meines Bruders kannte. Die berühmte Uferstraße, der „Bund", an der früher die Dschunken, die „Bunds" lagen, war immer noch ein Wahrzeichen der westlichen Einflüsse. Unser Reiseleiter zeigte uns das ehemalige exterritoriale Gebiet der „Shanghailänder" (westliche Ausländer); auch die damals so wichtige „Garden Bridge" über den Wusong-Fluss war deutlich zu erkennen, aber ihre Funktion als Verbindung zwischen der englischen und amerikanischen Konzession hatte sie verloren. Große Handelshäuser waren hier entstanden, nachdem das große Areal kultiviert worden war. Dahinter standen die englischen, amerikanischen und französischen Regierungen. Sie erzwangen die Unabhängigkeit von der schwachen chinesischen Regierung. 1943 eroberten die Japaner dieses Gebiet und internierten die Shanghailänder. Die dort lebenden Juden ließen sie gegen den Willen der Nazis unbehelligt. Nach der Kapitulation Japans gewann China die Herrschaft über die gesamte Stadt zurück und hatte somit auch sein Gesicht zurückgewonnen.
Bei meinem Besuch in Shanghai erfuhr ich, wie wichtig es für

Chinesen ist, ihr Gesicht nicht zu verlieren. Meine Tochter und ich besuchten den Tempel des weißen Buddhas, der Statue aus weißer Jade. In einem Vorraum wechselten wir unsere Schuhe gegen die für das Heiligtum vorgesehenen Schlappen. Der hilfreiche und nette Song, der uns von Peking bis zur Abfahrt nach Hongkong begleitete, beruhigte meine Tochter, die etwas zögerte, ihre hübschen und dazu auch bequemen Schuhe stehen zu lassen: „Hier kommt nichts weg!" Wir kamen zurück, nachdem wir ausgiebig die Buddhastatue bewundert hatten. Außer meiner Tochter fanden alle ihre Schuhe wieder. Unser Song konnte das nicht fassen Ein Chinese konnte es in dieser heiligen Stätte nicht gewesen sein. Susanne und Song suchten und suchten. Unsere Gruppe wurde unruhig. Als beide wieder auf dem Parkplatz ankamen, stand dort ein Bus mit Italienern, die lachten und schwatzten. Songs Gesicht hellte sich auf: „Natürlich, das waren die Italiener. Die Mafia nimmt alles." Wir zweifelten allerdings daran, ob die Mafia ihr kriminelles Imperium durch Klauen von Schuhen errichtet hatte. Aber Song war wieder fröhlich, seine Ehre und die Chinas hatte er gerettet.

Der Frühling und Herbst 1938 waren in vieler Hinsicht eine Zeit der politischen Wechselbäder und damit großer Besorgnis. Das Münchener Abkommen schien Schlimmeres verhütet zu haben: Die Regierungschefs von Großbritannien, Frankreich, Deutschland und Italien veranlassten die Tschechoslowakei, das Sudetenland an Deutschland abzutreten. Deutsche Bürger schauten erst einmal im Atlas nach, wo es überhaupt lag. Hitler betonte in seiner Sportpalastrede den Friedenswillen des deutschen Volkes. Damit hatte er Recht, aber über die Befindlichkeiten des Volkes entschied letzten Endes er. Die Lüge, dass er am tschechischen Staat nun nicht mehr interessiert sei, ging ihm glaubwürdig über die Lippen. Hitler war ein Meister der Lüge und der Vertragsbrüche.

Das Ende des Jahres 1938 ist mir noch in besonderer Erinnerung. Meine Köln-Riehler Freundin, mit mir konfirmiert und zur gleichen Zeit in den BDM aufgenommen, wollte ebenfalls studieren. Nun hatten wir eine Führerin, die sich nicht viele Gedanken über die Gestaltung des Heimabends machte. Es lief stets simpel und langweilig ab. Also schwänzten wir ab und zu. Eines Abends, nachdem wir eine etwas fadenscheinige Entschuldigung vorbrachten, erbleichten wir. Wir hörten: „Ihr wollt doch Abitur machen. Wenn ihr aber weiterhin eure Pflicht gegenüber unserem Führer und der nationalsozialistischen Gemeinschaft vernachlässigt, wird nichts daraus." Diese erpresserische Drohung verfehlte ihre Wirkung nicht. Wir „schwänzten "nicht mehr, denn wir wussten, das „System" ist stärker als wir.

Am Abend des 10. November 1938 kamen Frau M. und ihre Tochter Ruth zu uns. Wir wollten musizieren und Karten spielen und dabei die Süßigkeiten nicht vergessen, die auch eine wichtige Rolle bei unseren gemeinsamen Abenden spielten. Frau M. war aber nicht recht bei der Sache. Sie war zwar „nur" Halbjüdin, aber sie fühlte stets Angst und Trauer angesichts der Gewalttätigkeiten der Nazis gegen die Juden. Und nun hatte es wieder so einen schlimmen Übergriff gegen die Juden gegeben. Der Anlass, der den Nazis recht gelegen kam, war der Mord an einem jungen deutschen Diplomaten in Paris durch einen 17-jährigen Juden. In unserem kleinen Vorort war es ziemlich ruhig geblieben. Die Zeitungen berichteten „einstimmig" über den „Volkszorn" gegen die deutschen Juden, die nichts mit dem Mord zu tun hatten. „Später hat man der Vorläufigen Leitung der ‚Bekennenden Kirche' vorgeworfen, dass sie kein Wort zum Judenpogrom am 9.11. 1938 gefunden habe. Sie war ja nicht mehr handlungsfähig, da die Männer wegen der Gebetsliturgie aus dem Amt gejagt und vor Gericht gestellt waren. Auch in Berlin waren wir aufs Tiefste erschüttert. Die Mitarbeiterinnen hatten die furchtbare Verwüstung in den Straßen um den Kurfürstendamm gesehen. Sie hatten die zerborstenen Konzertflügel gesehen und beobachtet, wie die HJ in besonders roher Weise die Geschäfte der Juden zertrümmert hatte. Fast alle Berliner Synagogen waren abgebrannt. Eine Mitarbeiterin hatte morgens ein junges Mädchen auf dem Kurfürstendamm gesehen, das barfuß im Nachthemd und blutüberströmt über den Bürgersteig gelaufen kam. Ein Auto mit dem Kennzeichen der Französischen Botschaft hielt und nahm das weinende Mädchen mit, an dem alle deutschen Autofahrer vorbeigefahren waren.

Was sollen wir denn tun? Diese Frage ließ uns junge Mädchen nicht mehr los. Als Lic. Gollwitzer das nächste Mal zum Unterricht kam, fragten wir ihn, ob es wohl möglich sei, wenigstens die Judenchristen zu besuchen, die zur Dahlemer Gemeinde gehörten. Gollwitzer nickte. Vier oder fünf von uns gingen ins Gemeindebüro des Pfarrhauses Niemöller. Dort war diese Aktion schon angelaufen. Jede von uns bekam drei Adressen. Ich klingelte überall vergeblich. Die Studienrätin auf meiner Liste war schon nach Holland emigriert und die beiden Familien nach Südamerika. Die Mädchen gaben abends ergreifende Berichte über ihre Erlebnisse. Sie hatten auch zwei Drittel der Menschen nicht mehr angetroffen, aber mit den anderen hatten sie gesprochen. ‚Ich habe bei ihnen gesessen und mit ihnen geweint', sagte eine.

In der nächsten Stunde berichteten wir Gollwitzer über unsere Erlebnisse. Er nahm gerade Lukas 5 (Der Fischzug des Petrus) durch. Er schaute uns an und sagte: ‚Ich kann mir vorstellen, welche Angst Sie vor diesen Besuchen gehabt haben. Aber Sie haben sich auf den Weg gemacht und Mut gefasst.'" (Leni Immer: „Meine Jugend im Kirchenkampf" (mit einem Vorwort von Johannes Rau).

Weihnachten 1938 war das letzte im Frieden. Zwischen Weihnachten und Neujahr kam von Joe stets ein kleines Geschenk und ein ausführlicher Brief. Die Geschehnisse der letzten Zeit im europäischen Raum ließen wir vorsichtshalber unerwähnt. Vielleicht berührten diese die amerikanischen Bürger auch noch nicht.

Nun sollte im nächsten Jahr noch einmal eine Klassenfahrt unternommen werden. Danach würde genügend Zeit sein, sich für das Abitur vorzubereiten. Also, wohin? Wir wollten in der Oberprima Goethes Faust, Teil I und Teil II durchnehmen. Schillers „Kabale und Liebe" sowie Lessings „Minna von Barnhelm" hatten wir bereits besprochen, und wir hatten den Ehrgeiz, einige Szenen aus der „Minna" bei einem Elternabend zu spielen. Wir machten allgemein den Vorschlag, „auf den Spuren von Goethe und Schiller zu wandeln". Das konnten demnach nur Frankfurt und Weimar sein. Gegen weitere Vorschläge von Frau Dr. R., z. B.: Eisenach: Luther; Naumburger Dom: Uta, und Wanderungen in Friedrichroda hatten wir nichts einzuwenden.

Mitte März gab es wiederum eine Überraschung: deutsche Truppen in der „Rest-Tschechei". Radio und Zeitungen gaben es kund und zu Hause hieß es: „Hitler und seine braunen Genossen geben keine Ruhe." Die Wochenschau zeigte die Parade deutscher Truppen auf dem Wenzelsplatz in Prag. Viel Militär und keine Blumen. Die Tschechoslowakei war nicht heimgekehrt, sondern unter deutschen Schutz gestellt. Im Kino war es ziemlich still.

In unserer letzten Geschichtsstunde vor der Klassenfahrt besprachen wir noch einiges mit unserem beliebten und tüchtigen Geschichtslehrer, Herrn Dr. B., der geschickt und objektiv seinen Unterricht gestaltete. Er hatte außer Geschichte noch die Fächer Latein und Französisch. Für ihn war im europäischen

Geschehen die Aussöhnung zwischen Frankreich und Deutschland sehr wichtig. Ich erinnerte mich später (im Krieg) oft an einen Satz, den er einmal im Unterricht ganz unauffällig fallen ließ: „England hat wohl Schlachten verloren, aber keinen entscheidenden Krieg."

Nun war es so weit und wir, d. h. meine Klasse und ich, saßen im Zug nach Frankfurt. In Frankfurt staunten wir über die tolle Jugendherberge, neu gebaut in beachtlicher Größe und mit technischen Errungenschaften, die wir noch nicht kannten. Keiner brauchte mehr zu spülen und abzutrocknen. Außer dem vorgesehenen und uns auch interessierenden Besichtigungsprogramm aßen wir natürlich Frankfurter Würstchen und zum ersten Mal tranken wir „Äppelwoi", allerdings nicht mit großer Begeisterung. Nach dem kurzen Frankfurter Erlebnis fuhren wir wiederum mit dem Zug, aber nun zu unserem eigentlichen Ziel, Weimar. Meine Freundin Irene und ich sahen auf dem Gang des Zuges einige junge Männer. Sie sprachen wenig miteinander, öffneten die Gangfenster und schauten in die friedliche deutsche Landschaft. Unsere Mitfahrer aus dem Abteil klärten uns über sie auf. Sie gehörten zu der nationalsozialistischen „Legion Condor", die General Franco im Kampf gegen die spanische Republik unterstützt hatte. 1939 endete der Aufstand Francos und die Angehörigen der „Legion Condor" verließen Spanien. Flugzeuge der Legion hatten die baskische Stadt Guernica zerstört. Kein Ruhmesblatt!
Nun waren diese jungen Männer der ehemaligen „Legion Condor" auf dem Weg zu ihren Familien. Wahrscheinlich wollten sie sich entspannen und abschalten. Aber nach wenigen Wochen brach der Zweite Weltkrieg aus, und sie wurden für den nächsten Krieg zur Verfügung stehen müssen.

Etwas müde kamen wir in Weimar an. Die Jugendherberge lag außerhalb, war nicht allzu groß, aber sehr hübsch.

Unser erster Gang führte zum Nationaltheater. Vor diesem betrachteten wir das berühmte Doppelstandbild von Goethe und Schiller als sichtbares Zeichen dafür, dass wir uns auf den Spuren von Goethe und Schiller befanden, wie wir es etwas theatralisch bezeichnet hatten. Ausflüge in die Umgebung wechselten mit Besichtigungen ab, und ich erinnere mich, dass wir bei einem Ausflug auf einer Anhöhe plötzlich vor Stacheldraht standen. Ein Schild zeigte an: „Halt, militärisches Sperrgebiet!" Wir waren verblüfft und konnten uns nicht recht erklären, wieso hier militärisches Sperrgebiet sein sollte. Wir fragten unsere Herbergseltern, die uns diesen Weg beschrieben hatten. Diese zuckten mit den Achseln, denn von einem militärischen Sperrgebiet schienen sie nichts zu wissen, sondern meinten: „Ihr seid den falschen Weg gegangen."

Jahre später, nach dem Krieg, hörte ich vom Konzentrationslager Buchenwald in der Nähe von Weimar. Dass es KZs gab, war auch in der Nazizeit nicht unbekannt, aber unbekannt war, dass es im Laufe der Naziregierung so viele wurden. Es hieß unverfänglich: „in Schutzhaft genommen zum Schutze, Sicherheit und Bestand des Volkes und Staates". Aber was wirklich in den KZs geschah, war unbekannt und außerdem unvorstellbar. Wer aus der „Schutzhaft" entlassen wurde, was selten genug vorkam, war zum Schweigen verpflichtet, und wenn ihm das Leben lieb war, schwieg er. Nur wenn der Betreffende emigrieren konnte, hatte er Redefreiheit. Doch es schien so, als ob auch im Ausland nicht alles unbesehen geglaubt wurde. Bei uns Jugendlichen hieß es manchmal: „Du, sag das nicht so laut, sonst kommst du ins KZ." An sich ein makabrer Satz und nur möglich aus Unwissenheit.

Zitat: „Es gibt keine Aufrechnung von Unrecht gegen Unrecht, von Schrecken gegen Schrecken." Aber der Terror wurde von einer Minderheit ausgeübt, war raffiniert getarnt und blieb dem Volke in seinem vollen Ausmaß verborgen. Wer dennoch Bescheid wusste, hatte meist nicht die Macht einzugreifen.

Die Deutschen selbst sind die ersten Opfer der Konzentrationslager gewesen.

Es war Ende Juli 1939, als wir von der Klassenfahrt zurückkehrten. In unserer letzten Geschichtsstunde wollten wir mit Herrn Dr. B. über unsere Ängste im Hinblick auf Sowjetrussland sprechen. Es ging das Gerücht, dass Stalin eine exzellente Armee in Sibirien stationiert hatte. Was konnte man darauf schon antworten? Entweder man schwieg, oder man verriet, dass man den Feindsender gehört hatte. Außerdem erstaunte es uns, dass in den Medien einhellig moderatere Töne gegenüber den Sowjets zu hören und zu lesen waren. Die Hetzparolen hatten ein Ende gefunden, so schien es. Und das bei Hitler, dem harten und wortreichen „Dauerkämpfer" gegen die Bolschewiken, sein Plus bei westlichen Ländern.

Unsere vorläufig letzte Ferienreise verbrachten wir in Konstanz und in Heidelberg. In Konstanz wohnten wir unmittelbar an einem Grenzübergang Für einen Tag gab es einen Übergangserlaubnisschein. Größere Unternehmungen oder Einkäufe verboten sich von selbst, mangels Devisen. Die Schweizer Grenzgänger kamen gern in unsere Ecke, da sie dort das Kino besuchten und den leckeren Schokoladenkuchen aßen, der auf Grund des vorzüglichen Bäckers eine große Anziehungskraft besaß. Ich kam eines Tages mit einer Schweizerin ins Gespräch und staunte über ihre Mitteilung: Die Schweizer Regierung hatte ihre Bürger veranlasst, sich für mindestens eine Woche eine Lebensmittelration anzulegen, und dafür Vorschläge veröffentlicht.
Sie sprach das Wort Krieg zwar nicht aus, aber es lag in der Luft. Die Feriengäste, uns eingeschlossen, vergnügten sich wie immer. Nur in der Zeitung wurde wohl dosiert von Schwierigkeiten mit den Polen und der polnischen Regierung geschrieben.

Einen Tag, bevor wir nach Heidelberg fuhren, besuchte ich gegen Abend ein Sonderkonzert des Kurorchesters in der Nähe des Bodensees. Ein älterer Herr saß neben mir, der in der Pause aufgeregt über die Geschehnisse an der deutsch-polnischen Grenze mit mir sprach Er äußerte vorsichtig seine Besorgnis über einen eventuellen Krieg, aber ich wollte nur ungern etwas darüber hören und mir die Freude am Konzert nicht nehmen lassen. Auf dem Weg in die Pension bedauerte ich meine Ungeduld gegenüber meinem älteren Konzertnachbarn, denn er gehörte der Generation an, die noch den Ersten Weltkrieg erlebt hatte und nur mit Schrecken an einen zweiten großen Krieg denken konnte.

In Heidelberg erlebten wir die jährlichen „Theaterfestspiele". Unter anderen spielte Heinrich George den Götz in Goethes „Götz v. Berlichingen". Die Aufführungen fanden im Heidelberger Schloss statt, und es war immer sehr wirkungsvoll, wenn Heinrich George das mit Butzenscheiben versehene Fenster öffnete und den berühmten Satz aus dem Götz mit höchster Lautstärke herausschrie. Unter lebhaftem Beifall schloss er dann das Fenster mit hörbarem Knall.
Den größten Eindruck hinterließ für mich Heinrich George in seiner großartigen Darstellung der Person des „Postmeisters" in dem gleichnamigen Film nach A. Puschkin. Der „Postmeister" kam im ersten Kriegsjahr in die Kinos. Da galt noch der Hitler-Stalin-Pakt. Der liebenswürdige und menschliche Russe, Puschkins Hauptfigur, störte nicht, im Gegenteil. Das wurde erst anders im Juni 1941, dem Einmarsch der Deutschen in Russland. Goebbels ließ den Film schnell absetzen.
Das Ende der Ferienzeit in Heidelberg rückte näher. Ich dachte nun daran, mich mit dem Gedanken vertraut zu machen, einige Vorbereitungen für das kommende Abitur zu treffen und mir den Faust II vorzunehmen. Das ließ sich erleichtern bei

schöner Aussicht am Neckar oder auf einer Bank im Schlosspark.

Eine Zeitungsmeldung schlug wie eine Bombe ein Der Nichtangriffspakt Deutschland – Sowjetrussland wurde am 23. August 1939 unterzeichnet, und am 24.8. lasen wir darüber in der Zeitung. Ein Foto zeigte Ribbentrop, den deutschen Außenminister, bei der Unterzeichnung des Paktes mit verbissener Miene, als hätte er Schwierigkeiten mit seinem Namenszug. Hinter ihm stehend der übers ganze Gesicht lachende Stalin. Die Weltöffentlichkeit war verblüfft, aber nur der größte Teil der Deutschen dachte, dass nun der Krieg in weite Ferne gerückt sei. Man atmete noch einmal auf.

Die Vorbereitungen für den Nichtangriffspakt waren so geheim wie das Zusatzprotokoll des Paktes während des gesamten Krieges. Wir hatten von dem früheren russischen Außenminister Litwinow nur in sehr hämischer Weise durch die Goebbelspresse von dem russischen Außenminister „Finkelstein" gehört. Als im Mai 1939 Litwinow durch Molotow ersetzt wurde, begannen vorsichtige und vor allem streng geheime Fühlungnahmen der ehemaligen unversöhnlichen Feinde. Die Mehrheit der Deutschen wusste auf jeden Fall nichts davon. Im Gegenteil, man sang immer noch mit Überzeugung: „Rotfront und Reaktion erschossen".

Jeden Morgen ging ich ins Schwimmbad am Neckar. Hier traf ich meistenteils zwei englische Studenten, mit denen ich mich oft unterhielt. Kurz nach dem Bekanntwerden des russischdeutschen Nichtangriffspaktes hörte ich die beiden jungen Engländer im Schwimmbad erregt miteinander sprechen. Ich erkundigte mich, warum sie so aufgeregt seien. Sie hatten über das Konsulat in Heidelberg von der englischen Regierung die Mitteilung erhalten, so schnell wie möglich nach England zurückzukommen. Ich meinte: „Krieg kann es doch nun nicht mehr geben." Darauf konnten sie mir aber auch nicht antworten. Wir verabschiedeten uns. Würden wir nun Feinde werden?

Wenige Tage danach, am 1.9.1939, wir saßen noch beim Frühstück, kam unsere Wirtin bedrückt zu uns, berichtete von Hitlers Rundfunkrede um 10 Uhr mit der Mitteilung vom Einmarsch deutscher Truppen in Polen und zitierte seinen später berühmt-berüchtigten wie auch schicksalhaften Satz: „Ab 4.45 Uhr wird zurückgeschossen." Hitler wollte das Volk glauben machen, dass die Aggression von Polen ausgehe. Die Stadtverwaltung hatte bereits die Mitteilung herausgegeben: „Jeder, der nicht in Heidelberg ansässig ist, muss so schnell wie möglich die Stadt verlassen. Züge stehen zur Verfügung." Seltsamerweise lief alles sehr überlegt und ohne Hast ab. Am späten Nachmittag waren wir zu Hause. Gegen Abend bekam ich ein Telegramm mit den Worten: „Melden Sie sich morgen früh um 8.30 Uhr in Köln-Mülheim". Die Adresse dort war ein Parteibüro in der Hafengegend.

Am anderen Morgen sah ich dort meine Mitschülerinnen wieder. Unsere Freude war geteilt, denn der Ort des Wiedersehens gab keinen Anlass zur Freude. Auf einem Tisch in der Nähe lagen Listen, zumindest sah es zunächst so aus. Es waren Lebensmittelkarten, die wir verteilen sollten. Wir wurden in die Funktion derselben eingewiesen und erhielten Namenslisten mit den entsprechenden Wohnungen und Straßen. Wir fühlten uns etwas ungemütlich, denn die Angelegenheit hatten wir selbst noch nicht so ganz verstanden. Die Bewohner, die wir aufsuchten, waren nicht nur überrascht, sondern zum Teil auch überfordert. Es gab langwierige Erklärungen, die wir uns schlecht und recht auf die vielen Fragen abquälten. An einem Tag konnten wir unsere Aufgabe auf keinen Fall erledigen
Die Schule begann wieder, und meine Klasse bekam die Aufforderung, sich im Direktorat einzufinden. Dort würde auch

unsere Klassenlehrerin sein. Hier erstaunte uns folgende Mitteilung: Wir mussten sofort „Kriegshilfsdienst" leisten, Reichsarbeitsdienst oder anderen Ausgleich. Die Begründung dafür war: Unsere Oberprima hatte bereits sechs Monate mehr Schultage als unsere Parallelklasse, die nur zwölf Jahre zum Abitur benötigte. Wenn die Zensuren schon jetzt ein Bestehen der Abiturprüfung beinhalten würden, und das war der Fall, bekämen wir das Reifezeugnis nach „erfolgreichem" halbjährigem Kriegshilfsdienst. Ich konnte dann das Zeugnis für die Aufnahmeprüfung an der Musikhochschule einreichen. Ich landete für ein halbes Jahr bei der „nationalsozialistischen Volkswohlfahrt" NSV. Ich war vollkommen ahnungslos, was da auf mich zukommen würde. Es war ein „Eintauchen ins volle Menschenleben".
Irene hatte eine Einberufung zum Arbeitsdienst nach Veldenz an der Mosel erhalten. Etwa Mitte September musste jede von uns ihren jeweiligen Kriegshilfsdienst beginnen.

Am 5. September 1939 heulten in Köln die Alarmsirenen. Feindliche Flieger? Das konnte doch nicht möglich sein, nachdem Göring vom dichten Abwehrnetz mit den Worten gesprochen hatte: „Ich will Meyer heißen, wenn ein feindliches Flugzeug Deutschland erreicht." Ich stand mit einigen Frauen und Kindern auf der Straße. Wir waren so verblüfft, dass wir vergaßen, in den Luftschutzkeller zu gehen. Es gab zum Glück auch ziemlich schnell wieder Entwarnung. Am anderen Tag besuchte ich meine Freundin Irene. Wir unterhielten uns mit ihrem Vater, sarkastisch meinte er: „Der Krieg wird sich nicht weiter ausbreiten. Die englischen Flugzeuge, die bis nach Köln gekommen sind, werden doch wohl abgeschossen sein. Und mehr als zwei Flugzeuge besitzen die Engländer doch nicht."
Irene, die noch nicht damit fertig wurde, dass ihr friedfertiger und friedliebender Führer in Polen einmarschiert war, schaute

den Vater zwar strafend an, aber ein „Ach, Papa!" brachte sie nicht heraus.

Bei meinem Beginn in der NSV wurde ich kurz in meine Arbeit eingewiesen. In den Randbezirken von Köln-Riehl gab es soziale Brennpunkte. Männer, die Alkoholiker waren, Frauen, die mit ihren fünf oder auch sechs Kindern total überfordert waren usw. Bei Bedürftigkeit bekamen sie Unterstützung, d. h. Geld nicht in bar, sondern den Wert in entsprechenden Bescheinigungen ausgehändigt. Ich war Mädchen für alles; musste Besuche bei Familien abstatten, kleine Kinder betreuen, bei großer Wäsche für mindestens sechs Personen mithelfen. Jeden Morgen kamen Frauen in die Hilfsstelle und erzählten von ihrem Kummer: vielfache Eheprobleme, prügelnde, alkoholisierte Ehemänner und anderes. Meine Erfahrungen waren sehr gering und ich konnte eigentlich nur zuhören. Alles musste protokolliert werden, und ich übte mich im Schreibmaschineschreiben. Die Hilfsstellenleiterin, die hin und wieder kam, kannte allerdings ihre Pappenheimer und gab mir den Ratschlag, nicht allzu leichtgläubig zu sein.
Einmal in der Woche gab es eine erfreuliche Unterbrechung, Mütterberatung unter Leitung einer Kinderärztin. Hier hatte ich die schriftlichen Arbeiten zu übernehmen. Die Babys waren genau registriert und alles, was an Medikamenten, Ernährung, Krankheiten usw. wichtig war, stand in ihren Karten. Bei Neuaufnahmen mussten die Mütter eine Reihe von Fragen beantworten. Eine Frage auf dem Fragebogen fiel mir besonders auf, und aus diesem Grunde vergaß ich sie nicht. Sie lautete: „Liegen in Ihrer Familie Geisteskrankheiten vor?" Die Antwort darauf war natürlich: „Nein!" Diese Frage erschien deshalb ganz unverfänglich und fast fürsorglich, und man hatte den Eindruck, dass die Antwort den Fragenden nicht so wichtig war. Allerdings war das Euthanasieprogramm bereits in aller Heimlichkeit angelaufen.

Eines Morgens, ich hatte einige Berichte auf der Schreibmaschine zu tippen, nahm ich einen Brief von „Joe" mit, um eine Antwort zu überlegen. Plötzlich sah ich eine Hand auf dem Brief und hörte eine Stimme: „Was machen Sie denn da?" Mir fuhr der Schreck in die Glieder. Doch noch gab es keine Kriegserklärung an die USA durch Hitler, nur bemerkbare Irritationen Bis jetzt waren Joe und ich immer vorsichtig mit politischen Anmerkungen gewesen. Nur als der Krieg gegen Polen begann, hatte Joe geschrieben, dass seiner Meinung nach kein Menschenleben für einen Krieg geopfert werden dürfe. Allerdings stand in diesem Brief auch etwas über seine Befürchtungen, dass Schwierigkeiten mit Japan für die USA nicht auszuschließen seien. Ich sah mir damals das Kuvert an, der Brief war durch die Zensur gegangen und die „defätistische" Anmerkung nicht geschwärzt und dadurch unleserlich gemacht. Auf die Frage meiner „Chefin" antwortete ich wahrheitsgemäß, es handle sich um einen Brief an meinen amerikanischen Brieffreund. Dann kam aber erst der Hammer: „Warten Sie, ich habe Propagandamaterial, das sollten Sie mitschicken." Ich überlegte blitzschnell. Seine Familie hatte keine deutschen Vorfahren und niemand sprach Deutsch. Joe konnte es ebenfalls sehr schlecht, und ich erfand schnell irische Vorfahren. Das schien mir gut zu sein im Hinblick auf unseren jetzigen „Feind" England. Meine „Chefin" gab sich zufrieden. Ihre Pflicht und Schuldigkeit hatte sie getan, und meine amerikanischen Briefe ließ ich fortan zu Hause.

Polen war im so genannten „Blitzkrieg" nach etwa drei Wochen besiegt worden. Großdeutschland mit seinen „Stukas" und sonstigen technisch überlegenen Waffen konnte es natürlich nicht standhalten. Polen hatte wieder einmal seine Selbständigkeit verloren. Wir lebten nun im Wartestand, ohne Kriegshandlungen. Konnte man daraus Hoffnung schöpfen im Hinblick auf den Frieden? Vielleicht hatten die Friedensbemühungen einiger kleiner Länder doch Erfolg? Mit den Lebens-

mittelkarten lebte es sich nicht schlecht, denn der Austausch mit den Wirtschaftsgütern aus der Sowjetunion bedeutete eine gute Hilfe.
Die Aufnahmeprüfung für das Schulmusikstudium hatte ich bestanden. Die Erstsemester wurden von dem Leiter der Schulmusikabteilung herzlich begrüßt und den anderen Studenten vorgestellt. Es war eine überschaubare Gruppe, die in dem Vorspielraum mit dem großen Flügel saß. Es hieß dann: „Ab heute werden Sie in der ‚Familie Schulmusik' aufgenommen."
Heute gibt es keine Familie Schulmusik mehr. Die Zahl der Studierenden ist dafür zu groß. Später haben wir wieder Kontakt aufgenommen und einmal im Jahr ein Treffen veranstaltet. Die „Familie" war aber nach den Ereignissen des Krieges und der Nachkriegszeit ziemlich geschrumpft.

Inzwischen endete der „Wartezustand" und die trügerische Hoffnung auf einen eventuellen Frieden. Dänemark wurde ohne Gegenwehr besetzt und Norwegen erobert, ebenso die Niederlande und Belgien. Die Überraschungstaktik gegenüber Frankreich gelang: wieder ein Blitzkrieg und Sieg. In der Wochenschau und auf Fotos in der Zeitung sah ich Hitler vor Freude tanzen und im Wald von Compiègne die Front einer Ehrenkompagnie abschreiten: Hand am Koppelschloss. Im Hintergrund der Eisenbahnwagen, in dem im November 1918, etwa ein Jahr vor der Friedensvertragsunterzeichnung in Versailles, die deutsche Abordnung den Waffenstillstandsvertrag mit Frankreich unterzeichnete. Auf Befehl Hitlers holte man den Waggon aus einem französischen Museum nach Compiègne. Nun unterzeichnete Marschall Pétain den Waffenstillstand, um den er Hitler gebeten hatte.
Auch diejenigen Deutschen, die den Nationalsozialisten skeptisch gegenüberstanden, zeigten Genugtuung darüber, dass Deutschland nun „Versailles" endgültig überwunden hatte. Die

deutsch-französische Aussöhnung, die sie zwar für Europa als außerordentlich wichtig ansahen, schien aber noch auf wackligen Füßen zu stehen.
Göring prägte in diesem Siegestaumel den Satz: „Mein Führer, Sie sind der größte Feldherr aller Zeiten." Der Volksmund reduzierte diesen jedoch auf „Gröfaz ".Was konnte einem „Gröfaz" schon entgegengesetzt werden? Das Radio brachte nun Siegesmeldungen mit kurzer musikalischer Einleitung. Hatte man das Radio nicht an, so schallte es donnernd vom Nachbarn herüber, und dem hielt kein Schlummer stand: das „Heldenthema" aus „Les Préludes" von Franz Liszt, der nicht mehr um seine Zustimmung gefragt werden konnte. Im Fortissimo erklangen die Posaunen und die Bässe. Dann kam die zackige Stimme des Sprechers mit der Siegesmeldung und der besonderen Betonung bei der Mitteilung über die Verluste des Feindes.
Die Pläne Hitlers gegenüber England erfüllten sich nicht wie erwartet. Hitler hatte zwar ohne Hemmungen und volltönend vom Ausradieren der englischen Städte gesprochen, aber die Stärke der englischen Jagdflieger unterschätzt. So konnte die lang währende Luftschlacht über England nicht gewonnen werden, und die beabsichtigte Invasion Englands kam nicht mehr in Betracht.
Ich konzentrierte mich unterdessen auf das Studium. Die Kommunikation mit den anderen war anregend und erfreulich. Wir hatten zwei Kommilitonen, die wir besonders respektierten, da sie sich schon bewährt hatten. Einer besaß bereits sein Konzertexamen in Klavier und der andere war Chorleiter mit dem Titel Musikdirektor. Sie hatten natürlich schon einen Teil des Büffelns hinter sich. So konnten sie ohne Gewissensbisse abends nach Aachen fahren, um den dortigen Generaldirektor des Sinfonieorchesters zu erleben. Es war der damals noch junge Herbert v. Karajan. Sie schätzten ihn sehr und sagten

ihm eine große Karriere voraus, und wir glaubten ihren Prophezeiungen.
Im Einzelunterricht kam man auch mit „seinem Professor" zu privaten Gesprächen. Die politische Linie konnte schnell ausgemacht werden, und ich erinnere mich an die Warnung: „Bei dem Kommilitonen müsst ihr vorsichtig sein." Bei allem Mangel an politischer Leidenschaft für die Nationalsozialisten eines großen Teils der Professoren durfte jedoch keiner zu unvorsichtig sein Ich erinnere mich an einen jüngeren Dozenten, der Anfang 1943 despektierliche Witze über Hitler erzählt hatte. Der Betreffende konnte froh sein, dass er „nur" sofort entlassen wurde, ohne Bezüge.
Hans Joachim Mosers „Musiklexikon" besaß jeder Musikstudent. Es war inzwischen neu aufgelegt worden. Werke jüdischer Musiker, die allerdings keiner spielen durfte, konnten nicht schlichtweg übergangen werden, da auch diese wichtig waren für die musikalische Entwicklung. So wurden ihre Namen mit einem in Klammern gesetzten großen J gekennzeichnet.
Ich erinnere mich an ein Seminar des musikwissenschaftlichen Instituts der Kölner Uni. Wir waren eine kleine Gruppe. Einer unserer Professoren besprach mit uns die Klavierkonzerte von Johannes Brahms. Er meinte: „Ich habe hier die Wiedergaben von Arthur Rubinstein. Für mich ist es die beste Interpretation. Falls Sie aber diese Schallplatten nicht wollen, werde ich andere finden." Wir wollten ihm jedoch die Arbeit ersparen.
Das Opernhaus stand damals noch, ebenso der Gürzenich. Eines war auffällig: Wagneropern verdrängten immer mehr die anderen Werke. Da musste man schon ein ausgesprochener Wagnerfan sein, um das noch erfreulich zu finden.
Die Studentenzahl der „Familie Schulmusik" wurde nach und nach geringer. Der neue Kriegsschauplatz „Russland" erforderte mehr und mehr Einberufungen von jungen Männern. Wir versprachen, zu schreiben und Feldpostpakete zu schicken,

und sehr betrüblich war es, wenn Briefe oder Pakete wieder zurückkamen.

Ich war an einem schönen warmen Tag im Juni im Zoo gewesen und auf dem Nachhauseweg hörte ich die unfassbare Nachricht vom bereits erfolgten Einmarsch deutscher Truppen in Russland. Die Spaziergänger berichteten mit großer Besorgnis, und unter ihnen wurde die Befürchtung laut, dass Deutschland sich nun wiederum in einem gefährlichen Zweifrontenkrieg befände. Aber keiner von ihnen wusste etwas von Stalins Vorteil: Japan hatte noch kurz vor dem deutschen Einmarsch einen Nichtangriffspakt mit Stalin geschlossen, und der hielt. Die Sowjetunion hatte den Rücken frei.

In meinem Semester war eine Studentin, ehemalige Klassenkameradin, die sich ebenso wie ich besonders an eine Kommilitonin von der Mosel angeschlossen hatte. Hildegard stammte aus dem hübschen Enkirch und sie lud uns ein, die Semesterferien mit ihr dort zu verbringen In Köln wurde es langsam ungemütlicher durch zahlreichere und stärkere Bombereinsätze. Wir gingen nun auch nachts in den Luftschutzkeller und ich war erfreut über den Vorschlag. In Enkirch bemerkte man den Krieg nur durch die Verdunkelung und man tapste zunächst recht unsicher durch das dunkle und noch unbekannte Dorf. Ich wohnte im Gasthof und verstand mich gut mit der Wirtin und ihrer damals 16-jährigen Tochter. Sie war verwitwet und hatte mit Gasthaus, Weinbergen und kleiner Landwirtschaft viel zu tun. Im Haus wirkte noch ihre Hilfe aus Büchenbeuren, Hunsrück, eine kräftige und muntere Person. Ich aß, wenn ich nicht eingeladen war, in dem lang gestreckten Gastraum. Am Ende des Raumes am Fenster sah ich zu meiner Freude ein Klavier, und ich hoffte, dass es nicht zu verstimmt sein würde. Zum Glück war es das nicht.

Nach fast 60 Jahren sah ich es noch an der gleichen Fensterecke, im fast gleich eingerichteten Gastzimmer, aber es gab keinen Ton mehr von sich. Mir fiel ein, wie oft ich allein oder mit Hildegard dort aufgespielt und gesungen hatte zu Hochzeiten, Geburtstagen oder anderen festlichen Gelegenheiten. Besonders erfreulich war natürlich dann die Einladung zum guten, nicht mehr gewohnten Essen.

Oft hörte ich, wenn ich im Gastzimmer beim Mittagessen saß, Gelächter aus der Küche. Aus Neugier und weil ich helfen wollte, brachte ich mein Geschirr in die Küche. Diese war geräumig, und etwas erhöht stand sich der große Esstisch. Daran saßen Frau W., Tochter Edith, Irmgard, die Haushaltshilfe und ein stattlicher junger Mann in Arbeitskleidung. Es wurde ruhig und wir sahen uns erstaunt an. Der junge Mann war ein französischer Gefangener und Frau W. stellte ihn als Fernand vor. Für sie war er eine wichtige Hilfe, die mit dem jungen Weinbauern Ernst geschickte Arbeit leistete. Er kam aus Paris, wo er als Ingenieur beschäftigt gewesen war. Dann sagte Frau W. etwas unvermittelt und hastig: „Fernand ist verlobt mit Odette, die, so oft es erlaubt ist, Briefe und Pakete schickt." Fernand schaute mich an und schüttelte den Kopf, was vielleicht ein Nein im Hinblick auf seine Verlobung bedeuten sollte. Ich hatte fast acht Jahre Französisch in der Schule gehabt und freute mich, es zu sprechen, um festzustellen, ob es noch klappen würde. Es ging ganz gut und ich versuchte auch für die anderen Tischgenossen zu übersetzen.

Nun wurde ich eingeladen, als Fünfte mein Essen in der Küchenrunde einzunehmen. Zu fünft waren wir nicht immer, denn Fernand und Ernst nahmen oft Essen mit in den Weinberg. Außerdem musste stets einer auf dem Sprung sein, einem Gast zur Mittagszeit den gewünschten Trester einzuschenken und sich mit diesem zu unterhalten, damit er der Küche nicht zu nahe kam. Nicht jeder Gasthofbesucher war ein Einheimischer, und es war verboten, mit Gefangenen private Gespräche zu führen, geschweige mit ihnen an einem Tisch zu sitzen. Die Enkirchner hielten es im Allgemeinen so wie Frau W. Der

Bauernführer hatte die gleiche Gewohnheit wie die Winzer. Selbst nach der Verwarnung „Sie müssen mit gutem Beispiel vorangehen" blieb er dabei. Letztlich hatte er das nicht zu bereuen. Sein „Franzose" sagte für ihn nach Kriegsende aus, und so wurde er aus dem Trabacher Gefängnis, in das er als so genannter „Nazi" bereits eingeliefert worden war, wieder entlassen.
Ich hatte manchmal bei Gesprächen mit Fernand den Eindruck, dass er mehr von der Kriegslage wusste, als uns „zugemutet" wurde.

Zur gleichen Zeit, während meines ersten Aufenthaltes in Enkirch, hatte Frau W. einen jungen deutschen Fallschirmjäger für etwa vier Wochen aufgenommen. Es gab eine Aktion, auch an der Mosel, Soldaten, die einen besonders gefährlichen Einsatz hinter sich hatten, einige Wochen Erholungsaufenthalt zu bieten. Dieser junge Fallschirmjäger hatte einen harten und für seine Truppe sehr verlustreichen Einsatz auf Kreta überlebt. Er verliebte sich in eine hübsche Enkirchnerin und diese Liebe wurde auch erwidert.
Damals erzählte man mir augenzwinkernd, die Schönen von der Mosel – Kennzeichen: blaue Augen, dunkle Haare – wären noch ein Erbe der französischen Besatzung im 17. Jahrhundert, zur Zeit Ludwigs XIV. In Enkirch erinnerte an diese Zeit zumindest der nahe gelegene „Mont Royal", die damalige französische Festung, und einige verballhornte französische Worte. Auf einem Foto, das ich machte, ist die Verabschiedung unseres Fallschirmjägers zu sehen. Wir, die wir ihn zu dem kleinen Bahnhof begleiteten, hatten schon die Taschentücher zum Winken und zum Trocknen der Tränen bereit.
Seine geliebte Freundin sah ihn nicht wieder. Von dem nächsten Einsatz kam er nicht mehr zurück.

Ende September begann das neue Semester. In den Medien (Radio, Zeitung, Kino) sah und hörte ich von dem raschen Vormarsch deutscher Truppen in Russland. Deutsche Soldaten standen vor Moskau, und um das eingeschlossene Leningrad gab es schreckliche Kämpfe. Wieder ein Blitzkrieg nach der bereits bei Polen und Frankreich gelungenen Strategie? Aber es schien sich nicht zu wiederholen Die Zahl der russischen Gefangenen war sehr hoch. In den Medien sah ich hauptsächlich Gefangene aus den asiatischen Gebieten Sowjetrusslands, die uns fremd waren und denen die Angst in den Gesichtern stand. Der Unterschied zwischen der „Herrenrasse", den Slawen und den mongolischen Bevölkerungsgruppen sollte uns eingehämmert werden Und es gab eine Sensation. Unter einer Gruppe Gefangener befand sich ein junger Mann im langen Soldatenmantel: Jakob Dschughaschwili, der Sohn Stalins, und eine Frage erschien nun interessant: Wird sich Stalin um ihn bemühen? Er tat es nicht. Der Leitsatz der Sowjets lautete immerhin: „Ein Sowjetsoldat ergibt sich nicht." Nach 1945 war dieser Leitsatz für manche ehemalige Gefangene verhängnisvoll. Sie kamen in sibirische Straflager.

Hitlers Hoffnung, dass deutsche Truppen schnell bis an die Ölquellen bei Baku am Kaspischen Meer gelangen würden, zeigte sich in seiner optimistischen Rede Anfang Oktober 1941: „Ich spreche es erst heute aus, weil ich es heute aussprechen darf, dass dieser Gegner bereits gebrochen ist und sich nie mehr erheben wird." Was für ein Irrtum.
Stalins Vorteil war einerseits der russische Winter, der bereits Napoleon große Schwierigkeiten bereitet hatte, und andererseits schaffte er es, alle Kräfte zu mobilisieren, auch die seiner Gegner im so genannten „großen Vaterländischen Krieg". Das, was in der Zeit des Stalin-Hitler-Paktes nicht mehr zu Sprache kam, nämlich die menschenverachtende Arroganz der Nationalsozialisten gegenüber den Slawen und die entsprechende

demütigende Behandlung, die dem Volk zugedacht war, wurde in keiner Weise verschwiegen. Daraus ergab sich mehr oder weniger Hass. Da sowohl Stalin wie Hitler sich in ihrer menschenverachtenden Handlungsweise beziehungsweise Anordnungen in nichts nachstanden, kam es zu beiderseitigem grausamen Vorgehen auf diesem Kriegsschauplatz.

Das Gerücht, das uns als Primanerinnen geängstigt hatte, beruhte auf der Wahrheit. Die russischen Truppenreserven in Sibirien gab es. In Deutschland erging ein eindringlicher Aufruf an die erstaunte Bevölkerung, warme Bekleidung so schnell wie möglich an Sammelstellen zu bringen. Frauen strickten Socken und Handschuhe, damit diese an die Ostfront weitergeleitet werden konnten. Hier kämpften deutsche Soldaten gegen Erfrierungen. Stalin konnte ruhig in Moskau bleiben. Der Vormarsch stockte nicht nur, sondern die Truppen mussten zurückgenommen werden.

Etwas, das mich im Dezember 1941 besonders betrübte, war die Kriegserklärung Hitlers an die USA. Sie bedeutete das Ende des Briefaustausches mit Joe Reynolds. In seinem letzten Brief schickte er mir ein schönes Farbfoto von sich und drückte sein großes Bedauern darüber aus, dass wir uns nicht persönlich kennen gelernt hatten. Es sollte nicht sein, der Krieg kam dazwischen. Seine Prüfung zum B.A. lag schon einige Zeit hinter ihm, und er wollte seinen M.A. in Sozialwissenschaften anschließen. Sollten wir später noch einmal voneinander hören? Einmal musste der Krieg doch zu Ende sein.
Meine Freundin Irene hatte nach langen Überlegungen (ihr „Pech" war es, in allen Fächern gut zu sein) gegen den Willen ihres Vaters die Ausbildung zur Volksschullehrerin in Koblenz begonnen. Wir trafen uns im Dezember in Köln, und ihre Toleranz schien einer fast fanatischen Verteidigung des „Führers" trotz seiner Fehlentscheidungen im Russlandfeldzug gewichen

zu sein. Ich wagte es, auf das Potenzial der USA hinzuweisen und deren Möglichkeit, in kurzer Zeit ein bedeutendes Waffenarsenal auch für die Russen errichten zu können. Sie schüttelte nur mit dem Kopf und meinte: „Ach, du mit deinem Joe. Du hast keine Ahnung, wie es in Wirklichkeit ist. Die USA werden viel zu sehr durch das jüdische Kapital manipuliert, und ihre Macht ist bereits geschwächt."
Nach diesem Gespräch hörten wir längere Zeit nichts mehr voneinander. Erst der Tod ihres Vaters brachte uns wieder zusammen. Ich fuhr zu einem Trauerbesuch in das Oberbergische Land, denn die Eltern waren in Köln-Mülheim ausgebombt worden. Sie erhielten eine Wohnmöglichkeit in Nümbrecht, wo sie noch Freunde und Verwandte hatten Die Mutter zeigte sich verbittert, da ihrer Meinung nach die „braunen Schwestern" des Krankenhauses ihren kranken Mann vernachlässigt hatten. Auch sonst war sie verändert, denn die Ansichten ihrer Tochter teilte sie nicht mehr. Ihr Sohn war an der Ostfront und sie verschwieg ihre Angst um ihn nicht und meinte: „Ich hoffe, dass er sich in einer ausweglosen Kriegslage gefangen nehmen lässt." Die deutsche Katastrophe von Stalingrad, dem Rüstungszentrum der Sowjets, wo von mehr als 200.000 eingeschlossenen deutschen Soldaten nur noch 90.000 überlebten (Hitler hatte einen Rückzug strengstens untersagt und die Nachschubwege nicht genügend gesichert), war erst vor einigen Wochen bekannt geworden. Da hörten die Mutter und ich zu unserem beiderseitigen Erschrecken folgenden Satz von Irene: „Sollte Heinz das tun, dann ist er nicht mehr mein Bruder." In der nachfolgenden Stille konnte ich nur noch hervorbringen: „Ich muss jetzt zum Bahnhof, da der letzte Zug bald fährt."
Irene hatte inzwischen ihr Examen in Koblenz bestanden und kam als Junglehrerin nach Ostpreußen in einen Dorfbezirk der Masurischen Seen. Gehört hatte sie natürlich davon, aber gesehen hatte sie diese Gegend noch nie. Schon die Fahrt dorthin

war eine Herausforderung. Als sie uns später darüber erzählte, begann sie zunächst: „Sehr weit, sehr schön, sehr einsam und sehr fremd." Sie besuchte uns noch zweimal in ihren Ferien in Köln. „Ihr" Dorf besaß keinen elektrischen Anschluss. Das bedeutete eine ziemliche Umstellung in vielerlei Dingen. Die Bewohner waren sehr freundlich und sie kam gut mit ihnen aus. Aber sie schien in der Betrachtung unserer Kriegssituation und des Tuns unseres „Führers" etwas kritischer geworden zu sein. Sie berichtete, dass die Dorfbewohner zwar gut Deutsch sprachen und sie brachte es den Kindern ja auch bei, doch zu ihrem Erstaunen wurde dort auch eine Mundart gesprochen, von der sie kein Wort verstand. Besonders die Männer in der Dorfkneipe gebrauchten diese zusammen mit einem kräftigen Schnaps. Es waren deutsche Wörter, mit polnischen vermischt. Hin und wieder kamen aus dem nahen Generalgouvernement wenig erfreuliche Berichte über deutsche Maßnahmen.

Ende Mai 1942 erlebten wir in Köln den ersten beängstigenden und zahlenmäßig kaum vorstellbaren Bombenangriff: 1000 feindliche Flugzeuge überflogen in der Nacht die Stadt. In großen Teilen der Altstadt um den Neumarkt hatte der Angriff verheerende Folgen. Auch die „Rheinische Musikschule" am Mauritiussteinweg, in der die Schulmusikabteilung untergebracht war, zeigte Schäden, die allerdings noch zu beheben waren. Da kam die Einladung für unseren Chor zu den „Studentischen Tagen deutscher Kunst" in Salzburg gerade recht. Der dortige Gauleiter Dr. Scheel wollte trotz oder gerade wegen des Krieges die deutsche Kunst und Kultur in Salzburg besonders pflegen und in den Mittelpunkt stellen. Unterstützt wurde er durch einen eifrigen Parteifunktionär, seine „rechte Hand", aus dem „Altreich". Es gab 14 Tage lang ein großes Angebot an ausgezeichneten künstlerischen Darbietungen.
Als wir uns in unserer Unterkunft, einer Turnhalle, einigermaßen eingerichtet hatten, freuten wir uns über die Nacht ohne

Alarm und staunten über die ziemlich laxe Handhabung der Verdunkelung. Versuchte man den Krieg und das tägliche Sterben auszuklammern? Allerdings erinnerte uns das „Bräu", in dem wir mit unseren in Salzburg anwesenden Professoren zu Mittag aßen, nachdrücklich an kriegsbedingte Schwierigkeiten, und der Krieg blieb im Gedächtnis. Für das miserable Essen forderte man von uns zu viele Lebensmittelkarten.

Herbert von Karajan, inzwischen nicht mehr in Aachen, sondern an der Berliner Staatsoper, dirigierte eine umjubelte Aufführung von Mozarts „Figaros Hochzeit". Elly Ney, berühmte Pianistin, bereits nicht mehr ganz jung, spielte an einem Kammermusikabend Beethoven-Sonaten. Als 13-jährige Schülerin hatte ich sie im Kölner Gürzenich-Saal gehört, als sie an einem Nachmittag für interessierte Schüler spielte und uns den Kompositionsverlauf erklärte.
In Salzburg war Elly Ney eine Erscheinung, die nicht zu übersehen war und wohl auch nicht übersehen werden wollte. An ihrem Konzertabend sah ich sie zum Kammermusiksaal schreiten und ihr Ehemann wie ein Prinzgemahl ging einige Schritte hinterher. Am Eingang ihres Bestimmungsortes empfing sie ein ansehnlicher junger Mann, küsste ihr die Hand und half ihr aus dem voluminösen, aber eleganten Umhang. Die Beethoven-Sonate Nr. 111 spielte Elly Ney zum Abschluss. Nach dem letzten hingehauchten Akkord legte sie die Arme gekonnt auf die Seite des Flügels und darauf bettete sie ihren Kopf. War es Rührung über die Meisterschaft Beethovens oder Erschöpfung? Einen Moment verharrten die Zuschauer in Stille, um dann in großen Beifall auszubrechen. Auch eine Bemerkung eines unserer Professoren über ihre Fehler konnte unsere Begeisterung nicht bremsen.

Für die Aufführung von Goethes „Urfaust" durch Schauspielschüler der Wiener Hochschule für Musik und darstellende

Kunst konnten wir nur mit List und Tücke Plätze erobern. Die braune Prominenz (es hieß, auch Baldur von Schirach, inzwischen Reichsstatthalter und Gauleiter von Wien, wäre anwesend) wollte ihre jungen Wiener Künstler feiern. Im Programmheft lasen wir kurz etwas über die Geschichte der Akademie. Max Reinhard hatte in dem Bericht nur einen negativen Stellenwert, und wir waren auch ziemlich ahnungslos über seine wirkliche Bedeutung für Wien, Berlin und die Salzburger Festspiele. Heute trägt ein Berliner Gymnasium seinen Namen.

Trotz vieler Proben blieb während unseres alarmfreien Aufenthaltes noch Zeit zur Erkundung der Stadt und ihrer Umgebung. Das Marionettentheater des Mozarteums machte uns zum Abschluss eine große Freude mit der reizenden Aufführung von Mozarts Singspiel „Der Schauspieldirektor". Studenten des Opernfachs liehen den Marionetten ihre schönen Stimmen. An unserem letzten Tag wurden wir von „höchster Stelle" zu Kaffee und Kuchen auf die Feste Hohensalzburg eingeladen und verabschiedet.
Wir verbrachten noch einen Tag in München. Als wir nach kurzer Fahrt dort eintrafen, befanden wir uns auf gewohntem Boden. Bombenschäden bereiteten uns schon auf Köln vor. Viel Zeit blieb in München nicht mehr, und ich schlenderte durch den „Englischen Garten". Das immense Bauwerk in der Nähe war selbstverständlich nicht zu übersehen: Hitlers „Haus der Deutschen Kunst". Ich hatte Glück; es war geöffnet und Touristen kaum zu sehen. Ich dachte an Schwind, Spitzweg usw. usw. und glaubte, auf verhältnismäßig schnellem Weg in die Räume zu gelangen. Das war ein Irrtum. Kein Weg ging an einem Vorraum vorbei. Hier hing ein „Großporträt" des Führers. Geheimnisvolles Licht erleuchtete den Raum. Adolf Hitler mit energisch kantigem Gesicht schaute mit durchdringendem Blick fast seherisch in die Ferne. Anschließend kam man in einen Raum, in dem regimegenehme Maler ihre entsprechenden

Darstellungen bewundern lassen konnten. Nach dem Pflichtprogramm gelangte ich in die Räume mit den Bildern, die ich sehen wollte.

In Köln wurden wir von einer Nachricht überrascht: Mit dem neuen Semester sollten in Folge zwei Studenten den Luftschutzwart unterstützen, d. h. abends mussten die jeweiligen Kandidaten im Gebäude der Rheinischen Musikschule zur Stelle sein und die Nacht dort verbringen, um bei eventuellen Bränden zu löschen. Im Luftschutzraum waren neben Feldbetten Eimer mit Sand und Wasser vorhanden. Zum Glück war nach dem letzten Angriff das Gebiet um die Rheinische Musikschule kein Zielgebiet mehr, denn die Effektivität der Sand- und Wassereimer erschien viel zu gering.

Die Erinnerung an Salzburg wurde wieder lebendig durch Zeitungen und Wochenschau. Der dortige Gauleiter hatte nun auch die Gelegenheit genutzt, die politischen Möglichkeiten Salzburgs ins Rampenlicht des Geschehens zu rücken. Das Barockschloss Kleßheim wurde zum Gästehaus des Führers renoviert. Ich erkannte Mussolini auf den Fotos, ebenso die damals noch regierenden Oberhäupter der Balkanstaaten, die hier von Hitler empfangen wurden.

Ich freute mich auf die Semesterferien an der Mosel. Mein kleines Zimmer bei Frau W. konnte ich gegen einen geringen Obolus beziehen. Dafür half ich gern mit, so weit man mich einsetzen konnte. Die Küchenrunde existierte ebenfalls noch und hin und wieder gab es Neuigkeiten im kleinen Gefangenenlager. Allem Anschein nach war es einem von den Gefangenen gelungen, zu entkommen.

Bis zum Staatsexamen im Fach Schulmusik blieb uns noch knapp ein Jahr und wir mussten uns mit den Gedanken an die Vorarbeit vertraut machen. Unglücklicherweise bekam ich im

Herbst 1942 Hepatitis A, eine scheußliche Sache, und ich wusste zunächst gar nicht, wie ich darangekommen war. In unserem Kölner Vorort gab es nur noch zwei Ärzte und ich konnte die Diagnose gar nicht glauben. Aber die Gelbfärbung sprach für sich. Es hieß: viel trinken, viel Ruhe, viele warme Umschläge; einige Angelegenheiten, die sich mit dem Alarm und dem Luftschutzkeller nicht so recht vertrugen. Vielleicht war die Hepatitis die Folge meines Ekels vor einem Mittagessen. Ich hatte bei Verwandten von Frau W. mitgeholfen, diese betrieben eine kleine Landwirtschaft. Bei der Mittagessenspause erschien nur ein großer Topf in unserer Mitte. Fernand hatte mir schon den Deckel als Tellerersatz gegeben, aber dadurch wurde das Essen selbst auch nicht besser.

Am 11.1.1943 spielte der junge, sehr begabte und besonders von Furtwängler geförderte Karlrobert Kreiten im großen Konzertsaal des Kölner Gürzenichs. Er spielte Pfitzners Klavierkonzert Es-Dur. Ich war sehr interessiert und bekam für diesen Abend auch noch eine Eintrittskarte. Ich traf im Gürzenich einen unserer Professoren, der sich nach dem Klavierkonzert begeistert über diesen jungen Pianisten äußerte: „Karlrobert Kreiten hat noch eine große Karriere vor sich!"
Ich erinnerte mich später noch gut an dieses Konzert, das ich als letztes vor meiner Schulmusikprüfung hörte, und da die Prüfung vom 8. bis zum 12. Mai 1943 dauerte, gab es viel Vorbereitung zu bewältigen. Nachdem alles gut überstanden war, kursierte ein Gerücht über den jungen Pianisten Kreiten: Er sei verhaftet worden wegen „diskriminierender Worte" über Hitler. „Wehrkraftzersetzung" hieß es. Also musste er denunziert worden sein. Das bedeutete große Gefahr für sein Leben. Aber alle Spekulationen gaben den Sachverhalt nicht genau wieder.
Der Direktor der Musikhochschule wies in seiner Rede zum Abschluss des Semesters darauf hin, dass eine bedeutende musikalische Begabung eines Künstlers nicht akzeptiert werden

könne, wenn der Betreffende den Sieg des deutschen Volkes in Frage stellen würde. Das Husten und Scharren der Studenten zeigte, dass sie wussten, von wem die Rede war. Weitere eventuelle Hinweise auf die nationale Pflicht gingen unter. Wer von den Studenten wusste Genaueres, und wenn, wer würde etwas sagen? Wie lautete die Frage, die Goebbels im Februar 1943 in seiner Rede im Berliner Sportpalast den dort anwesenden „Volksvertretern" stellte: „Seid ihr damit einverstanden, dass, wer sich am Krieg vergeht, den Kopf verliert?"

Im September 1983 sah ich in West-Berlin ein Plakat der Berliner Philharmoniker: „Gedenkkonzert für Karlrobert Kreiten". Drei Frauen trugen die Schuld an seinem Tod. Zwei Frauen denunzierten ihn bei der Gestapo und berichteten über ein Gespräch, in dem der junge Virtuose den Krieg in Frage stellte und Hitler als denjenigen bezeichnete, der Deutschland und dessen Kultur vernichten würde. Er wurde von der Gestapo in Heidelberg verhaftet und nach Berlin gebracht. Trotz einer Reihe von Gnadengesuchen, u. a. von Furtwängler an Goebbels, wurde er von Roland Freisler, Präsident des Volksgerichtshofes, zum Tode verurteilt und am 7.9.1943 hingerichtet. Er war 27 Jahre alt. Der damalige Gefängnispfarrer berichtete später von mehr als 100 Verurteilten, die an diesem Abend hingerichtet wurden.

Nach dem Staatsexamen wollte ich mich an der Kölner Uni intensiver mit meinem Nebenfach Geschichte befassen. Die Geschichte des Mittelalters war mein Hauptgebiet.
Die Kommilitonen meines Semesters der Musikhochschule fand ich zum größten Teil an der Kölner Uni wieder und Enkirch blieb weiterhin ein Zufluchtsort vor den Bomben und Nächten im Luftschutzkeller.

Aber vor Semesterschluss erlebte Köln vom 28. zum 29. Juni 1943 den so genannten „Peter-und-Paul-Angriff". Es war eine schreckliche Bombennacht. Der Alarm um 1.00 Uhr nachts riss uns aus den Betten und es war fast 3.00 Uhr, als die erlösende Entwarnung kam. Die furchterregenden Detonationen erschütterten das Haus. Wieder eine Luftmine? Es ging Schlag auf Schlag und die Angst nahm immer mehr zu.

Wir Hausbewohner konnten es in dem Luftschutzkeller nicht mehr aushalten und standen im Kellergang vor der Mauer zum Nachbarhaus. Unser Luftschutzwart war bereit, wenn es nötig sein würde, die lose eingefügten Steine durchzustoßen, damit wir uns durch das so entstandene Loch „durchquetschen" und evtl. retten konnten. Neben mir stand ein Mitbewohner; er war, so viel ich wusste, bei der Organisation Todt und auf Kurzurlaub. Seine Frau mit dem Baby auf dem Arm befand sich hinter uns. Der junge Ehemann war schreckensbleich und murmelte immer wieder einen Satz, den ich trotz meiner eigenen Angst nicht überhören konnte: „Mein Gott, was ich gesehen habe. Mein Gott, was ich gesehen habe. Wenn das mal umschlägt." Die Detonationen waren nicht mehr so heftig und es schien, dass die Bomberpiloten so langsam abdrehten. Mein Nachbar atmete tief durch, und ich bemerkte seine Frau, die ihn fast beschwörend ansah. Er beeilte sich, nun vom kommenden siegreichen Vorgehen in Russland zu sprechen. Die Mitbewohner schauten ihn nicht nur zweifelnd, sondern wütend an, und er schwieg schnell wieder.

Ich ging nach draußen und außer kleineren Schäden gab es keine zerstörten Häuser in der näheren Umgebung. Aber der Himmel war von lodernden Flammen erleuchtet. Ich musste an die Worte meines Nachbarn denken. Sie waren einer „Beichte" gleich. Nur fragte keiner: „Was hast du gesehen?"
Am anderen Morgen ziemlich spät, denn ich hatte einige Stunden wie ein Stein geschlafen, versuchte ich, in die Stadt zu kommen. Der Anblick der Zerstörung war niederschmetternd

und ein Durchkommen fast nicht möglich. Ich schaute mit einer kleinen Gruppe, zu der wir uns zusammengeschlossen hatten, zu einem Trümmerberg. Dort waren Männer in breit gestreiften „Sträflingskleidern" mit Aufräumarbeiten beschäftigt und streng bewacht. Ein Mann unserer Gruppe meinte: „ Das sind Zuchthäusler." Aber er hatte seine Zweifel und wir gingen näher heran, um es zu ergründen. Doch wir wurden ganz schnell und mit Gebrüll von den bewaffneten Aufsehern vertrieben. Sehr viele Jahre später wusste ich, dass es in Köln-Deutz ein KZ-Ausweichlager gab.

Die Uni hatte sich gut behauptet; außer zerborstenen Fenstern wies nichts darauf hin, dass sie nicht funktionsfähig wäre. Nun fanden hin und wieder Konzerte in der Aula statt, denn der Gürzenich war ausgebrannt. Ebenso musste die Aula für Kinofilme herhalten. Ließ der Filmvorführer des Morgens oder früh am Nachmittag einen Film zur Probe ablaufen, schlich ich mich, wenn es zeitlich hinkam, leise durch die Tür, um einiges von dem Film mitzubekommen. Es lohnte sich im Allgemeinen kaum und das Gewissen meldete sich nicht wegen der kostenlosen Filmvorführungen.

Köln hatte wieder etwas Ruhe vor dem nächsten größeren Angriff; andere Städte waren nun die Ziele.

Ich atmete auf, als ich im Zug nach Bullay saß. Von da aus fuhr das Moselbähnchen, das an jedem Weinort hielt, bis nach Trier. In Enkirch angekommen, schlief ich zunächst einmal wieder aus. Doch nach dem letzten Angriff auf Köln blieben Unruhe und Angst. Fast täglich rief ich zuhause an, denn Bomberverbände waren jeden Abend im deutschen Luftraum. Selbst über die Moselorte kamen sie hin und wieder. Und die ängstliche Frage war, welches sind jetzt wohl ihre Ziele?

Fernand versprach uns für den Sonntagmorgen nach meiner Ankunft, Weinbergschnecken mitzubringen. Er erzählte uns mit einigem Stolz, dass einer der Köche von Baron de Rothschild als Gefangener bei ihnen im Lager sei und sonntags für sie kochen dürfe. Fernand schaute uns erwartungsvoll an, aber auch mir sagte der Name Rothschild kaum etwas. Und bei dem Wort Weinbergschnecken zuckten Frau W., ihre Tochter Edith und ich verschreckt zusammen. Wir hatten diese Tiere noch nie verzehrt. Ich wusste allerdings, dass sie nicht nur ein Ärgernis waren, sondern in Frankreich zu den gern gegessenen Vorgerichten gehörten. Auf meine Fragen berichtete Fernand mir ein wenig davon, was er von dieser Pariser Familie Rothschild wusste. Und ich fragte nach ihrem Ergehen während der deutschen Besatzung. (Später hörte ich mehr von den Rothschilds, und zwar in New York.)

Fernand kam mit den Schnecken. Aber außer mir aß sie keiner und ich auch nur aus Höflichkeit. Schmecken konnten sie beim besten Willen nicht, weil die notwendigen Zutaten und Zubereitungsmöglichkeiten fehlten, obwohl Frau W. etwas Butter und Schnittlauch beisteuerte. Nach zwei Schneckenversuchen verließ mich meine „Höflichkeit" und ich streikte. Fernand war etwas traurig, aber er stimmte in unser Lachen ein und verzieh unsere Ablehnung.

Als ich mich am anderen Morgen an der Theke etwas nützlich machte, hatte ich das Radio angestellt und überlegte, welche Musik wohl gespielt würde: der „Pilgerchor" aus Tannhäuser oder der „Triumphmarsch" aus Aida? Nein, es war sogar das Violinkonzert von Max Bruch, damals sehr beliebt. Aber es wurde abrupt und sehr laut unterbrochen. Im Fortissimo erschallten die berühmten „Siegestakte" des Heldenthemas von Liszt. Ich stellte das Radio leiser. Es kamen Meldungen über Siege unserer U-Boote. Ich sah Fernand in Richtung des Schankraums kommen, Gäste waren keine da. Er schüttelte den Kopf und meinte: „Diese Meldung über Siege der deutschen U-Boote stimmt so nicht. Die Radareinsätze der Engländer und Amerikaner sind inzwischen so erfolgreich, dass die

Schiffe der Alliierten kaum noch Schwierigkeiten haben, ihren Nachschub zu Wasser zu transportieren. Auch die neuen deutschen U-Boote und Torpedos können daran nichts mehr ändern." Ich zweifelte nicht an den Worten Fernands, da in diesem Sommer 1943 in den Nachrichten verstärkt von den strategisch günstigen Rücknahmen deutscher Truppen auf den verschiedenen Kriegsschauplätzen, die sich über Europa hinaus erstreckten, die Rede war. In Russland schien die Initiative ganz in die Hände Stalins übergegangen zu sein.

Meine Mutter kam in diesem Jahr kurz nach Enkirch: drei Tage, um mal ausschlafen zu können, wie sie sagte. Ausschlafen gehörte inzwischen zum Luxus. Meine Freundin lud uns zum Essen ein, das in Enkirch auch besser ausfiel als in Köln. Ganz zu schweigen vom guten Wein. Ob dies der einzige Beweggrund meiner Mutter war, diskutierten wir nicht. Die Begrüßung zwischen Fernand und meiner Mutter fiel sehr höflich, doch auch freundlich aus.

Die Semesterferien im Sommer 1943 verbrachte ich wiederum in Enkirch. Der schöne, noch junge schwarze Schäferhund Wolf lungerte in der Nähe des kleinen Bahnhofs herum. Als er mich erblickte, freute er sich riesig und warf mich fast um. Er erwartete, dass ich nun jeden Tag mit ihm spazieren gehen würde. Im Hause Weber lief alles seinen gewohnten Gang, und ich bezog mein kleines Zimmer. Fernand arbeitete auf dem Hof, und ich winkte ihm vorsichtig zu. Am nächsten Morgen ging ich als Erstes in Richtung Moselufer. Ich kam allerdings nicht weit, denn Kabel versperrten den Weg. Auf der Mosel dümpelte ein Boot, aus dem ein junger Mann von einem Nebenbuhler in die Mosel befördert werden sollte. Einige Umstehende klärten mich auf. Es wurde ein Film gedreht. Ich erfuhr, dass es sich um die Terra-Filmgesellschaft handele. Die kurze Szene im Ruderboot wurde wieder und wieder geprobt, und ich begab mich zu meinem Mittagessen. Auf dem Weg zu meinem Gasthof kam ich an einem großen Gefährt vorbei, in dem der durchaus attraktive Toningenieur seines Amtes waltete. Dieser unterhielt sich mit einigen Halbwüchsigen, die auf mich zeigten und meinten: „Die kann Ihnen wahrscheinlich Wein besorgen." Nun, die Eltern meiner Freundin besaßen ein Weingut, aber sie waren mit dem Verkauf von Wein in der Kriegszeit vorsichtig. Für Wein konnte man gut andere notwendige Dinge tauschen. Die nicht unwichtige Person innerhalb des Filmgeschehens sah mich freundlich an. Ich stellte fest, dass er noch jünger, aber im Verhältnis zu mir bereits im „reiferen Alter" war. Er machte den Vorschlag, mich nach Drehschluss am Moselufer zu treffen. Ich warnte aber vor zu schnellen Hoffnungen im Hinblick auf den Wein. Das schien ihm aber gar nicht so wichtig zu sein. Gegen Abend nahm ich zum Treffpunkt den Hund Wolf mit, der sich über das „Gassigehen" freute. Ich vergaß allerdings, dass Wolf fremden Männern gegenüber nicht besonders freundlich war. Als nach einiger Zeit die Filmleute in Zell arbeiteten, hatte ich doch einige Flaschen Wein für den Tonmeister auftreiben können, und die Spaziergänge am Moselufer entfielen.

Das Unisemester vom Herbst 1943 bis zum Frühjahr 1944 war hauptsächlich ausgefüllt mit den notwendigen Arbeiten und Vorbereitungen von Vorlesungen und Seminaren für das Geschichtsexamen.
Die Straßenbahnfahrt zur Uni wurde durch die Bombenschäden ziemlich langwierig. Es gab einige Möglichkeiten, um dahin zu gelangen. Der kurze Fußweg zur Endhaltestelle am Riehler Gürtel, an den ein Teil des Zoos grenzte, war am besten. An dieser Endhaltestelle in Riehl traf ich stets Bekannte. Häufig war es eine junge Medizinstudentin in meinem Alter, die ich von früher flüchtig kannte. Nun kamen wir öfter ins Gespräch und freundeten uns an. Ich besuchte schon mal eine

Vorlesung mit ihr. Dass sie erst im dritten Semester war, hatte damit zu tun, dass der Vater das Abitur für ein Mädchen als völlig ausreichend ansah. Ein Studium wollte er auf keinen Fall bezahlen, denn bei einer Heirat wäre das Geld herausgeworfen. Die ältere Schwester galt als Beispiel, denn sie heiratete nach dem Abi. Deshalb hatte meine Bekannte nach kurzer kaufmännischer Ausbildung eine Zeit lang gearbeitet, um sich das Geld für das Studium zu verdienen. Zuhause wohnen durfte sie. Sie war eine eifrige Studentin und liebte ihr Studienfach sehr.

1944, mit den anwachsenden Schwierigkeiten des allumfassenden Krieges, mussten immer mehr Frauen kriegswichtige Arbeit leisten: in Rüstungsbetrieben, als Wehrmachtshelferin u. a. Ich las eine Notiz in der Zeitung, dass Studentinnen, die nicht in Kürze ihr Examen machen würden, sich für kriegswichtige Einsätze bereit zu halten hätten. Ich konnte darüber nicht mit meiner Bekannten sprechen, da sie in den Uni-Ferien ihre Schwester und ihren Schwager in Schlesien besuchte. Als ich sie nach ihrer Rückkehr in der Nähe unserer Wohnung traf, lud sie mich für den nächsten Tag zu sich ein, um etwas mit ihr zu besprechen. Ich kam aber an diesem Tage nicht und habe mir später mein Vorgehen lange nicht verziehen. Als wir in der nächsten Nacht wieder einmal im Luftschutzkeller saßen, hörte ich von Nachbarn, dass sich meine mir sehr liebe Bekannte das Leben genommen hatte. Sie bewohnte die elterliche Wohnung allein, da die Dienststelle des Vaters wegen der Bombenangriffe in den Raum Bonn ausgelagert worden war und die Eltern dort auch Wohnmöglichkeit fanden. Karin hatte starke Schlafmittel genommen und den Gashahn aufgedreht. Das ausströmende Gas tötete sie. Eine Explosion hatte sich nicht ereignet. Die anderen Hausbewohner hatten den Gasgeruch früh genug bemerkt. Ich wusste, wie sehr Karin davon getroffen war, das mühsam erreichte Medizinstudium so schnell wieder aufgeben zu müssen. Hinzu kam die Angst vor der aussichtslos erscheinenden Zukunft. An einen Sieg konnte man nicht mehr glauben, und die Nazis würden nur aufgeben, wenn sie für sich selbst keinerlei Chance mehr sahen. Aber würde es dann auch noch eine Chance für die Deutschen geben? Und wenn ja, wie viel Zeit würde darüber vergehen? Diese Gesichtspunkte hatten sie, obwohl sie von Natur aus ein fröhlicher Mensch war, sehr belastet. Ich hatte oft das Empfinden, dass sie in diesen ungewissen Zeitraum, mit dem wir zurechtkommen mussten, so viel Leben wie möglich hineinpacken wollte.

Hätte unser Gespräch, das sie suchte und zu dem ich damals nicht bereit war, klären können, was der entscheidende Anstoß zu ihrem Freitod gewesen war?

An der Haltestelle am Riehler-Gürtel, die stets Gelegenheit zum Gespräch mit Nachbarn bot, ereignete sich in der Kriegsphase Anfang 1944 eine nachdenklich machende Episode. Die Abende, die wir so oft mit Frau M. und ihrer Tochter Ruth verbrachten, fielen mehr und mehr dem Krieg zum Opfer; ganz abgesehen von meiner Arbeit an der Musikhochschule und Uni ging man abends, wenn eben möglich, früh zu Bett. In unserem Haus hatten wir zum Glück keine überzeugten Nazis und keine Parteigenossen. Niemand sagte auch nur ein Wort gegen die Halbjüdin Frau M., denn jeder spürte am eigenen Leib die allgemein menschliche Angst um sein Leben. Außerdem war ihre Tochter durch ihren arischen Vater so genannte Vierteljüdin, ein in damaliger Zeit wichtiges Rechenexempel. Dadurch bot sie ihrer Mutter mehr Schutz.

Inzwischen hatten sich mehr Leute an der Haltestelle versammelt. Ich wusste nicht, ob sich darunter ein „vernagelter Nazi" befand, denn plötzlich sagte Frau M. zu mir: „Du darfst dich nicht länger mit mir unterhalten; es könnte dir schaden." Ich war wie vor den Kopf geschlagen. Wir hatten bisher immer Gespräche außerhalb unseres Hauses geführt. Und nicht nur das; wir gingen auch gemeinsame Wege miteinander. Wir setzten uns auch jetzt in der Straßenbahn natürlich nebeneinander, aber das Gespräch „versandete". Ich erzählte die Begebenheit später zuhause, und meine Mutter erschrak und wurde nachdenklich. Sie versuchte nicht, mir Ratschläge zu erteilen, aber ich hatte das Gefühl, dass sie über weitere Gespräche auf „offener" Straße mit Frau M. beunruhigt sein würde.

Im Juni 1944 erfolgte die Landung der Alliierten in der Normandie. Sie beherrschten den Luftraum und die Menge ihres Kriegsmaterials war beängstigend. Dagegen reichte Tapferkeit allein nicht aus. Es war nur noch eine Frage der Zeit, wann die Kölner Uni ihren Betrieb einstellen würde. Inzwischen mussten wir auch mit Tagesangriffen rechnen und damit, dass der Alarm nicht zeitig genug „heulte". Ich hatte mich zum Examen gemeldet und die erforderlichen Unterlagen nach Koblenz, wo sich damals die zuständige Behörde für den Kölner Raum befand, gesandt. Kopien über meine Papiere besaß ich, ebenso die Erlaubnis oder besser die Anweisung, so schnell wie möglich an einer anderen Universität das Examen abzulegen. Das bedeutete, Köln zu verlassen und nach Mitteldeutschland zu gehen. Es blieb aber noch etwas Zeit für die Überlegung: Wohin gehst du? Die Zeit nutzte ich, noch einmal an die Mosel zu fahren. Der Vormarsch der Alliierten ging ziemlich schnell voran. Paris war bereits in ihren Händen und Anfang September wurde ganz Frankreich befreit. In Enkirch schien noch alles beim Alten. zu sein.

Im Gefangenenlager waren allerdings einige Gefangene geflüchtet. Um weitere Fluchtversuche so lange wie möglich verhindern zu können, hatte man einen anderen Wehrmachtsunteroffizier als Aufseher eingesetzt. Eines Abends saß ich mit Frau W., einigen Enkirchnern, eingeschlossen dem Bauernführer, am Tisch, und wir unterhielten uns munter, ohne das immer näher kommende Kriegsgeschehen zu erwähnen. Da ging die Tür auf und ein Wehrmachtsunteroffizier trat ein und setzte sich an unseren Tisch. Schlagartig wurde es still. Der Neuankömmling trank seinen Trester, den er bestellt hatte, aus und nach dem zweiten oder dritten Gläschen unterbrach er unser wieder einsetzendes Gespräch, wurde sehr laut und drohte mit unangenehmen Maßnahmen, falls jemand Gefangenen bei der Flucht helfen würde. Die Munterkeit des Gespräches hörte auf. Der Bauernführer unterhielt sich noch ein wenig mit dem „Neuen", vielleicht um zu testen, ob dieser gefährlich werden könne.

Am nächsten Sonntagmorgen frühstückte ich in „unserer" Küche. Fernand machte sich irgendwo im Haus nützlich. An einer Seite des Küchenschranks stand ein in Papier eingebundener Schulatlas. Bisher hatte ich den kaum beachtet. Aber nun schien er mir dort nicht mehr angebracht zu sein, und ich gab Frau W. den Rat, den Atlas, der für alle, die die Küche betraten, sichtbar war, vorsichtshalber verschwinden zu lassen. Frau W. erschrak ein wenig und ging mit dem Atlas hinaus. Am folgenden Sonntag, kurze Zeit vor meiner Abreise nach Köln, bat mich Fernand, in den Weinkeller zu kommen. Dort wollte er mir etwas zeigen und auch mitteilen. An diesem noch verhältnismäßig frühen Sonntagmorgen gab es noch keine Gäste im Haus. Ich vertraute Fernand und stieg, ohne dass mich jemand erblickte, in den Weinkeller hinunter. Hier befanden sich eine große Tafel und Kreide. Wir sprachen über das schnelle Vorrücken der Alliierten. Das bedeutete für Fernand und seine Kameraden im Lager wahrscheinlich Freiheit und Rückkehr zur Familie und für uns alle endlich das Ende des Krieges. Doch nach den Drohungen des Unteroffiziers in der Gaststätte wollte ich das, was ich vermutete, nicht genau wissen und auch nicht erfragen. Mir war klar, dass Fernand die Fähigkeit hatte, mit exakten Kenntnissen geographischer Gegebenheiten und dem Wissen, wo man sich verstecken konnte, eventuell bei deutschen Gegnern der Nazis, und wie man nach Möglichkeit der Waffen-SS entginge, Fluchtpläne auszuarbeiten. Fernand nahm die Kreide und ich sah, dass er im Grunde auf den Atlas verzichten konnte. Aus dem Gedächtnis zeichnete er Gebiete westlich der Mosel mit Angabe von Wegen, Siedlungen und anderen Dingen, die wichtig waren, sehr genau auf die Tafel. Es war mir gegenüber ein großer Vertrauensbeweis, der mich aber auch ängstlich machte. Fernand bemerkte meine Angst und beruhigte mich. Er sagte u. a.: „Ich fliehe nicht, ich warte auf die französischen Soldaten von General de Gaulle." Jeder von uns, Fernand, sowohl auch ich, begaben sich im Grunde in die Hände des anderen. Ich ging nach oben, und nach einiger Zeit kam auch Fernand. Es schien uns niemand gesehen zu haben, denn keiner fragte. Ich verließ nicht lange danach Enkirch und zum ersten Mal konnte ich nicht sagen: „Bis zum nächsten Wiedersehen." Der Abschied war traurig. Wie hatten manche Enkirchner Fernand genannt? „Der schöne Ferdinand" oder der schöne „Franzos".

Am 17. März 1945 eroberten amerikanische Truppen Enkirch und etwas später wurde es wie die anderen Moselorte französisches Besatzungsgebiet. Fernand hatte für diejenigen französischen Soldaten, die sich im Gasthaus von Frau W. einquartierten, ein Schreiben hinterlassen. In diesem wies er auf die gute und menschliche Behandlung hin, die er durch Frau W. und auch andere Enkirchner erfahren hatte, und bat um gleiche faire Verhaltensweise. Es waren durch die Soldaten nur einige Wandlampen zu Bruch gegangen und später erneuert worden. Dass nach 60 Jahren der Gastraum noch im alten Stil erhalten war, zeugte davon, dass die französischen Soldaten das Schreiben gelesen und akzeptiert hatten.

Als ich nach Köln zurückkam, waren die Spitzen der alliierten Truppen bereits bis in den Aachener Raum gekommen. Jeden Abend sah man in allen Himmelsrichtungen Brände, die nicht mehr zu löschen waren bzw. neu wieder entstanden. In der

Nacht des 14. Oktober wurde ich durch eine schreckliche Detonation aus tiefem Schlaf gerissen. Ich war so verwirrt, dass ich im Pyjama in den Luftschutzkeller rannte. Der Fliegeralarm setzte erst ein, als die Bomberverbände bereits über die Häuser donnerten. Bomben hatten Pfeiler der Köln-Mülheimer Brücke nicht sehr weit von uns entfernt getroffen. Später hieß es, in den Pfeilern lagerte Sprengstoff, um die Brücke ggf. bei weiterem Vormarsch der Alliierten sprengen zu können. Ich konnte nach diesem Vorfall nachts nicht mehr schlafen.
Wir hatten schon in Erwägung gezogen, Köln zu verlassen, und die Zusage von Verwandten aus Mühlhausen/Thüringen erhalten, dass sie uns aufnehmen würden. Nach diesem Angriff (ein Teil der Mülheimer Brücke war in den Rhein gesunken) entschlossen wir uns fortzugehen. Kein einfacher Entschluss! Nur wenig ließ sich mitnehmen. Als wir noch etwas Proviant einkauften, trafen wir ein Ehepaar, dessen Haus bei dem letzten Angriff total zerstört worden war. Wir fanden sie sympathisch und überließen ihnen und dem erwachsenen Sohn unsere Wohnung für die Zeit unserer Abwesenheit. Sie halfen uns bei den Vorbereitungen, und der neue Mieter brachte uns zum Bahnhof. Unser Gepäck hatten wir auf ein kleines Leiterwägelchen, das ihm gehörte, verfrachtet. Ich hatte noch einige Erinnerungsstücke in meinen Koffer gesteckt, u. a. einen Brief von Joe und sein letztes Foto. Ich dachte nicht daran, ob es vielleicht gefährlich sein könnte, mit Brief und Foto eines „Feindes" herumzureisen.

Unterwegs zum Hauptbahnhof, der noch stand, zwar lädiert, aber Züge fuhren noch, besser gesagt wieder, unterhielten wir uns mit unserem Mieter, um etwas später feststellen zu müssen, dass jemand den Koffer meiner Mutter gestohlen hatte. Wir standen einen Augenblick sprachlos da, aber meine Mutter, die zwar Tränen in den Augen hatte, fasste sich zuerst wieder und meinte lakonisch: „Immerhin leben wir noch."

Auf dem Bahnsteig quetschten wir uns in den überfüllten Zug, der zunächst einmal in die Richtung fuhr, die wir nehmen mussten. Mit zweimaligen Umsteigen waren wir dort, wo wir kurz Station machen wollten: Nümbrecht im Oberbergischen. Hier lebten meine Freundin Irene und ihre Mutter als Bombenflüchtlinge aus Köln-Mülheim. Sie wussten noch nichts von unserem Besuch, aber mit ihrer und der Hilfe zweier anderer Familien aus dem Ort fanden wir für drei Tage Unterkunft; Bombenangriffe gab es hier zum Glück nicht. Nachdem wir uns ein wenig entspannt hatten, gesellte ich mich zu meiner Freundin. Sie unterhielt sich mit einem jungen Soldaten, und ich war erstaunt über das, was ich hörte. Beide sprachen offen über den aussichtslosen Krieg. Irene, die Hitler früher stets als den erfolgreichen „Gestalter" Großdeutschlands und sogar Europas sah, fiel es schwer, sich einzugestehen, dass Hitler Deutschland in den Ruin geführt hatte. Sie meinte etwas zaghaft: „Auf politischem Gebiet ist Deutschlands Rolle wahrscheinlich vorüber, aber auf kulturellem Gebiet wird sich Deutschland sicher noch behaupten können." Sie tröstete sich, wie es schien, mit der Geschichte Griechenlands. Als Irene mich bemerkte, hörte das Gespräch auf und mir fielen auch fast die Augen zu. Ich schlief anschließend 24 Stunden und zum Glück hatte man mir auch die notwendige Ruhe dazu gelassen.

Kurz vor unserer Weiterreise wurde es wiederum aufregend. Irene hatte eine Einberufung als Wehrmachtshelferin nach Halle-Merseburg erhalten (ein bedeutender, breit gefächerter Industriestandort), dem Dauerziel der alliierten Luftwaffenverbände. Sie hatte nach ihrer Rückkehr aus Ostpreußen als Lehrerin im Bergischen Land gearbeitet. Zu diesem Zeitpunkt war auch hier der reguläre Schulbetrieb nicht mehr aufrechtzuerhalten. Der Bürgermeister wollte sich jedoch für ihre Freistellung ihrer Mutter zuliebe einsetzen. Die Mutter bat sie, das Angebot des Bürgermeisters anzunehmen, und wir alle wussten nicht, was sie bewog doch nach Halle-Merseburg zu gehen. Glaubte sie in ihrem innersten Herzen doch noch, dass der Krieg zu gewinnen wäre? Oder hielt sie es nicht für möglich, freigestellt zu werden? Sie fuhr etwas später als wir in Richtung Mitteldeutschland. Leider hörte ich nichts von ihr, keine Nachricht über ihre Befindlichkeit dort. Das, was ich in Jena immer wieder bei Fliegeralarm vernahm, war die Nachricht: „Feindliche Bomberverbände bewegen sich in Richtung Halle-Merseburg."

In Dietz an der Lahn übernachteten wir in der Bahnhofshalle. Von Schlafen konnte kaum die Rede sein, da wir mit Argusaugen unser Gepäck beobachteten. Am Tag darauf erreichten wir glücklich Mühlhausen und mit Freude und Erleichterung betrachtete ich den kleinen Bahnhof. Bis zu unserer neuen Unterkunft war es nicht weit. Aber wie lange würden wir bleiben müssen? Noch bestand die Möglichkeit, aus Köln von unseren Nachmietern Nachrichten über die Geschehnisse, die Wohnung und die Stadt zu erhalten. Wir wurden freundlich empfangen und kamen im Dachgeschoss unter. Zwei einigermaßen geräumige Zimmer wurden erst einmal zu unserem neuen Zuhause. Es gab ein geradezu fürstliches Abendessen – Sauerbraten mit Klößen. Sonntags aßen wir (Schwester und Schwager des Lebensgefährten meiner Mutter) stets gemeinsam und es gab immer ein ausgezeichnetes Fleischgericht. Wir konnten uns dies gar nicht erklären, und es war sicher gut, nicht zu wissen, dass es sich um Pferdefleisch handelte.
Die Vorderfront unserer damaligen Unterkunft war auf eine breite Straße namens „An der Burg" ausgerichtet. Die Seitenfront ging in eine kleine Gasse, die Bollstedter Gasse, mit kleinen Einfamilienhäusern und dem für Damenschuhe so unfreundlichen Kopfsteinpflaster über. Gegenüber gab es ein schönes geräumiges Anwesen, in dem ein Oberst mit Familie wohnte (heute eine Anwaltskanzlei). Von diesen beiden Häu-

sern schaute man in einen kleinen Park mit großem Kriegerdenkmal.
Durch diese Parkanlage habe ich nach fast sechzig Jahren unsere damalige Unterkunft wiedererkannt. Das hässliche Kriegerdenkmal war verschwunden. Heute ist die Bollstedter Gasse schön restauriert und man kann nach Belieben auf der rechten Seite einen normal gepflasterten Gehweg benutzen. Mühlhausen macht wirklich seiner Auszeichnung „Bestrestaurierte Stadt der ehemaligen DDR" alle Ehre. Als ich im Herbst 1944 nach bereits fünf Jahren Krieg nach Mühlhausen kam, sah es etwas anders aus. Die schmucken Fachwerkhäuser hatte man schlecht und recht mit Außenputz verunziert. Erst heutzutage haben sie ihre ursprüngliche Schönheit wiedererlangt.

Die Universitätsstadt Jena kam für mich als nächstgelegener Ort mit Unibetrieb in Frage. Etwas Zeit besaß ich noch, ehe ich mich um einen Prüfer kümmern musste. Ich erkundete Mühlhausen und erhielt einen für mich erfreulichen Hinweis. In der Nähe unserer Unterkunft unterrichtete ein blinder Sänger, der seine Fähigkeiten erfolgreich weitergab. Herr Sarges hatte in Berlin bei einem bekannten Gesangspädagogen und Sänger, P. Lohmann, studiert. Sein Unterricht imponierte und half mir. Häufig konnte ich im Musikzimmer noch den Flügel nutzen und üben, und mein Lehrer hörte gern zu. Die Möglichkeiten, die ich überraschend in Mühlhausen vorfand, ließen das Elend des Krieges ein wenig in den Hintergrund treten.

Im November machte ich mich ohne Behinderungen des Zugverkehrs auf den Weg nach Jena. In Gotha-Ost musste ich umsteigen und erreichte pünktlich mein Ziel. Ich ging zunächst zum Marktplatz und kehrte in einer der netten Kneipen ein. Zu einem bescheidenen „Mahl" reichten sowohl Geld wie die Lebensmittelmarken. Ich hoffte, dort jemanden zu treffen, der Ortskenntnisse besaß und Ratschläge geben konnte. Ein junger

Soldat, der sich für das erste Semester Medizin eingeschrieben hatte, setzte sich an meinen Tisch. Allerdings auch ein „Neuling", aber über ihn gelangte ich an ein Zimmer. Mein Tischnachbar durfte nach einer schweren Verwundung und langem Lazarettaufenthalt ein Studium beginnen, da er für die Front nicht mehr in Frage kam. Ich versprach hoch und heilig, ihn nicht bei seiner neuen Wirtin, die nur an männliche Wesen vermietete, zu verpetzen, wenn ich nach einem Zimmer fragen würde. Wir beide hofften, dass seine Wirtin andere Vermieterinnen kennen würde. Ich wagte mich in die Höhle der Löwin und vertraute auf die sorgfältige „Aufbereitung" meines Kostüms und den erstklassig gebügelten Kragen meiner Bluse. Die Dame des Hauses schaute mich streng an, musterte mich und wurde etwas freundlicher. Dass sie ein Zimmer bereits an einen männlichen Untermieter vergeben hatte, wusste ich ja. Ich bekam aber wirklich von ihr eine Adresse in der Zeiss-Siedlung in Jena-Ost, und da hatte ich Glück. Die beiden Töchter des Hauses waren verheiratet und lebten nicht mehr bei den Eltern. Gegen weibliche Wesen hatte das Ehepaar nichts einzuwenden, und wir kamen gleich zu einem Deal. Ich versprach ihnen meinen monatlichen Bezugschein für Kohlen und Briketts. Dafür konnte ich im Wohnraum mit dem großen Kachelofen bei angenehmer Wärme meine notwendigen Arbeiten machen. Normalerweise ließen sich durch den Kachelofen auch die oberen Räume heizen, da man warme Luft nach oben leiten konnte. Das war aber Ende 1944 nur noch einmal in der Woche möglich. Dann konnte ich im Badezimmer lauwarm baden.

Dieser letzte Kriegswinter war sehr kalt und Jena brachte es im Vergleich zu Köln zu Rekorden. Eis und Schnee gab es genügend und das war nur dann erfreulich, wenn ich mit den Enkelkindern meiner Wirtsleute rodelte. Im Übrigen war es ein Härtetest. Das Waschwasser in meinem Zimmer war morgens gefroren und nur aus dem Wasserhahn im Badezimmer kam noch eiskaltes Wasser. Zum Schlafen zog ich stets meinen Trainingsanzug an, bibberte mich in den Schlaf und nach zwei Stunden heulten die Sirenen. Jedoch nur, wenn die Bomberverbände den Weg in Richtung Halle-Merseburg, Leipzig, Dresden über Jena nahmen. Es fielen bislang keine Bomben, aber rechnen musste man natürlich damit.

Nach meiner erfolgreichen Zimmersuche hatte ich auch in der Uni Erfolg. Als ich einige Zeit bei der Suche nach den Geschichtsräumen in dem ziemlich düsteren Gebäude herumgeirrt war, sprach mich eine jüngere Frau an. Auf ihre Fragen erläuterte ich ihr mein bis jetzt ungelöstes Problem; zufällig traf ich die richtige Person. Sie sprach von einem jüngeren Dozenten, der erst kürzlich seine Prüfungserlaubnis erhalten hatte (ich würde evtl. sein erster Examenskandidat sein). Vielleicht gar nicht so schlecht. Meine „Helferin" versprach, einen Termin auszumachen, und den konnte ich vielleicht mit meinem Einzug in die Zeiss-Siedlung verbinden.

Mit wenig Gepäck zog ich in mein Zimmer eines der noch gut erhaltenen Reihenhäuser mit gepflegten Gärten, die entsprechend der schlechten Zeiten viel Gemüse (hauptsächlich Kohl), Kartoffeln, aber auch noch Obstbäume und -sträucher enthielten. Manchmal bekam ich von meiner Wirtin Marmelade oder auch Möhren geschenkt. Ihr Ehemann durfte es aber nicht wissen, da er große Angst um sein leibliches Wohl hatte.
Jeden Sonntag gab es Thüringer Klöße, zu denen ich, wenn ich mich im Häuschen aufhielt, eingeladen wurde. Diese Einladung unterstützte auch der Hausherr, da er allein den Kloß mit Inhalt, d. h. mit gerösteten Weißbrotwürfeln, bekam. Wir Frauen verzehrten unseren Kloß ohne. Die Kloßzubereitung war aufwändig, und ich beschloss, mich nicht dazu hinreißen zu lassen. Aber einer Kochbelehrung musste ich mich doch unterziehen. Da kannte meine Wirtin keine Gnade.

Sie beklagte oft, dass es in der Kriegszeit kaum noch Paare gab, die Jenas schöne Umgebung erwanderten. Früher war es selbstverständlich, dass ein Student mit seiner Freundin zum Fuchsturm auf dem Hausberg wanderte. Meine Büffelei gefiel ihr nicht sonderlich. So bot sie mir gewissermaßen als Ausgleich ihre Küche zur Benutzung an und vermittelte mir, wie sie sagte, ein besonders wichtiges Rezept. Sie sprach von der Einbrenne, der Basis vieler Gerichte. Das seltsame Wort sagte mir gar nichts, aber ich fand es lustig. Außerdem konnte es sich Ende 1944 nur um eine Arme-Leute-Schwitze mit wenig Fett handeln. Dank der Anleitung meiner Wirtin beherrschte ich dann diese Basiskunst; der Geschmack hielt sich sehr in Grenzen, doch für den Sonntagskloß hatte ich nun eine Zutat.

Mein Termin mit dem mir genannten Dozenten war positiv verlaufen. Als ich mich bei ihm vorstellte, schlug er mir vor, noch eine Vorlesung von ihm zu hören. Auf seine Fragen berichtete ich von den schlimmen Zuständen in Köln. Außerdem interessierte ihn ein Historiker von der Kölner Universität besonders. Dieses Interesse ließ unter Umständen etwas von seiner Einstellung zu den Nazis erkennen. Dieser besagte Kölner Professor war mutig, aber auch geschickt in seiner Formulierung. Für seine Zuhörerschaft reichte meistenteils ein kleinerer Seminarraum aus. Ich erinnere mich an eine Vorlesung, in der Professor R. die Zeit Napoleons behandelte. Es fiel von ihm die Bemerkung: „Auch Napoleon plante eine Invasion in England und musste diesen Plan fallen lassen."
Das Klopfen seiner Studenten nahm Prof. R., ohne eine Miene zu verziehen, gelassen entgegen.
Als die Kölner Universität mit Genehmigung der englischen Militärregierung Ende Oktober 1945 ihren Betrieb wieder aufnehmen konnte, gehörte Prof. R. mit zu den ersten Professoren, die am Wiederaufbau der Uni Köln mitwirkten.

Eine Angabe im Vorlesungsverzeichnis der Jenaer Universität erstaunte mich. Es war ein Dozent (?) vermerkt, der 1944 zum ersten Mal in Köln auftauchte. Angegeben war neben dem „freiherrlichen" Adelstitel auch der höhere SS-Rang. Das Thema „Nationalsozialistische Werte" ergab sich dann fast von selbst. War es ein Aufpasser? Ich fragte mich jetzt nur: Wer hatte ihn nach Jena berufen? 2004, fast 60 Jahre nach Kriegsende, meinte ich, darauf eine Antwort erhalten zu haben. Ich las in einem Führer durch die Stadt, dem „Wegweiser Jena", dass der frühere Rektor der Universität (von 1939-1945) ein fanatischer Nazi gewesen war; er hatte sich vor dem Einmarsch der Amerikaner (13.4.1945) das Leben genommen. Er lehrte Menschliche Erbforschung und Rassenpolitik.

Der Kälte des Winters 1944/1945 musste auch ich meinen Tribut zollen. Die Weihnachtsferien verbrachte ich zum großen Teil im Bett mit einem anständigen Nebenhöhlenkatarrh. Sorge um nicht gut verträgliche Medikamente brauchte ich mir nicht zu machen, denn es gab keine. Also wickelte ich Wollschals um meinen Kopf und bekam nach einiger Zeit wieder genug Luft zum Atmen. Mit etwas wackeligen Knien suchte ich meinen blinden Gesangslehrer auf, doch die Stimme gab noch nichts her, und wir unterhielten uns über Jena.

Ein Problem in diesem schneereichen Winter waren die Schuhe. In meiner Nähe existierte noch ein Schuster, der mir einmal meine Stiefel wieder einigermaßen in Ordnung gebracht hatte. Mein Glanzstück waren Bally-Schuhe, die ich mir gekauft hatte, als es noch Schuhe auf Bezugsscheine gab. Meine Mutter gab mir den vernünftigen Rat, etwas Seriöses zu erstehen. Dem entsprachen Bally-Schuhe! Ja, Schweizer Wertarbeit, bequem und trotzdem hübsch und in roter Farbe. Bei dem vielen Schnee konnte ich diese nicht tragen, aber man ging vielleicht wieder schneelosen Zeiten entgegen. Und wer wusste, wann wieder Schuhe zu kaufen waren; Bally-Schuhe wahrscheinlich nicht. Ich ging zu dem netten Schuster, der kritisch schaute und dann meinte: „Vielleicht, vielleicht kann ich etwas reparieren; ich muss sehen, ob ich an Leder komme." Er gab mir einen Termin, an dem ich fragen sollte, und diesen nahm ich wahr, um mit Schrecken zu erfahren, dass die Schuhe inzwischen in einer Schuhfabrik in Erfurt gelandet waren. Diese ehemalige Schuhfabrik sammelte Schuhe aus der näheren und weiteren Umgebung, um sie zu reparieren, d. h. so lange die Zuteilung an Leder reichte. An sich sollten die Schuhe auch zurückgeschickt werden. Aber das war zu dieser Zeit sehr fraglich. Ich stand völlig fassungslos da. Mein Schuhmacher meinte: „So schnell wie möglich nach Erfurt fahren und vielleicht haben Sie Glück, denn schicken wird wohl nicht mehr funktionieren." Ein Lichtblick war, dass sich die Fabrik in der Nähe des Bahnhofs befand.

Ich machte einen Zug früh am Morgen ausfindig, stand in der halben Nacht auf, aß eine Art Kartoffelsalat mit meiner „Einbrenne", und bei dem längeren Fußmarsch beruhigte sich mein Magen wieder. Gegen die Kälte hatte ich den damals in verschiedenen Variationen getragenen Turban auf dem Kopf. Wenn man etwas Geschick hatte, konnte dieser Turban sogar ganz nett aussehen. Aber zumindest war er praktisch und warm.

In Erfurt begegnete ich den ersten Frühaufstehern, graugesichtig und freudlos. Auf der Fahrbahn ohne jegliches „Vehikel" bewegte sich ein langer Zug – wahrscheinlich Gefangene aus den östlichen Gefangenenlagern, die man in den Westen verfrachtete. Sie sahen zwar abgerissen aus, aber sie redeten ganz munter miteinander. Mein Interesse galt hauptsächlich der Schuhfabrik, und ich fand sie nach einigem Fragen. In der großen Halle arbeiteten mehrere Männer, z. T. wohl Fremdarbeiter, die sich um mich nicht kümmerten. Ein älterer deutscher Arbeiter kam auf mich zu, und ich sah an einer Wand eine

Reihe Säcke stehen. Der Arbeiter war sehr freundlich und gleich bereit, mir zu helfen. Er wusste, was Schuhe damals bedeuteten. Ich sah Namen, die auf die Säcke gemalt waren, u. a. auch „Jena". Dank der roten Farbe der Schuhe fiel nach einigem Wühlen in diesen Säcken diese Signalfarbe auf. Wir fanden wirklich meine Schuhe, und wie mein Schuster in Jena vorausgesagt hatte: Diese Säcke wären später irgendwo gelandet, aber kaum in Jena. Ich war erleichtert und nahm mir die Zeit, zumindest den Dom anzusehen.

Auch im Februar blieb die Kälte erhalten, und eine weitere Unannehmlichkeit war die Zunahme der Alarme. Auch am Tage gab es Bombenalarm.
Der Termin für die mündliche Prüfung war nun festgelegt und die Klausur lag bereits kurze Zeit hinter mir. Die Prüfungsvorbereitungen auch während der Alarme lösten in mir den erschreckenden Gedanken aus: Hoffentlich gibt es hier kein Inferno wie in Köln. Und in dieser Angst ging das schreckliche Ereignis von Dresden Mitte Februar ziemlich unter. Das hatte sich nur zwölf Tage vor meiner mündlichen Prüfung abgespielt. Berichte von unmenschlichen Geschehnissen überrollten inzwischen die Bevölkerung, die kaum fähig war, ihr eigenes Leben in den Griff zu bekommen, um sich auch noch mit den anderen Scheußlichkeiten der damaligen Zeit zu befassen. Der Krieg zeigte sich nun totaler, als man sich ihn vorstellen konnte. Die Alliierten ließen uns nur noch wenig Raum und ihr Sieg war nicht wegzudiskutieren. Darauf reagierte die Bevölkerung unterschiedlich. Für den größten Teil der Deutschen bedeutete es ein Ende der Schrecknisse und das eigene Überleben. Aber diejenigen, für die mit dem Ende dieses Krieges erst der Schrecken begann, wurden doppelt gefährlich und versuchten dadurch Zeit zu gewinnen. In Jena-Ost waren bis jetzt die Vorgärten noch so gepflegt wie eh und je. Aber inzwischen hielt ich es doch für angebracht, den nächsten Schutzraum auf-

zusuchen, sobald ich in die Nähe der Universität kam und Bomberverbände im Anflug waren. Bis jetzt war Thüringen mit seinen vielen Flüchtlingen im Vergleich zu anderen Gegenden noch fast heil davongekommen. Ich hatte gar nicht so weit von der Uni entfernt einen Tiefbunker ausgemacht und zu dem begab ich mich in höchster Eile, als bei helllichtem Tage Fliegeralarm ertönte. Im Wesentlichen fand ich dort Mütter mit kleinen Kindern vor sowie den Luftschutzwart, der noch sehr ruhig wirkte und immer wieder die Toilettentür schloss, denn von dort kam ein abscheulicher Gestank. Obwohl es längere Zeit ruhig blieb und auch der Luftschutzwart annahm, bald die Eisentür nach draußen wieder öffnen zu können, schien aber eine „Nachhut" heranzudonnern. Fast gleichzeitig mit seinem warnenden Zeigefinger gab es eine scheußliche Detonation. Die Kinder schrieen und weinten, und unwillkürlich bewegten wir uns in Richtung Tür. Aber davor stand vorsichtshalber der Luftschutzwart und wir hätten sowieso die Tür nicht aufbekommen. Es wurde wieder ruhig und blieb auch ruhig. Als wir nach draußen kamen, sahen wir eine Menge Schutt, allerdings nicht in unmittelbarer Nähe. Aufgeregte Menschen berichteten, dass der alte Teil der Universität, in dem Schiller seine Geschichtsvorlesungen gehalten hatte, beschädigt worden sei, und zwar nicht unerheblich. Die Uni blieb zunächst einmal geschlossen, um notwendige und machbare Reparaturen vorzunehmen. Für mich stellte sich die Frage: Was nun? Aber es gab eine Lösung. Die Dozenten verlegten notwendige Vorlesungen, wenn es möglich war, in ihre Wohnungen. Auf diese Weise kam ich von Jena-Ost nach Jena-West in eines der noch gut erhaltenen schönen Häuser. Am 26. Februar war der Prüfungstermin in einem kleinen Raum der Universität.

Ich hatte schon Ende Februar die mündliche Prüfung abgelegt, aber eine Klausur-Zensur stand noch aus. Doch eines wusste ich von der Prüfungskommission, ich brauchte mir über meine Klausur-Zensur keine Sorgen zu machen, ich hatte die Abschlussprüfung in Geschichte auf jeden Fall bestanden. Die schriftliche Arbeit konnte den positiven Verlauf des Examens nicht zum „Platzen" bringen, höchstens die Gesamtzensur verschlechtern. Demnach hatte ich mich mündlich gut geschlagen. Dann erhielt ich die Nachricht, dass ab 8. März das Zeugnis in der Verwaltung bereitliegen würde. Das erschien mir bei den damaligen, nicht vorhersehbaren Geschehnissen ziemlich lang. Hoffentlich gab es dann noch eine Verwaltung.

Am 6. März besetzten die Amerikaner das linksrheinische Köln, und der Wehrmachtsbericht lautete lakonisch: „Wir haben den Trümmerhaufen Köln den Feinden überlassen." Das, was mir allerdings Bauchgrimmen verursachte, war die Aussicht auf die Bahnfahrt von Mühlhausen nach Jena. In Gotha-Ost musste ich umsteigen. Wann würde ein Anschlusszug kommen? In Mühlhausen lief noch alles problemlos, aber ich bekam keinen Anschluss nach Jena. Auf den harten Holzstühlen und mit dem schummerigen Licht würde ich die Nacht in dem kleinen, stickigen Warteraum zubringen müssen. Er war deprimierend. Hier saßen einige sehr junge Soldaten, eng an ihre Freundinnen geklammert, wahrscheinlich mussten sie zu irgendeiner Einheit im thüringischen Raum, in dem sowieso nichts mehr zu retten war. Im Gegenteil. Außerdem saßen graugesichtige, übernächtigte Personen, vorwiegend Frauen, in dem Raum. Ein Gedanke ging mir nicht aus dem Kopf: „Wann ist endlich dieser Krieg zu Ende?" Ein Krieg, der im Grunde schon lange nicht mehr zu gewinnen war. Ich konnte es in dem stickigen Raum nicht mehr aushalten und ging nach draußen. Es kam ein Güterzug und hielt an. An der Tür stand ein Soldat, der mir auf meine Frage antwortete: „Der Zug fährt auch nach Jena." Ich stand schon auf dem Trittbrett, als ich feststellte, der Landser hatte außer einem Dreitagebart eine mächtige Alkoholfahne. Der Zug fuhr an und ich sprang noch schnell

vom Trittbrett ab. Also wieder zurück in den stickigen Raum. Der andere Tag würde lang werden ohne Schlafmöglichkeiten. Und so verhielt es sich auch.
In dem scheußlichen Aufenthaltsraum hörte ich leises Schnarchen. Die jungen Soldaten und ihre Freundinnen hatten etwas Schlaf gefunden. Auf einmal sah ich zum ersten Mal trotz des schummerigen Lichtes bewusst den langen Holztisch. Mir kam spontan der Gedanke: „Auf dem könntest du dich wenigstens lang ausstrecken, denn härter als der Stuhl ist der Tisch auch nicht." Gedacht, getan. Ich stieg vorsichtig herauf, um die Dösenden nicht aufmerksam zu machen, legte mir die große Tasche unter meinen Kopf und meinen Mantel um mich herum. Ich war wohl ein wenig eingeschlafen, erwachte aber plötzlich und bekam einen Riesenschrecken. Ich sah in das Gesicht eines jungen Mannes, wenig älter als ich. Ich wollte mich nur ein wenig ausstrecken, etwas schlafen, aber auf keinen Fall Dornröschen spielen. Einer musste den Tisch verlassen. Und ich wurde wütend bei dem Gedanken, dass ich das wahrscheinlich sein würde. Der Betreffende machte den Eindruck, als wäre er es nicht gewohnt, zurückzustecken. Zunächst lagen wir eine kurze Zeit unbequem nebeneinander. Mein Tischgenosse kam mir in einer Hinsicht ein wenig dubios vor. Er trug Zivil, und zwar einen eleganten teuren Anzug. Das sah man in dieser Zeit nur noch selten. Er flüsterte einige Erklärungen, er wäre Oberleutnant, beurlaubt, um seine Familie zu suchen, die sich wohl weiter östlich befinde. Ich glaubte ihm kein Wort. Es wurde langsam ungemütlich. Also erhob ich mich zähneknirschend, da mein Nachbar in keiner Weise gewillt war, mein Erstrecht anzuerkennen.
Früh am anderen Morgen kam der lang ersehnte Zug. Mein unerwünschter Tischgenosse schien auch noch beleidigt zu sein und würdigte mich keines Blickes.

Die Großeltern mütterlicherseits, ca. 1912

Mein Vater Wilhelm Engel

Meine Mutter Auguste Kunzmann 1919

Babyfoto der kleinen Ilse

Foto der Familie Engel in Bad Eckernförde (Ostsee)

Klassenfoto: 3. Volksschuljahr, 1930, in Osnabrück

Das erste Jahr im BDM

Klassenfoto: 7. Klasse in Köln-Mülheim
Ilse in der letzten Reihe, 5. von links

1942 in Enkirch an der Mosel

1955 im Schwarzwald

Kusine Gusti 1955 in Chicago

1956 mit Freundin Sieglinde in Ostia bei Rom

Diether mit Kindern aus der Nachbarschaft

Diether Schneider mit Mutter und seinen Geschwistern

Hochzeit 1957

Mein Schwiegervater Paul Schneider

Tauffeier von Tochter Susanne mit Frau Heil

Mit meiner Tochter Susanne

Um elf Uhr konnte ich das für mich so wichtige Papier im Sekretariat aus der Uni Jena abholen. Die Zeit bis dahin überbrückte ich mit Verabschiedungen von einigen Kommilitonen und vor allem von meinen netten Wirtsleuten aus der Zeiss-Siedlung. Die jüngere Tochter, deren Mann trotz seines hohen Parteipostens noch an die Front gekommen war, hatte Weimar mit ihren beiden Stiefkindern verlassen in Richtung Westen. Sie konnte zunächst bei einer Freundin in Mühlhausen Unterschlupf finden. Ich nahm meinen kleinen, leichten Koffer. Dieses letzte Mal besuchte ich eine der gemütlichen Studentenkneipen am Markt. Ich bekam zum Glück auch etwas zu essen, wenigstens eine kleine Basis für viele Stunden danach.
Jena lag damals wie ganz Thüringen im allgemeinen Auffanggebiet der Heimatlosen aus West und Ost. Täglich kamen neue Flüchtlinge, zu diesem Zeitpunkt hauptsächlich aus dem Baltikum (viele davon, die mit den Nazis kooperiert hatten), Ostpreußen und Schlesien, Menschen auf der Flucht vor der sowjetischen Armee.
Gegen Nachmittag fuhr ein Zug in Richtung Gotha. In Gotha-Ost gab es zwar noch einen Bahnsteig und Schienen, aber die Gebäude, eingeschlossen der scheußliche Aufenthaltsraum, zeigten schwere Schäden und waren unbenutzbar. Bomben, in der Umgebung gefallen, hatten ihr übliches Werk verrichtet. Ein Soldat, der meinen kleinen Koffer nahm, und eine junge Frau, die ebenfalls nach Mühlhausen wollten, schlossen sich mir an. Von einem Bahnangestellten bekamen wir die Mitteilung: „Normalerweise fährt ein Bummelzug um 1 Uhr 30 nachts nach Mühlhausen. Versuchen Sie es. Allerdings müssen Sie zu Fuß zum Bahnhof Gotha-West."
Das Zu-Fuß-Gehen machte uns nichts aus, es war inzwischen zur Gewohnheit geworden. Nur die vielen Stunden bis zur Abfahrt machten wenig Mut. Doch da kam schon die erste Unterbrechung. Bombenalarm. Hinein in den Luftschutzkeller mit vielen anderen. Wir saßen und saßen: Entwarnung und War-

nung wechselten sich schnell ab. Die Amerikaner schienen nicht mehr weit entfernt zu sein. Gegen Abend blieb die Entwarnung. Wir drei marschierten los zum Bahnhof Gotha-West: Der Zug kam sogar pünktlich.
Um 4 Uhr nachts erreichte ich ohne weitere Zwischenfälle unser Notquartier. Damals ließ mich die Angst nicht los, vielleicht nicht mehr an unseren vorläufigen Wohnort zurückzukommen, da plötzliche Ereignisse wie Bombenangriffe oder Kampfhandlungen dies völlig ausschalten würden.

Abgesehen von meinen Stunden bei meinem blinden Gesangslehrer verliefen die Ereignisse in Mühlhausen nicht erfreulich. Der älteste Sohn unserer Verwandten wurde in dieser aussichtslosen militärischen Lage noch zur Waffen-SS eingezogen. Bis dahin galt er als unabkömmlich. Der Schrecken darüber war groß, da es hieß, Mitglieder der Waffen-SS kommen nicht in Gefangenschaft. Sie werden sofort von den Russen erschossen. Welche Kenntnisse hatten die Verwandten? Sicherlich einige, aber darüber wurde sicherheitshalber nicht gesprochen. Gesprochen wurde über die so genannte „Wunderwaffe", den letzten, unwirksamen Trumpf aus Hitlers „Ärmel".
Zudem hatte sich in Mühlhausen die Tochter des Hauses mit ihren zwei Kindern angesagt. Ihr Mann war noch in Norwegen und sie wollte nicht allein mit ihren Kindern in Erfurt bleiben. Wir sollten in einem Haus in der Bollstedter Gasse zwei Räume erhalten. Aber bis dahin waren meine Mutter und ich in einem Parterreraum, in dem auch noch verschiedenerlei andere Möbel untergestellt waren, einquartiert. Wir hatten von da aus den Blick auf das großzügige Haus eines deutschen Oberst, der vor den Amerikanern flüchtete und es ihnen überließ.
Nach dem harten Winter kündigte sich ein milder Vorfrühling an. Hin und wieder hörte ich Radio oder las in der Zeitung von Hitlers „tapferem" Kampf von der Reichskanzlei aus als Befehlshaber über nicht mehr existierende Armeen. Vom kom-

fortablen Leben im Bunker war noch nicht die Rede, aber immerhin vom Vorrücken der Sowjets, die Berlin erschreckend nahe kamen. Dazu immer wieder Goebbels' drohende Aufrufe an die Deutschen, in ihrer Einsatzbereitschaft für Deutschland und den Führer nicht nachzulassen. Kein Pardon für so genannte Vaterlandsverräter!

Ich hatte von der netten Oberstudiendirektorin in Eschwege gehört, dem Städtchen in der Nähe von Mühlhausen, das später zunächst amerikanisches Besatzungsgebiet blieb und in der DDR-Zeit zur Grenzregion gehörte. Ich entschloss mich, dort hinzufahren. Vielleicht konnte die Direktorin mich in der Schule irgendwie einsetzen. Versuchen konnte ich es zumindest. Es erschien allerdings ziemlich aussichtslos, wie es sich auch herausstellte. Solange noch einige Züge verkehrten, war man zum Glück mobil. Ich kam einigermaßen pünktlich in Eschwege an und war gerade im Begriff, vom Bahnhof ins Städtchen zu gehen, als Fliegeralarm aufheulte. Ich suchte einen Luftschutzbunker, fand jedoch keinen. Aber ich sah einen älteren Herrn, der mir sympathisch erschien und der es nicht übermäßig eilig hatte. Ich wandte mich an ihn und fragte nach einem nahe gelegenen Schutzraum. Er wusste darüber nichts, da er, wie sich herausstellte, ein Flüchtling war und sich bisher in Eschwege um dieses Problem nicht gekümmert hatte. In der Nähe befand sich seine Unterkunft, und er lud mich ein, mit ihm zu kommen. Ich war dankbar und froh, nicht weiter herumirren zu müssen. Ich kam in ein sehr schönes Haus, in dem er und seine Familie komfortabel untergekommen waren. Der Alarm dauerte noch an, aber Eschwege war zum Glück nicht das Ziel. Mein sympathischer Gastgeber kam aus Oels in Schlesien und der Name Oels sagte mir etwas. Ich wusste, dass sich dort ein ehemaliger kaiserlich-preußischer Besitz befand, der dem ehemaligen Kronprinzen auch nach dem ersten Weltkrieg noch zustand. Mein freundlicher Gastgeber berichtete,

wie froh er darüber wäre, dass der Kronprinz noch frühzeitig genug das Hohenzollernsche Schloss in Hechingen erreicht hatte. Ich nahm an, dass der ältere Herr Verwalter dieses preußischen Besitzes gewesen war. Er erzählte auch von den Trecks, mit dem seine und ihm bekannte Familien aus Schlesien frühzeitig genug fortkamen und so noch wichtige und wertvolle Dinge retten konnten.
Nach der Entwarnung brachte er mich in die Nähe des Oberlyzeums. Unterwegs erzählte er noch von seiner Stadt Oels und verharrte einen Augenblick in seinen Gedanken. Dann sagte er etwas, das mich so erstaunte, dass ich es nicht vergaß und mir später klar wurde, wie recht er hatte: „Die Ostgebiete, die wir jetzt verlassen mussten, sind endgültig verloren, und jeder sollte sich hüten, später daran wieder etwas ändern zu wollen." Er erwähnte die jetzige Regierung nicht, aber aus seinen Worten konnte man entnehmen, welche Folgen die wahnwitzige Ideologie der Nazis verursacht hatte. Er verabschiedete sich an meinem Bestimmungsort von mir und jeder ging seiner eigenen Wege.

In Mühlhausen waren die Gedanken in den letzten Märztagen 1945 darauf gerichtet, wann die Amerikaner kommen und wie die Bewohner reagieren würden. Es lagen Angst und Spannung in der Luft. Wir gingen noch einige Male in den angrenzenden Landbezirk und versuchten zu hamstern, damit wir etwas für die nahe, aber ungewisse Zukunft besaßen, zumindest etwas zu essen.
Zur Ablenkung besuchte ich ein Kino. Die Wochenschau zeigte Kämpfe im Raum vor Berlin. Mitten im Hauptfilm wurde es hell im Raum, und es kam die Durchsage: „Alle Soldaten müssen das Kino verlassen und sich so schnell wie möglich in ihre Kaserne begeben." Zweimal kam die Durchsage und dann lief der Film wieder an, aber die Stimmung war vorüber. Als es endgültig hell wurde, hasteten alle Kinobesucher nach Hause.

Nun mussten wir überlegen, ob wir in der Stadt bleiben oder den Landwirt in der Nähe um kurzes Asyl bitten sollten. Die Notiz im Mühlhäuser Anzeiger am 28. März 1945: „Die Deutschen haben noch Pfeile in ihrem Köcher." Die Zeit – „der schlimmste Feind der Alliierten" – versprach nichts Gutes. Diejenigen, die Zeit zur Flucht benötigten, wollten die Bewohner veranlassen, ihnen durch sinnlose Verteidigung der Stadt diese Zeit zu verschaffen.

Wir nahmen einige Sachen mit und begaben uns zu unserem Landwirt. Im Raum neben der Waschküche bekamen wir eine einfache Schlafmöglichkeit, und nachdem wir uns an Tieffliegerbeschuss und Artillerielärm gewöhnt hatten, schliefen wir so tief, dass wir erst um 11 Uhr morgens aufwachten. Wir lösten uns vom Stroh und wurden mit den Worten begrüßt: „Die Amerikaner sind da." Wir schauten hinaus und sahen in natura den ersten amerikanischen Panzer unseres Lebens. Ein GI kam in einige Häuser und sammelte Eier ein, wahrscheinlich zum Lunch. Nach einiger Zeit raffte sich ein mutiger Anwohner auf und fragte nach einem Vorgesetzten des GI und schaffte es, sich verständlich zu machen. Ein amerikanischer Unteroffizier kam mit ihm und sammelte den Kameraden und auch einige Eier als Zugabe ein.

Einige mutige Bürger der Stadt Mühlhausen, Nazigegner, konnten Kampfhandlungen verhindern. Die Stadt wurde kampflos besetzt. Kurz vorher gab es noch einige Maßnahmen der Nazis. „Am 4. April wird das in der Mackensenstraße 90 sich befindende Außenkommando des KZ Buchenwald aufgelöst und die Häftlinge werden dem KZ Buchenwald überstellt. Am gleichen Tage werden auf Befehl des Kreisleiters der NSDAP, Vollrath, die Wagenstecker Brücke und die Eisenbahnbrücke über die Unstruth gesprengt. Nachdem Vollrath die Einwohnermelde- und die Lebensmittelkarten-Kartei vernichten lässt, um ein Versorgungschaos zu verursachen, beauftragt er den Stadtrat Wilhelm Schröter, dafür zu sorgen, dass die Stadt bis zum Letzten verteidigt wird. Anschließend flüchtet Vollrath aus der Stadt. Auch Oberbürgermeister Dr. Nederkorn verlässt die Stadt mit unbekanntem Ziel. Wilhelm Schröter kommt wegen des von Vollrath erteilten sinnlosen Befehls in Gewissenskonflikt und begeht Selbstmord." (Chronik der Stadt Mühlhausen 1891-1945)

Als wir von unserem Unterschlupf in Richtung Stadt marschierten, mussten wir uns durch eine Menge von Menschen durchkämpfen und aufpassen, dass wir keine Dosen mit Fleisch oder anderem Eingemachten, Zucker- und Mehlpakete an den Kopf bekamen, die teilweise aus den Fenstern der Vorratslager flogen, die von Anwohnern und befreiten Zwangsarbeitern geplündert wurden. In unserem Zuhause angekommen, verschnauften wir erst einmal und versuchten, diese neue Situation, die uns von so manchen Ängsten befreite, zu verstehen. Das Kommando über die Stadt hatte nun ein amerikanischer Major. Aber es war noch kein Kriegsschluss und meine Angst blieb, dass deutsche Flugzeuge zurückkommen würden. So verhielt es sich auch. Drei Tage nach der Besetzung durch die Amerikaner gab es Fliegeralarm.
„Am 7. April greifen zwei deutsche Kampfflugzeuge vom Typ Focke-Wulf 190 im Tiefflug überraschend die von amerikanischen Truppen besetzte Innenstadt von Mühlhausen mit Splitterbomben und Bordwaffen an. Dabei sterben 31 Zivilisten und zwei US-Soldaten, zahlreiche Menschen werden verletzt." (Chronik der Stadt Mühlhausen 1891-1945). Die Bewohner waren entsetzt über dieses schlimme Verhalten, das sich im Wesentlichen gegen ihre Landsleute richtete.
Wir konnten Berichte im Radio hören, die uns über die Situation in Berlin in etwa informierten. Wir hörten vom Selbstmord Hitlers am 30. April. Dazu ließ sich nur sagen: „Endlich!" Wegen diesem Zögern bis kurz vor Erscheinen der ersten Sowjet-

soldaten in der Reichskanzlei mussten noch viele Menschen sterben.

Am 8. Mai 1945 kam es im sowjetischen Hauptquartier in Berlin-Karlshorst mit den Vertretern der Alliierten zur Unterzeichnung der bedingungslosen Kapitulation Deutschlands. Für den Begriff „bedingungslose Kapitulation" benötigte ich einige Tage, um diesen richtig zu verstehen.

Anfang 1933 kam Hitler an die Macht, und die Nationalsozialisten inszenierten dafür ein großes Spektakel für das Volk. Gut sechs Jahre danach führte Hitler Großdeutschland in einen Krieg, der fast sechs Jahre währte und mit der bedingungslosen Kapitulation, Milliarden Schulden, zerstörten Städten und vielen, vielen Toten Soldaten und Zivilisten, etwa 13 Millionen Vertriebenen – davon allein 12 Millionen Deutsche – endete. Eine einmalige „Leistung"! Nach gut zwölf Jahren verschwand das Reich, welches die Nazis als 1000-jähriges Reich verkündet hatten.

Der Krieg war zu Ende und damit auch das bis dahin geführte Leben, das im Wesentlichen durch den Krieg bestimmt worden war. Wir wurden nun mit Geschehnissen konfrontiert, über die es hin und wieder Gerüchte gegeben hatte, jedoch kaum einer war bereit, Aufklärung zu vermitteln. Wir sahen Fotos von den Orten der unfassbaren Grausamkeiten und Massentötungen der Juden, und diese Schreckensorte waren mit dem deutschen Namen verbunden.

Schon 1939 – nach dem Polenfeldzug – schrieb ein hochrangiger deutscher Offizier, in Warschau stationiert, an seine Frau: „Es ist grausam, dass man keinen Augenblick seines Lebens froh ist, wenn man in dieser Stadt weilt ... Man bewegt sich dort nicht als Sieger, sondern als Schuldbewusster! ... Dazu kommt noch all das Unglaubliche, was dort am Rande passiert und wo wir mit verschränkten Armen zusehen müssen! Die blühendste Phantasie einer Gräuelpropaganda ist arm gegen die Dinge, die eine organisierte Mörder-, Räuber- und Plündererbande unter angeblich höchster Duldung dort verbricht. Da kann man nicht mehr von berechtigter Empörung über an Volksdeutschen begangene Verbrechen sprechen. Diese Ausrottung ganzer Geschlechter mit Frauen und Kindern ist nur von einem Untermenschentum möglich, das den Namen deutsch nicht mehr verdient. Ich schäme mich, ein Deutscher zu sein!"

Ich wollte meine Gesangsstunden wieder aufnehmen, aber mein blinder Gesangslehrer war kurz vor dem Einmarsch der Amerikaner verstorben. Die vielen Aufregungen hatte der kranke Mann nicht mehr verkraftet. Ich besuchte seine Frau und erfuhr von ihr, dass Frau Prof. Franziska Martienssen-Lohmann (eine über die Grenzen Deutschlands hinaus bekannte Gesangspädagogin) nach einer Prüfung die Schüler ihres Mannes übernehmen würde.
Das Ehepaar Martienssen-Lohmann besaß in Schlesien ein Ferienhaus, und während ihr Mann noch dort blieb, gelang es der Frau unter Schwierigkeiten, bis nach Thüringen zu kommen, wo sie in der Nähe von Mühlhausen eine Aufenthaltsgenehmigung erhielt.
Die Frau meines Gesangslehrers bemerkte, dass ich nicht die rechte Begeisterung und Zustimmung zeigte; so sagte sie mir einige Daten. Schon 1927 war Franziska Martienssen zur Professorin ernannt worden. Das zeigte ihre großen Fähigkeiten, denn sonst hätte sie sich als Frau nicht durchsetzen können. Sie und ihr Mann Paul Lohmann machten sich einen Namen durch internationale Sängerkurse. Es war im Grunde für mich eine Gelegenheit, an die ich im Traum nicht gedacht hätte. Schon aus Respekt vor ihr wollte ich gar nicht zum Vorsingen kommen, aber dann ging ich doch, und sie nahm mich. In der ersten Stunde hatte ich doch etwas Herzklopfen, das aber durch Frau Professors charmante und liebenswürdige Art

schnell verging. Diese Freundlichkeit war jedoch gepaart mit konzentrierter Beobachtung des Schülers und schneller Einordnung seiner Möglichkeiten, aber auch seiner speziellen technischen Fehler. Recht bestimmt hörte ich von ihr: „Ein Mezzosopran geschweige ein Alt sind Sie nicht!" Das gab mir mein Selbstvertrauen zurück. Ich war in früheren Zeiten im Schulchor in der dritten Stimme gelandet und hatte später Schwierigkeiten, in „lichte Höhen" zu gelangen. Es war beeindruckend, wie erfolgreich Franziska M.-L. ihr Wissen um das richtige Singen vermitteln konnte, so dass ich ohne größere Schwierigkeiten die notwendige Lockerheit erreichte. Den gleichen Einsatz, den sie brachte, erwartete sie selbstverständlich auch von ihren Schülern. Ich übte ausdauernd auf dem Dachboden und staunte über meinen Fleiß, aber das Singen und die Fortschritte, die ich feststellte, machten mir großen Spaß.
Finanzielle Änderungen gab es nicht, da sie für sich auf ihr gewohntes Honorar verzichtete.
Nach mehreren Unterrichtsstunden erhielt ich die Gelegenheit, eine kleine Solostelle zu singen, und zwar bei einer Aufführung in der St. Blasiuskirche, an der J. S. Bach als Organist gewirkt hatte.

Ich frischte auch mein Englisch wieder auf, das mit dem Ende der Korrespondenz mit Joe um einiges gelitten hatte. Zwei jüngere Frauen, ehemalige Bombenflüchtlinge aus dem Ruhrgebiet, engagierten mich, damit ich ihnen Englischunterricht erteilte. Endlich eine pädagogische Aufgabe. Ich musste jedoch noch fast ein Jahr warten, bis ich in Köln meine weitere Ausbildung als Referendarin beginnen konnte.
Ich begab mich also zweimal in der Woche in eines der schönen älteren Häuser mit den großen Innenhöfen, in die man mit Fuhrwerken hineinfahren konnte. Seitlich waren die Eingänge zu den Wohnungen mit zum Teil schön geschnitzten Treppengeländern.

Es war inzwischen Mitte Mai, und das strikte „Fraternisierungsverbot" schien schon etwas „aufgeweicht" zu sein. Mein exaktes Vorgehen war allerdings bei meinen Schülerinnen nicht so beliebt. Zumindest hatte ich diesen Eindruck, und als ich die Aussprache der Biene (bee) erklärte, meinten sie mutig: „Die Biene interessiert uns weniger, sondern mehr der Honig", und bei mir fiel endlich der „Groschen". Wie konnte ich nur so dämlich sein! Ich stellte meinen Unterricht um, und wir unterhielten uns in „Primitiv-Englisch". Ich vermittelte nun entschieden mehr handfeste Begriffe. Ich hatte jedoch noch eine sehr angenehme und befriedigende Arbeitsmöglichkeit.

In Mühlhausen gab es einen tüchtigen Uniformschneider, der in Vorkriegs- und Kriegszeiten Wehrmachtsoffizieren Uniformen anfertigte. Nun arbeitete er für Amerikaner. Die jüngste Tochter unterrichtete ich in mehreren Schulfächern, da die Schulen ihren Unterricht noch nicht begonnen hatten. Da ich fast jeden Morgen kam, verzehrte ich mit meiner Schülerin ein gutes Frühstück, und manchmal schleckten wir als besonderes Ereignis ein Softeis.
Wir konnten noch nicht in die „Bollstedter Gasse" umziehen, und meine Mutter und ich mussten es noch in dem ungemütlichen Parterrezimmer aushalten. In dem gegenüberliegenden Haus waren jetzt Amerikaner einquartiert. Unser Parterrezimmer hatte keine Gardinen an den Fenstern, sondern nur Vorhänge für die Nacht.
Außer ihren Jeeps hatte ich bisher von den Amerikanern nicht viel gesehen. Aber das sollte sich ändern. Eines Tages klopfte jemand ans Fenster einmal, zweimal, und dann schaute ich auf. Ich ahnte, wer es sein könnte. Jetzt erschien eine große Gestalt am Fenster, und da ich nicht reagierte, verschwand sie wieder. Aber der Amerikaner gab nicht auf und zweimal wiederholte sich das Spiel mit dem „Fensterklopfen". Da fiel mir etwas ein, denn ich war einem Gespräch nicht abgeneigt. Ich hatte doch

den Brief und das Foto von Joe, also einem Landsmann. Brief samt Foto waren von mir sorgfältig aufbewahrt worden. Beim dritten Klopfversuch des Amerikaners ging ich aus dem Haus mit Joes Brief und Foto. Ich zückte meine Unterlagen und fragte ihn, ob er Lincoln im Staat Nebraska kennen würde. Leider kannte er nur die Namen, aber er las den Brief sehr interessiert und sah sich auch das Foto an. So standen wir mitten auf der Straße und sprachen miteinander. Einige seiner Kameraden, die ins Haus gingen, schauten erstaunt, und mein Gesprächspartner klärte sie auf: „She is a student from Cologne. And a girlfriend of an American boy." Zu uns gesellte sich oft ein Amerikaner aus Alabama. Er hoffte, so bald wie möglich wieder in die Heimat zu Frau und Töchterchen zurückkommen zu können.

Aber der Krieg war für die Amerikaner noch nicht völlig beendet. Japan war durch seine Kamikaze-Flieger ein Angstgegner der USA. Erst nach den Atombombenabwürfen auf Hiroshima und Nagasaki unterzeichnete Japan am 01.09.1945 seine bedingungslose Kapitulation.

Der amerikanische Soldat aus Alabama schaute mich mitleidig an, als er hörte, dass ich aus Köln kam. Dort war er mit seiner Truppe auf dem Weg nach Mitteldeutschland durchgezogen. Und diese Ruinenstadt, in der auch noch Bewohner hausten, hatte ihn sehr erschreckt. Sie waren durch die Innenstadt gekommen, die schlimm aussah, und hatten Kölns Wahrzeichen gesehen, den Dom, der noch stand, aber beträchtliche Schäden aufwies.

Mein amerikanischer Gesprächspartner berichtete, dass Mühlhausen das westlichste Gebiet der russischen Besatzungszone sei und die Russen bald kommen würden. Die Bevölkerung sprach bereits darüber, aber ich wollte es schlicht nicht glauben und meinte: „Die Amerikaner haben Mühlhausen doch erobert." „Mein" Amerikaner versprach mir eine Ausgabe von

Reader's Digest, in der über die Konferenz von Jalta im Hinblick auf die Besatzungsgebiete der Alliierten die Rede war. Ich musste ihm aber versprechen, kein Wort über diese Leihgabe zu sagen und sie ihm zurückzugeben. Wir trafen uns im nahe gelegenen Park mit dem hässlichen Kriegerdenkmal des Ersten Weltkriegs und heimlich geschah die „Übergabe". Ich hatte eine bis dahin streng gehütete Flache Cognac bei mir und tauschte diese gegen Butter in Dosen, Milchpulver, Kaffee und anderes aus. Wahrscheinlich war der im Keller gelagerte französische Wein und Champagner des ehemaligen Bewohners bereits ausgetrunken.

Ich war sehr froh, der jüngeren Tochter des tüchtigen Uniformschneiders noch Unterricht geben zu dürfen. Inzwischen war auch Klavierunterricht hinzugekommen. Die um einige Jahre ältere Schwester war verlobt mit einem Ingenieur aus Dresden, der aber nach dem verheerenden Bombenangriff vom 24. Februar 1945 dort keine Bleibe mehr hatte und deshalb in Mühlhausen arbeiten wollte. Die Hochzeit war bereits geplant, und nachdem die Ausgehzeit von der amerikanischen Besatzung bis auf 23.00 Uhr festgesetzt wurde, legte das Hochzeitspaar seinen Festtermin auf Anfang Juli. Das Festessen war auf Grund der Tüchtigkeit ihres Vaters gesichert.
Ich freute mich über die Einladung. Dass diese hauptsächlich des Musizierens wegen erfolgte, störte mich nicht. Ich erhielt als Leihgabe ein langes Kleid von der Braut und passte so in den festlichen Rahmen. Es wurde viel getanzt, viel Kuchen und köstliches amerikanisches Eis gegessen. Ich hatte also in jeder Weise reichlich zu tun. Der Bruder des Bräutigams drehte mir freundlicherweise die Notenblätter um, da er nicht tanzte. Von ihm hörte ich nun Näheres von dem schrecklichen Bombardement in Dresden und den tragischen Folgen. Er musste damit rechnen, dass seine junge Frau mit dem gemeinsamen Kind nicht mehr lebte, da er keinerlei Nachricht erhalten hatte.

Nun wollte er versuchen, nach Dresden zu gelangen, um Frau und Kind eventuell ausfindig zu machen. Er versuchte trotz seines Kummers die fröhliche Stimmung nicht zu stören.

Da es kein „Ende offen" gab, verabschiedeten wir uns vor 23.00 Uhr. Ich verabredete mit den Brauteltern, dass ich am nächsten Morgen das geliehene Kleid zurückbringen würde. Zu meiner Freude konnte ich dann noch etwas vom köstlichen Essen und Kuchen mitnehmen. Damit hatten die Meinigen auch, zwar etwas verspätet, einen erfreulichen Tag. Ich marschierte am anderen Morgen los, schwatzte noch mit meinen Gastgebern, ging durch die Bollstedter Gasse bis zur Straße an der Burg, und hier sah ich emsiges Treiben der Amerikaner. Sie schienen ihre Jeeps zu beladen, und mich durchfuhr ein tiefer Schrecken, als ich gegenüber „unserem" Haus einen Lastwagen mit russischen Soldaten und Soldatinnen sah. Ich stellte mich auf die oberste Stufe vor der Haustür, schaute auf die miteinander redenden und lachenden Russen, die mich wenig beachteten, und dachte mit einigem Schrecken an meine Schlussfolgerung: „Sie sehen eigentlich aus wie du und ich." Auf den ersten Blick entsprachen sie so gar nicht dem Bild, das auch ich damals von ihnen hatte: erzeugt durch Hass-Propaganda der Nazis und durch ihr zum Teil grausames Verhalten beim Vorrücken auf deutsches Gebiet. (Heute haben wir genaue Kenntnisse über die Grausamkeiten, die die Russen durch die Deutschen erlitten haben.) Im Haus schienen die Bewohner noch nichts bemerkt zu haben und ich rief: „Die Russen sind bereits da!" Dass mein Schrecken beim Erblicken des Lastwagens fast einem Schock nahe kam, bestätigten meine Träume, die ich einige Zeit hatte und die mich mit dem Satz „Die Russen sind da!" aus dem Schlaf rissen. Die Amerikaner hatten es nicht sonderlich eilig, fortzukommen, denn die nächste amerikanische Besatzungszone war zudem ziemlich nah bei Mühlhausen. Es tat mir leid, mich von „meinem" Amerikaner verabschieden zu müssen.

Militärkommandant von Mühlhausen war von nun an ein sowjetischer Oberst.

Da wir nicht wussten, ob unsere Wohnung in Köln noch bewohnbar war, und es für möglich hielten, dass demnächst wieder Züge verkehren würden, hatten wir den Anschluss in Richtung Westen verpasst bzw. in der Hinsicht keine Anstrengungen unternommen. Da meine Mutter nach dem Ersten Weltkrieg am Osnabrücker Bahnhof Weißrussen kennen gelernt hatte, die sehr freundlich und charmant waren, konnte sie keiner von ihrer Sympathie zu ihnen abbringen. Damit baute sie gleichzeitig meine Ängstlichkeit ab. Und als wir einige Monate später schwarz über die Grenze gingen, war es ihrer Initiative zu verdanken, dass wir verhältnismäßig schnell die letzte sowjetische Bastion in Treffurt in Richtung der amerikanischen Besatzungszone verlassen konnten.
Nun wurde zunächst einmal der Grenzübergang zum Westen streng untersagt. Der Juni 1945 wurde zum Monat, in dem sich ehemals durch die Nazis verbotene deutsche Parteien wieder neu aufstellten, z. B. SPD, KPD, oder Neugründungen entstanden: CDU, LDP (heute FDP).
Wir hatten nun in der Bollstedter Gasse endlich zwei Zimmer mit Küchenbenutzung und damit endete endlich die Übergangslösung. Allerdings hatte ich den Dachboden nicht mehr zum Singen zur Verfügung, aber Frau Professor Martienssen-Lohmann organisierte für mich den Gemeinderaum des evangelischen Gemeindehauses. Hier konnte ich Gesang und Klavier üben, bewacht von einem russischen Soldaten Im Keller des Gemeindehauses waren für russische Soldaten Lebensmittel, im Besonderen Kartoffeln untergebracht und stets machte ein Soldat im Garten eine Runde entlang der Kellerfenster.
Auf dem Weg vom Gemeindehaus zu unserer Wohnstätte hörte ich eines Mittags Musik. Ein junger russischer Soldat, der auf einer Treppenstufe eines Hauses saß, spielte hervorragend

Akkordeon, und Kinder bewegten sich im Takt der mitreißenden Rhythmen. Ich stellte mich zu ihnen, und der junge Soldat zeigte durch sein Lächeln seine Freude über das begeisterte Publikum.

Wir mussten immer damit rechnen, dass die Wohnungen nach Waffen oder missliebigen Personen durchsucht wurden. Ziemlich früh am Morgen erschien einmal ein russischer Unteroffizier, und weil er nichts vorfand, fragte er zumindest „Raboti?" und wir nickten eifrig.

Inzwischen wusste jeder, dass sich in Mühlhausen ein Ausweichlager des KZ Buchenwald befunden hatte. Bei einem kurzen Spaziergang in der Nähe dieses Ausweichlagers bemerkte ich, wie russische Soldaten deutsche Männer, ältere sowie jüngere, auf einen Lastwagen verfrachteten. Ich konnte mir nicht erklären, was das bedeuten sollte, und gesellte mich zu anderen Mühlhausern, die sich in respektvoller Entfernung zu den Geschehnissen aufhielten. Sie klärten mich auf: „Die Männer werden nach Buchenwald gebracht, um an Ort und Stelle mit den Verbrechen der Nazis konfrontiert zu werden. Sie kommen aber wieder zurück." Doch so ganz genau wusste man bei den Russen ja nicht, wie sie die Dinge handhaben würden. Und in Buchenwald war eine nicht geringe Zahl russischer Gefangener und Zivilpersonen ermordet worden.

„Mein Uniformschneider" arbeitete jetzt für russische Offiziere, und ich unterrichtete weiter seine jüngere Tochter. Das Frühstück war immer noch recht gut, aber auf Softeis mussten wir verzichten. Manchmal erschien in unserem Unterrichtsraum ein jüngerer Offizier, den der Schneider dort platzierte, weil sein Anprobezimmer besetzt war. Wir ließen uns nicht stören, und ich konnte verstohlen feststellen, wodurch der Rang des Offiziers gekennzeichnet war. Mir fielen besonders die bemerkenswerten Epauletten sowie die großen Mützen auf.

Meine beiden Damen, die ich in Englisch unterrichtete, wussten noch nicht, ob sie sich eventuell auf den nicht ungefährlichen Weg über die Grenze in das englisch besetzte Ruhrgebiet aufmachen sollten. Bis jetzt gab ich ihnen noch Unterricht, denn sie waren, wie ich annahm, der Überzeugung, dass man Englisch immer gut anwenden könne. Ich ging wie stets zur festgesetzten Zeit zum Unterricht, schellte in dem schönen Haus an der Etagentür und erwartete eine meiner Schülerinnen. Die Tür öffnete sich und vor mir stand ein junger russischer Offizier. Wir beide waren äußerst verblüfft, und ich dazu noch ängstlich. Ich ging automatisch einen Schritt zurück, aber weiter konnte ich nicht, ohne die Treppe herunterzufallen. Ein „Fluchtversuch" wäre mir auch peinlich gewesen. Ich wusste nicht, was ich sagen sollte. Und in welcher Sprache. Mein russischer Wortschatz beschränkte sich auf „stoj", „dawai" und „raboti". Aber der junge Russe sprach etwas Deutsch und Englisch. Mir war allerdings die Kehle wie zugeschnürt, und deshalb zeigte ich nur auf die Tür meiner Schülerinnen. Der junge Offizier nickte mit dem Kopf und machte eine einladende Bewegung, aber ich blieb stur am Türeingang stehen. Dann geschah Folgendes: Er zog sich ganz zurück in den ziemlich dunklen und langen Flur, während ich in Richtung des Zimmers meiner Schülerinnen ging, um festzustellen, dass die Tür abgeschlossen war und die beiden Frauen wohl aus Mühlhausen verschwunden waren. Der junge Offizier erschien wieder aus dem Dunkel des Flurs und entschuldigte sich recht charmant, nichts von der Abreise meiner Schülerinnen gewusst zu haben. Vielleicht! Ich bedankte mich und ging „gemessenen Schrittes" die Treppe hinunter zur Haustür.
In normalen Zeiten wäre diese Begegnung nichts Aufregendes gewesen. Hoffentlich würden die normalen Zeiten nicht zu lange auf sich warten lassen.
Als ich auf der Straße stand, schaute ich noch einmal zu dem Haus hinauf, denn dort würde ich wohl nicht mehr hinkom-

men. Es schien mir, als bewege sich am Fenster des ersten Stockwerks ein wenig die Gardine.

Im September 1945 gab das Stadttheater Gotha in Mühlhausen ein Gastspiel: die „Zauberflöte". Eine Bekannte wollte mit mir dort hingehen. Durch Stalins Absicht, den Deutschen in der russischen Besatzungszone den Kommunismus „näherzubringen", war es nichts Ungewöhnliches, gemeinsam kulturelle Veranstaltungen zu besuchen.
Die „Zauberflöte" war keinesfalls ein besonderes Ereignis, aber immerhin ein weiterer zaghafter Beginn des kulturellen Lebens in Mühlhausen. Wir beide hielten uns auf dem Nachhauseweg in der Dunkelheit in einigem Abstand hinter russischen Offizieren, die sich etwas erstaunt nach uns umdrehten, aber sich nicht im Gespräch stören ließen. In der Nähe unserer Wohnung verschwanden wir eiligst.

Mitte September 1945 erhielt ich einen Hinweis, eventuell mehr Unterricht geben zu können, gewissermaßen mit städtischer Erlaubnis. Die Voraussetzung dafür ergab sich aus der Teilnahme an einer schulpolitischen Tagung in Mühlhausen. Veranstalter war das Kreisbildungsamt für den Stadt- und Landkreis. Ich meldete mich also an und war außerordentlich gespannt, wie diese Angelegenheit ablaufen würde. Die Tagung begann mit einer musikalischen Darbietung. Dann wurden wir freundlich begrüßt und die erste Rede ging vonstatten, bei der ich mich immer wieder zur Aufmerksamkeit zwingen musste. Der zweite Redner war schon deshalb interessanter, weil er aus Russland kam. Ein deutscher Kommunist, der in der Nazizeit nach Russland geflüchtet war, um sein Leben zu retten. Bei seinen Worten „Mit heißem Herzen verfolgten wir den Vormarsch der Roten Armee" wurde ich hellwach. Dieser Satz war bedenkenswert. Konnte ein Deutscher dieser Meinung sein? Wenn zu Hause auch der Nationalsozialismus mit Misstrauen betrachtet wurde, galt der Kommunismus doch nicht als Lösung gegenüber Hitler und seiner Gefolgschaft. Die Arroganz, Slawen als Untermenschen anzusehen, war einmalig. Der schmähliche Untergang Hitlers und seiner Vertrauten durch die Slawen war die Quittung. Die unmenschlichen Taten in Russland, hauptsächlich durch die SS verübt, kamen hier in der russischen Besatzungszone mehr und mehr zur Veröffentlichung. Ich gelangte zu der Überzeugung, dass die deutschen Kommunisten nur eine Möglichkeit hatten, nach Deutschland zurückzukehren: den Sieg der Roten Armee!

„Kreisbildungsamt Mühlhausen/Thür., den 19.9.45

B e s c h e i n i g u n g !

Der Lehrer/die Lehrerin   Else E n g e l

hat an der schulpolitischen Tagung vom 17. – 19. Sept. 1945 in Mühlhausen/Thür teilgenommen.

Mülhausen/Thür, den 19.9.45
Kreisbildungsamt für den Stadt- und Landkreis

Im Auftrage:
XXXXXXX
Städtisches Kulturamt"

Jetzt war ich also im Schnellverfahren zur Lehrerin avanciert. Ich konnte jedoch eine eventuelle Arbeitsmöglichkeit nicht mehr wahrnehmen, da wir unseren „schwarzen" Grenzübergang in den Westen vorbereiteten, um nach Köln zurückzukehren. Was uns dort erwartete, wussten wir zum Glück nicht.

Am 1. Oktober 1945 erhielt Frau Prof. Martienssen-Lohmann einen Ruf an die Weimarer Musikhochschule. Wir mussten uns also trennen und ich bedauerte es sehr. Sie stattete mich mit einem sehr guten Zeugnis und einem Brief an eine jüngere Kölner Gesangslehrerin aus, die einen Kursus bei ihr in Berlin absolviert hatte und der sie mich empfahl. Außerdem gab sie mir noch die russische Übersetzung für „Sängerin" und „Künstlerin" mit auf den Weg. Sie wusste, dass wir uns etwa Mitte Oktober auf den Weg nach Köln machen wollten. Ihr Aufenthalt in Weimar währte nicht lange, denn sie und ihr Mann flohen ebenfalls über die „schwarze" Grenze in den

Westen. Der Präsident der Luzerner Festwochen übertrug ihnen den Gesangsunterricht für die Meisterkurse.
Der Direktor des Robert-Schumann-Konservatoriums in Düsseldorf, Dr. Neyses, holte Frau Prof. M.-L. nach Düsseldorf, was für das Konservatorium ein großer Gewinn war.
Dr. Neyses war zu meiner Studienzeit in Köln Lehrer für Partiturspiel. Ich erinnere mich noch an seine Gelassenheit, mit der er unsere nicht immer erfolgreichen Bemühungen zur Kenntnis nahm. Aber am eindruckvollsten war seine Bezeichnung für unseren Schulmusikleiter. Wir hörten von ihm nur den Namen „Häuptling", z. B. den Satz: „Beeilen Sie sich, Ihr Häuptling wartet bereits."

Inzwischen war es höchste Zeit, nach Hause, also nach Köln zu kommen, und das hieß, „schwarz" über die Grenze zu gehen. Das amerikanische Besatzungsgebiet lag ziemlich nah bei Mühlhausen, aber man musste erst dorthin gelangen, und zwar per pedes von Treffurt nach Eschwege. Wir erhielten viele gute Ratschläge: auf jeden Fall morgens losmarschieren, um nicht auf russischem Besatzungsgebiet übernachten zu müssen. Ich befolgte den Rat, mich mit Kopftuch, Brille und hellem Puder, der Kränklichkeit vortäuschen sollte, zu schmücken. Wir konnten nicht viel mitnehmen, aber immerhin doppelte Unterwäsche anziehen und jeweils ein Goldstück einnähen. Ein Lastwagen mit Holzgasmotor brachte uns bis Treffurt. Von da aus erklommen wir eine Anhöhe und mussten durch Wald in Richtung Eschwege marschieren. Wir versuchten positiv zu denken, aber in Wahrheit glaubten wir nicht, unbeobachtet zu bleiben. Wir verschnauften kurze Zeit, gingen dann wieder weiter und unerwartet ertönte ein kraftvolles „Stoi!". Dieses erschreckte uns sehr und brachte uns zum Stehen. Laub raschelte und vor uns stand ein junger bewaffneter russischer Soldat. Wir sahen ihn entsetzt an, aber er versuchte uns mit den Worten „Zu Kommandant, Kommandant gutt" zu beruhigen. Ich versuchte meine wenigen russischen Wörter anzubringen, aber er verstand sie nicht. Und als er mit dem Wort „Warum?" mein ziemlich tief in das Gesicht gezogenes Kopftuch anfasste, entfernte ich meine dumme Tarnung. Wer wollte sich schon gern für dumm verkaufen lassen? Wir bildeten eine kleine Gruppe von zwei mal zwei Personen. Der Soldat und ich gingen zusammen und ich versuchte, mit Hilfe des Russen einige russische Wörter zu lernen, bestrebt, keine Stille aufkommen zu lassen. Zwischendurch kam immer wieder meine Frage „Bald da?".

Endlich lichtete sich der Wald und wir kamen durch ein Tor. Wir wurden von dem Soldaten übergeben und dann zu einem aufgeschichteten Haufen Kartoffeln geführt. Hier sahen wir eine andere Gruppe von Grenzgängern, und das waren Kölner. Sie saßen auf Decken auf dem Boden vor den Kartoffeln und schälten diese gemächlich. Messer gab es reichlich. Auf dem vom vorigen Regen noch etwas schlammigen Boden lagen die echt silbernen Bestecke des ehemaligen Besitzers des Gutshofes, eines Barons. Ich sah einen hübschen Teelöffel noch eben aus dem Schlamm hervorlugen, und dieser kleine Löffel gefiel mir außerordentlich. Wir mussten uns zu den Kartoffelschälern gesellen und wir alle waren bemüht, nicht zu schnell zu schälen. Dann kam jedoch ein russischer Unteroffizier, wendete sich an meine Mutter und mich mit dem Ausruf: „Mitkommen!" Ich hatte inzwischen festgestellt, dass ich die jüngste der Kartoffelschäler war. Das Wort „Mitkommen" erschien uns nicht besonders sympathisch.

Der Russe führte uns in einen großen Raum, in dessen Mitte ein großer Tisch mit einigen Stühlen stand. An einer Wand befand sich ein schöner Kamin, ansonsten war der Raum kahl. An den Wänden hing kein einziges Bild. Dafür lehnten am Tisch zwei Besen, die uns der Unteroffizier in die Hand drückte und dabei die Bewegung des Fegens machte. Wir folgten ausgesprochen gern seiner Anweisung. Sehr viel Schmutz gab es jedoch nicht; es mussten vor uns schon andere gefegt haben. Aber wohin nun mit den kleinen zusammengefegten Häufchen? Der russische Soldat machte eine schwungvolle Bewegung in Richtung Kamin und meine Mutter und ich fegten das Häufchen ebenfalls schwungvoll unter den Kamin, denn einen Handfeger mit Schaufel gab es nicht.

Nach dieser unserer Tätigkeit ertönte wieder das Wort „Mitkommen!" Wo sollte es nun hingehen? Meine Mutter fasste allen Mut zusammen und sagte: „Meine Tochter bleibt hier." Der Russe schien etwas erstaunt und hatte den Satz wahrscheinlich auch nicht genau verstanden. Ich stand einige Zeit einsam in dem großen Raum herum und versuchte, Schmutz auf dem Boden zu finden. Aber da ich keine weitere Arbeitsmöglichkeit fand, schlich ich mich zu den Kartoffeln zurück. Meine Mutter gelangte in die Küche, wo es noch Gemüse zu putzen gab. Sie stand in der Nähe der Tür, und der Kommandant erschien dort, erblickte meine Mutter und kam auf sie zu. Er sprach ein wenig mit ihr (ein bisschen Englisch und Deutsch konnte er) und hörte von meiner Mutter von ihrer so genannten Bekanntschaft mit Weißrussen am Osnabrücker Bahnhof nach dem Ersten Weltkrieg. Als er vernahm, dass sie aus Köln sei, war er bereit, uns noch vor den anderen Kartoffelschälern in Richtung Eschwege gehen zu lassen. Meine Mutter kam eilends zu uns, wir rafften schnell unsere Habseligkeiten auf, und ich zog den hübschen Teelöffel mit dem eingravierten Wappen aus dem Schlamm und versteckte ihn. Dieser kleine Löffel hat sechs Umzüge überstanden. Ich gönne ihn keinem anderen zum Gebrauch. Außerdem bereue ich nie, dass ich ihn geklaut hatte.

Der Kommandant war wirklich so „gutt", wie uns der Soldat im Wald versprochen hatte. Er zeigte uns sogar noch den Weg in Richtung amerikanischer Besatzungszone.

Zunächst befanden wir uns noch im so genannten Niemandsland. Trotz Müdigkeit und der Nachwirkungen der Aufregung marschierten wir, so schnell es uns möglich war. Die doppelte Unterwäsche machte sich bemerkbar und wir hatten das Gefühl, keinen trockenen Faden mehr an uns zu haben. Hunger hatten wir ebenfalls, aber wir wagten nicht, uns irgendwohin zu setzen, um etwas von den mitgenommenen Broten zu essen. Dann sahen wir zwei Holzfäller, die uns zuriefen: „Ihr seid auf amerikanischem Besatzungsgebiet." Wir ließen uns auf die Baumstämme am Boden fallen und nach einiger Zeit des Verschnaufens aßen wir mit Erleichterung, Freude und Dankbarkeit von unseren Broten; allerdings mit Vorsicht, denn sie mussten wahrscheinlich noch längere Zeit reichen. Aber wir hatten uns inzwischen schon daran gewöhnen müssen, dass das Hungergefühl zum täglichen Begleiter wurde.

Einen kleinen Schreck hielt Eschwege dann noch bereit. Auf dem Marktplatz befanden sich sehr viele Rückkehrer und die amerikanischen Soldaten, die die Papiere prüften und neue für die englische Besatzungszone ausstellten, verließen gerade ihr „Büro" – ein Bretterhäuschen –, und die Schlange der davor Wartenden reihte sich noch auf den Marktplatz ein.

Aber wir hatten ein geradezu unverschämtes Glück. In einem gut erhaltenen Haus überließen uns die Bewohner ihr nicht mehr benutztes Badezimmer, in dem wir uns, so gut es ging, einrichteten, um am anderen Morgen ein wenig zerknautscht die notwendigen Papiere zu holen. Nach langem Warten erhielten wir diese und hatten Glück, mit einem Zug dem Westen ein wenig näher zu kommen. In stetiger Abwechslung mit der Eisenbahn und per pedes durchquerten wir einige Landschaften, um dann endlich in Köln-Deutz zu landen. Nach gründlicher Desinfizierung standen wir vor der von amerikanischen Pionieren gebauten hölzernen Pontonbrücke, der einzigen, die über den Rhein führte. Alle ehemalig vorhandenen lagen im Rhein, und es war eine große Frage, ob und wann die anderen

Brücken wieder gebaut werden würden. Mit schmerzenden Füßen ging es nach kleiner Ruhepause weiter, und hoffnungsvoll dachten wir an unsere Wohnung. Das Haus stand noch, aber seltsamerweise konnten wir unsere Namen an der Haustür nicht mehr finden. Wie schellten an der Parterrewohnung und der Sohn von Frau B. öffnete uns die Tür und begrüßte uns erfreut mit den Worten: „Ich habe es doch immer gewusst und auch geäußert, dass Sie wieder zurückkommen; allerdings ein wenig spät." Er war allein, denn Mutter und Schwester befanden sich noch bei Verwandten auf dem Land in Westfalen. Das war unser Glück, denn wir konnten mindestens drei Wochen bleiben.

Ein Raum unserer Wohnung hatte durch Bombenangriffe in der Nähe einen kleinen Schaden erlitten und war dadurch zunächst unbewohnbar. In den anderen Räumen wohnte nun ein ausgebombtes Ehepaar, an das man die Wohnung vergeben hatte. Wir standen also vor unserer eigenen Wohnungstür und konnten nicht hinein.

Durch die Initiative unseres jetzigen Gastgebers befand sich ein großer Teil unserer Möbel im früheren Luftschutzkeller. Und von unserem Keller bekamen die neuen Mieter die Schlüssel nicht. Wir erblickten mit Freuden in einer Ecke einen Berg Kohlen, der in seinen „Tiefen" Einmachgläser mit Zucker enthielt. Später wanderten diese als Hamstergut ins Kölner Vorgebirge. Bei der Inspektion der Möbel stellten wir fest, dass unter anderem ein Bett fehlte. Wir besaßen aber noch einen langen und stabilen Liegestuhl, der mir als Ersatzbett diente. Aufgrund der vorhergegangenen Strapazen freuten wir uns zunächst, ein Dach über dem Kopf zu haben und schlafen zu können. Irgendwie würden sich die Dinge schon zurechtrücken.

Der andere Morgen war ausgefüllt mit Ämterbesuchen: Anmeldungen, Lebensmittelkarten abholen für die bescheidenen Rationen und dgl. mehr. Wir wollten in der Nähe des früheren

Luftschutzkellers unseres Hauses und unseres eigenen, zur früheren Wohnung gehörigen Kellers, d. h. in Köln-Riehl bleiben.

Ich hatte während des Krieges häufig in einer Riehler Drogerie eingekauft und mich mit der Besitzerin des Mietshauses, in dem sich die Drogerie befand, angefreundet. Sie hatte die Drogerie ihrem jüngeren Sohn vermacht und führte sie, nachdem er eingezogen wurde. Meine Mutter und ich bekamen in der Kriegszeit schon mal einige Dinge „unter dem Ladentisch" und für mich hielt sie stets „Römische Kamille" zur Haarpflege bereit. Wenn wir beide genügend Zeit hatten, unterhielten wir uns ausgiebig. Sie interessierte sich für mein Studium und erzählte von dem ebenfalls eingezogenen älteren Sohn. Ich erfuhr, dass sie früher gerne ins Museum ging und im Besonderen Rembrandt liebte. Auf ihren ältesten Sohn war sie sehr stolz, da er nach ausgezeichnetem Abitur Kunstgeschichte studierte. Sein Professor wurde auf ihn aufmerksam und er folgte diesem nach dessen Ruf nach Franken. Nachdem er auch noch mit summa cum laude promoviert hatte, bekam er als Assistent eine aussichtsreiche Stelle, die manch anderer sicher auch gerne gehabt hätte. Ich konnte dem gar nicht so viel entgegensetzen und wurde sehr bescheiden, wagte es aber doch, um die Leihgabe eines Geschichtsbuches zu bitten. Es kam eine zustimmende Antwort und vielleicht war diese meinen mit Römischer Kamille behandelten Haaren zu verdanken. Denn Frau S. verkündete mir freudestrahlend die Anweisung ihres Sohnes: „Der blonden Studentin kannst du meine Geschichtsbücher leihen." Ganz unbekannt blieben wir uns nicht. Nach meinem Schulmusikexamen – und inzwischen sehr scheußlichen Bombenangriffen – fuhr ich mit meiner Mutter zu Verwandten in Westfalen, damit wir kurze Zeit ausschlafen konnten. In der Straßenbahn trafen wir Frau S. mit ihrem älteren Sohn, der mit dem gleichen Zug wie wir nach einem Kurzurlaub wieder zurück zu seiner Einheit musste. Er unterhielt sich im Wesentlichen mit meiner Mutter, was mich zwar ein wenig irritierte, aber ich war immerhin elf Jahre jünger als er und damals erst 22 Jahre alt. Sein Versuch, uns im Zug wiederzufinden, misslang, da die verstopften Gänge ein Durchkommen unmöglich machten.

Ich hatte nach unserer Rückkehr nach Köln einige Tage verstreichen lassen, ehe ich unsere Bekannte, die Drogistin, aufsuchte. Ihre beiden Söhne waren ja im Krieg eingezogen gewesen und ich fürchtete mich davor, etwas Trauriges erfahren zu müssen. Fast ein Jahr lang hatten wir nichts voneinander gehört. In ihrem Haus besaß Frau S. eine größere Wohnung und musste in dieser Zeit der fast unvorstellbaren Wohnungsknappheit mindestens zwei Räume an Flüchtlinge ohne Bleibe abgeben bzw. vermieten. Hoffentlich waren nicht schon andere Wohnungssuchende eingewiesen.
Die Drogerie schien unversehrt, aber sie war nicht geöffnet. Ich ging ins Haus, schellte an der Wohnungstür und hörte Stimmen. Es war auf alle Fälle jemand zu Hause. Der jüngere Sohn (er lebte Gott sei Dank!) öffnete und nach meiner Namensnennung rief er laut zu seiner Mutter: „Hier kommt jemand, den du schon vermisst glaubtest!" Sie kam schnell und vor Freude fielen wir uns in die Arme. Und da sie mir sehr gelockert und freudig vorkam, nahm ich an, dass beide Söhne zurückgekommen waren. Ich wurde eingeladen und es gab sogar etwas ganz Seltenes, nämlich Kaffee, zwar wenig, aber fast kam mir mein Besuch wie ein normaler Kaffeebesuch vor. Kuchen fehlte allerdings. Frau S.' Ältester hatte eine kleine Kaffeeration, die er bis nach Hause gerettet hatte, spendiert. Als ich mit meinem Anliegen herauskam, konnte ich hoffen, dass die Flüchtlingsfamilie, die eingewiesen werden sollte, höchstwahrscheinlich eine andere Lösung gefunden hatte. Kurz darauf erfuhr ich, dass wir einziehen konnten.
Wie damals üblich, gab es noch zersplitterte Fensterscheiben

und Risse in den Wänden; das ließ sich zwar nicht beheben, aber doch ein wenig reparieren. Der Umzug ging also nicht sofort vonstatten, aber ich war fast jeden Tag bei Frau S. Ihr Sohn hatte die besten Aussichten, seine ehemalige Stellung am Germanischen Museum in Nürnberg wieder einnehmen zu können. Seine Vergangenheit war ohne Makel und die amerikanische Besatzungsverwaltung erhob keinen Einspruch. Im Rheinland gab es kaum Möglichkeiten einer späteren Karriere für ihn. Und das berufliche Weiterkommen schien mir im Mittelpunkt seines Denkens zu stehen. Warum auch nicht.

Ich hatte mir bis dahin keine Gedanken gemacht, ob ich eine annehmbare Schwiegertochter abgeben würde, sondern freute mich darüber, dass ich in Kürze wohl mein erstes Referendarjahr in Köln beginnen könnte. Die Schulen durften wieder öffnen und Lehrerausbildung würde dann als Nächstes möglich sein. Hätten mich nur die beruflichen Aussichten des Sohnes von Frau St. fasziniert, so wäre er sicherlich die ideale Partie für mich gewesen. Er hatte seiner Mutter auch gesagt, er könne sich das „Fräulein Engel" als seine Frau vorstellen. Daraufhin meinte sie wohl, in mir die zukünftige Schwiegertochter zu sehen, die ihr zugleich ganz und gar nicht unsympathisch gewesen wäre. Die Schwiegertochter wurde ich jedoch nicht, da für mich damals mein wichtigstes Ziel war, meine Berufausbildung endlich abschließen zu können.

Das erste Weihnachten nach unserer Rückkehr verlebten wir in unseren zwei Räumen, und der „Heilige Abend" ist mir in besonderer Erinnerung geblieben. Nach mühevoll hergestellter Heilig-Abend-Stimmung ging plötzlich sämtliches Licht aus. Wir saßen buchstäblich im Dustern; kein Sternenhimmel, geschweige denn der Abendstern, war durch die mit Pappe notdürftig abgedichteten Fenster zu erblicken. In unserem so genannten Wohn- und Küchenraum stand der von unserem früheren Hausbewohner mit großem Einsatz gerettete Küchenherd. Da wir Kohlen und Briketts hatten, die bereits im Küchenherd glühten, öffneten wir die vordere Ofentür. Es glomm ein sehr „diskretes" und fast heimeliges Licht im Raum auf, und wir fanden etwas von unserer verloren geglaubten Weihnachtsstimmung wieder.

Seit vier Wochen konnte ich meine ersten Erfahrungen als Referendarin sammeln. In einem Kölner Vorort teilten sich zwei so genannte Studienanstalten für Mädchen eine Schule. Und es gab jede Woche einen Wechsel zwischen Vormittags- und Mittagsbeginn. Als ich bei Beginn meiner Schullaufbahn am Lehrerzimmer anklopfte, öffnete mir eine junge Frau mit den Worten: „Schüler müssen warten, bis es läutet." Sie wurde mir eine liebe Freundin und war bereits verheiratet. Ihr Mann studierte noch, wie so viele der jungen heimgekehrten Soldaten.
Im ersten Referendarjahr drückte die Assessor-Prüfung noch nicht. Es blieb Zeit, Stunden für Karten anzustehen, um in der Uni-Aula Strawinsky- und Hindemith-Konzerte zu hören. Es gab so vielerlei, von dem wir in der Nazi-Zeit so streng ferngehalten worden waren. Und dieser Mangel musste selbstverständlich nachgeholt werden. Wer jetzt nicht Hesses Roman „Das Glasperlenspiel" gelesen hatte, konnte sich fast nicht mehr sehen lassen.

Aber die Schwierigkeiten der Vorwährungszeit mussten ebenfalls, so gut es ging, gemeistert werden, nämlich durch „Hamstern". Ich hatte Kartoffeln gehamstert und unser Apotheker seit Jahren hatte sich von einer Flasche Lebertran getrennt. Kartoffeln und Lebertran konnten eventuell Reibekuchen ergeben. Und wer hatte die nicht immer mit Freuden gegessen! Doch der Gestank erhitzten Lebertrans ist unbeschreiblich! Und selbst die bereits geriebenen Kartoffeln änderten daran nichts. Wir mussten mit einem glühenden Holzscheit den Raum ausräuchern. Der Gestank hing tagelang in den Ecken des Raumes. Bis heute ist mein früherer Enthusiasmus für Reibekuchen nicht wieder zurückgekehrt.

In den Herbstferien fuhr ich zu meinen Verwandten nach Bünde in Westfalen. Hier gab es für mich die besten Voraussetzungen: ein eigenes Zimmer, gutes, ausreichendes Essen sowie Hinweise auf eine Cousine, die ausgebombt war und nun in Rahden lebte. Jahre hatten wir uns nicht gesehen, aber ich erinnerte mich an sie und ihre Eltern. Der Vater war dominant, konservativ und nationalsozialistisch gesinnt; die Mutter, eine ältere Schwester meiner Mutter, war eine Frau, die sich unkritisch der Meinung ihres Mannes anschloss. Meine Cousine begrüßte mich sehr erfreut und ich sah, dass die Dachwohnung, in der sich ein Teil ihrer Möbel befand, gemütlich war. Es gab Kaffee und Kuchen wie in alten Zeiten und meine Cousine war sehr fröhlich. Kurz erinnerte ich mich an den Abschied in Bünde, als meine Cousine dort mit einem leichten Lächeln zu mir sagte: „Vielleicht wirst du etwas erfahren und kannst uns dann Bericht erstatten." Das hätte ich allerdings nicht getan Mich erfreute die allgemeine Fröhlichkeit, und wir spielten entspannt mit den Kindern. Eigentlich lag nicht unbedingt ein Grund zu großer Fröhlichkeit vor, da der Ehemann sich in russischer Gefangenschaft befand und zu 25 Gefangenschaft Jahren verurteilt worden war. Er war eigentlich nur ein Parteifunktionär in ziemlich untergeordneter Position gewesen. 25 Jahre Gefangenschaft konnte man sich jedoch kaum vorstellen – eine sehr lange Zeit. Wir vermieden es, so gut es ging, vom Krieg und seinen Folgen zu sprechen, da wir das für die damalige Zeit vorzügliche Abendessen nicht stören wollten. Würde ich jetzt eine Erklärung bekommen? Wir schickten die Kinder zu Bett, und nun hörte ich, dass hinter dem, was ich hier an Gutem erfahren hatte, Bozo steckte.

Der Serbe BOZO war Oberst im ehemaligen Königreich Jugoslawien gewesen (von der Bevölkerung das „Alte Jugoslawien" genannt). Der junge König Peter emigrierte mit Hilfe der Engländer kurz vor der Kapitulation vor den Deutschen. Tito errichtete nach der Niederlage der Deutschen das so genannte „Neue Jugoslawien". BOZO bekam eine Arbeitsmöglichkeit bei den englischen Besatzungssoldaten in Rahden. Meine Cousine und er lernten sich kennen, verliebten sich ineinander und wollten heiraten. Dies sollte sich auch einige Zeit nach der Währungsreform erfüllen. Sie heirateten in Kenosha (Wisconsin), da die Übersiedlung in die USA für BOZO schon bei ihrem ersten Kennenlernen vorgesehen war. Die Mutter meiner Cousine zeigte sich nicht nur erschrocken, sondern entsetzt. Ihre Worte: „Du wirst doch diesen Mann nicht heiraten wollen! So weit ich weiß, sind die Serben fast alle nur Ziegenhirten!" BOZO, der uns in Köln besuchte, hatte die besten Manieren. Nach Deutschland kam der so genannte Ziegenhirte nie wieder, während meine Cousine ihre Mutter jedes Jahr in Deutschland aufsuchte.

Die Übersiedlung in die USA ging nicht ganz einfach vonstatten. Der Ehemann meiner Cousine kam wegen Krankheit frühzeitig aus russischer Gefangenschaft zurück. Eine ehemalige Freundin, die er auch später heiratete, veranlasste ihn, in die Scheidung einzuwilligen und die Kinder freizugeben. Die Ehe mit Bozo hielt.

Professor St., mein ehemaliger Klavierlehrer an der Musikhochschule, die ein vorübergehendes Domizil im Palais Oppenheim am Oberländer Ufer im Kölner Süden gefunden hatte, besaß noch seine Wohnung in Köln-Bayenthal. Wir hatten uns immer gut verstanden, und er gab mir jetzt hin und wieder Klavierunterricht in seiner Wohnung, gewissermaßen zur Auffrischung. Er hatte neben seiner Tätigkeit an der Musikhochschule noch Privatschüler und überließ mir davon zwei: eine Sechzehnjährige und den achtjährigen Sohn eines belgischen Offiziers. Belgische Soldaten waren damals neben den Engländern Besatzungssoldaten in Köln. Prof. St. wollte nur noch den

Sohn eines Kohlenhändlers behalten, denn er benötigte – wie jedermann – damals dringend Kohlen, die in diesen Zeiten schwer zu beschaffen waren.

Bevor ich meinen Unterricht bei Prof. St. begann, musste ich an meine Studienzeit denken. Ein Kommilitone namens Bruno, er hatte das erste Semester bereits hinter sich, hatte ebenfalls bei Prof. St. Klavierunterricht. Durch diese Gemeinsamkeit freundeten wir uns an. Von ihm hörte ich auch in späterer Zeit immer wieder die Geschichte von Prof St.'s beabsichtigter Heirat. Dieser erließ ihm eines Tages die Klavierstunde mit den Worten: „Sie brauchen nicht zu kommen, da ich standesamtlich heirate." Bruno war jedoch an diesem Tage in der Hochschule, kam am Unterrichtszimmer vorbei und hörte Klaviermusik. Er klopfte an, der Professor erschien und antwortete ihm auf die Frage „Ich dachte, Sie wollten heiraten?": „Sie ist nicht gekommen, aber ich bin schon wieder drüber weg."

Es gab zwei Vorzüge bei meinen beiden Schülern. Die Sechzehnjährige war sehr fleißig und auch begabt, so dass ich sie gerne unterrichtete. Ihr Vater war Syndikus bei einer Wohnungsbaugesellschaft und mein Anliegen im Hinblick auf eine Wohnung für uns nahm er wohlwollend zur Kenntnis. Er konnte mir zwar nur vage Hoffnungen machen, aber immerhin sein Versprechen abgeben, sich für uns zu bemühen.

Der kleine Belgier war so hübsch wie seine Mutter, und von Prof. St. wusste ich, dass diese im Anschluss an die Klavierstunde zum Mittagessen einlud. Vorzüglich schmeckte ihr Kaninchenbraten, und so bekam ich einmal in der Woche ein sehr gutes Mittagessen. Doch die Klavierstunde vorher glich einem Alptraum. Abgesehen von der französischen Sprache mit ihren Spezialausdrücken für Musik ließ der Kleine mich an meinen pädagogischen Fähigkeiten zweifeln. Vor dem Professor, der mit ihm bestimmt nicht Französisch sprach, hatte er Respekt. Vor der jungen Deutschen, die sich stets über das für sie so köstliche Mittagessen freute, besaß er keinen. Der Kleine konnte sich zudem schlecht konzentrieren. Zehn Minuten ging es gut, denn er war nicht unbegabt, aber dann fuhr er mit Bravissimo über die Tastatur. Auch seine Mutter, die besorgt auftauchte, brachte ihn keineswegs zu anderer Handlungsweise. Nur als einmal der Vater in Uniform erschien und ihm einen strengen Blick zuwarf, wurde er zum liebenswürdigen Buben. Vielleicht war der Vater sein Problem. Nachdem ich einige Monate durchgestanden hatte, wurde die Mama krank und kam ins Krankenhaus. Trotz des leckeren Kaninchenbratens war ich nicht traurig über das Ende des kuriosen Klavierunterrichts.

Das zweite Referendarjahr brachte mich zwar an eine andere Schule, jedoch ins gleiche Gebäude. Diese neue Schule besaß einen altsprachlichen Zweig für daran interessierte Schülerinnen, die sich sehr angenehm durch Intelligenz und Arbeitswilligkeit auszeichneten. Eines Tages übergab mir die Geschichtslehrerin eine Stunde, da sie selbst andere Verpflichtungen hatte. Ich bereitete mich gut vor, um mich nach Möglichkeit nicht zu blamieren. Die Schülerinnen waren ungefähr siebzehn Jahre alt und ich fünfundzwanzig. Ich, in vollem Eifer, wurde schon nach zehn Minuten durch eine Schülerin mit den Worten unterbrochen: „Dürfen wir uns einmal mit Ihnen unterhalten und Fragen stellen? Ihr Geschichtspensum für die Stunde arbeiten wir nach." Es war immerhin ein Vertrauensbeweis mir gegenüber, und außerdem wurde ich neugierig. Aufgrund der schulischen Gegebenheiten wollten sie alle studieren, im Beruf bleiben, aber auch heiraten. Es schien ihr Problem zu sein, den passenden Mann zu finden. Nach ihrer Vorstellung bevorzugten Männer dumme Frauen. Nun, dies ließ sich vielleicht für einige bestätigen, jedoch meiner Ansicht nach nicht verallgemeinern, und so konnte ich sie ein wenig beruhigen. Außerdem hatten sie noch andere ihnen wichtige Lebensfragen. Am Ende der Stunde dachten sie auch an mich und bedauerten, dass viele der zu mir passenden jungen Männer gefallen waren. Plötzlich hörte ich eine kesse Stimme: „Schnappen Sie uns nur nicht die jüngeren weg!" Ich musste darüber lachen, aber in späterer Zeit hatte es sich doch so ergeben.

Bis jetzt hatte ich nichts von meiner Freundin Irene gehört und machte mir Sorgen darüber, ob sie Ende des Krieges als Flak-Helferin in Halle-Merseburg vielleicht in Gefangenschaft geraten war. Durch die damals unzureichenden Möglichkeiten, sich von Ort zu Ort verständigen zu können, hoffte ich immer noch auf ein Lebenszeichen. Auf einem meiner Fußwege zu meiner Schule begegnete mir eine frühere Mitschülerin, die fragte, ob ich Genaueres von Irene gehört hätte. Ihr hatte eine gemeinsame Bekannte von Irenes möglichem Tod berichtet. Ich erschrak und überlegte, was ich unternehmen sollte. Die Adresse der Mutter und von Freunden im Oberbergischen fand ich nach langem Suchen. Ich schrieb zunächst an die Freunde, die mir den Tod Irenes bestätigten. Sie gaben mir den Rat, der Mutter zu schreiben, die gern von der Freundin der Tochter hören würde. Was war geschehen? Die Amerikaner befanden sich im Frühjahr im Anmarsch auf Halle-Merseburg. Der Chef der Flak-Station entließ die Flak-Helferinnen, die sich irgendwie durchschlagen sollten, wenn möglich in Richtung Elternhaus, falls noch vorhanden. Irene hatte mit einer Flak-Helferin aus Gotha Freundschaft geschlossen. Diese gab den Rat, nicht in größeren Gruppen zu gehen. Besser wäre es, nur zu zweit den Weg nach Gotha zu nehmen. Sie kamen Gotha bereits ziemlich nahe und wähnten sich schon in Sicherheit. Allerdings mussten sie noch ein Waldstück durchqueren, setzten sich hin, um etwas zu essen und auszuruhen. Da kamen zwei amerikanische Soldaten und setzten sich ihnen gegenüber. Da meine Freundin gut Englisch konnte, kamen sie ins Gespräch. Aber nach einer Weile meinte Irene: „Ich glaube, wir machen uns besser auf den Weg, denn die beiden haben keine guten Absichten." Sie standen auf, die Amerikaner ebenfalls, um in entgegengesetzte Richtungen zu gehen. Plötzlich knallten zwei Schüsse, und meine Freundin wurde schwer verletzt, während ihre Begleiterin nur einen Streifschuss am Arm mitbekam. Waren es die beiden Amerikaner, die vielleicht fürchteten, die beiden Mädchen könnten eventuell versteckte deutsche Soldaten benachrichtigen, oder waren die Schüsse Blindgänger gewesen? Die junge Gothaerin verdächtigte jedoch die Amerikaner, die sie noch gesehen hatte. Sie rannte zu den Häusern, die am Rande des Waldes auftauchten, und man brachte meine Freundin in ein Gothaer Krankenhaus; doch man würde sie nicht retten können. Allerdings kehrte für kurze Zeit ihr Bewusstsein zurück, und sie konnte ihrer ehemaligen Kameradin einige Zeilen an ihre Mutter diktieren. Irene versuchte ihre Mutter zu trösten, bedauerte ihre späte Einsicht, dass Hitler nicht der Retter Deutschlands gewesen war, sondern der Verursacher eines schrecklichen Krieges. „Halte an der Bibel fest!", stand am Schluss ihrer Zeilen.

Irenes Mutter lud mich ein, und ich verbrachte einige Tage im Oberbergischen. Sie konnte ihre tote Tochter nach Nümbrecht überführen lassen. Das war möglich gewesen. Wir sprachen viel über Irene. Der Sohn Heinz war noch in französischer Gefangenschaft, da er, von der Ostfront abgezogen, im Westen bei der so genannten „Ardennen-Offensive" eingesetzt worden war. Er schrieb mir aus dem Gefangenenlager und bei der Erwähnung seiner Schwester zerflossen die Buchstaben durch seine Tränen.

In meiner Schule hatten wir eine Siebzehnjährige, die manchem Lehrer Ängste bereitete. Waren die Betreffenden nicht so ganz sattelfest, war es diese Siebzehnjährige, die ihnen kühl, aber korrekt ihre Fehler nachwies. Manche nannten Dorothee N. die „Intelligenzbestie". Und es war nur eine Handvoll Lehrer, die Gnade vor ihren Augen fand. Hierzu gehörte außer der

Deutsch- und der Religionslehrerin auch der junge Musiklehrer, mein Mentor. Dieser Musiklehrer, der ein bewundernswertes musikalisches Gedächtnis besaß, wurde auch von den englischen Besatzungssoldaten eines rechtsrheinischen Vorortes in ihrem Club als Klavierspieler engagiert. Er spielte, was sie wünschten und gern hörten. Die Zigaretten und der Whisky der Engländer waren damals natürlich auch nicht zu verachten. Dorothee N. lud im Namen ihrer Eltern diesen Musiklehrer hin und wieder zu einem Musikabend im Haus der Eltern ein. Ich hatte zwar keinen Unterricht in Dorothees Klasse, was ich auch nicht bedauerte, wurde aber einmal dazu verdonnert, eine Musikstunde in dieser Klasse zu geben. Ich suchte mir etwas ziemlich Unbekanntes aus, eine Liedinterpretation: Text von Eichendorff und Vertonung von Pfitzner. Um auch Dorothee standhalten zu können, wälzte ich viel Literatur. Da es außer Flügel und Klavier im Musikraum weder Schallplatten noch Bücher gab, musste ich singen und mich selbst begleiten, aber das machte mir weniger Kopfzerbrechen. Mit meinem Mentor besprach ich alles und betrat bestens vorbereitet die Klasse. Die Schulglocke beendete die Stunde und Dorothee mit ihrer sie bewundernden Freundin kam auf mich zu. Sie fragte höflich, ob sie über meine Interpretation mit mir sprechen könne. Ich hatte es erwartet. Die Darstellung eines Rokokopaares von Eichendorff und die entsprechende Vertonung Pfitzners wollte sie nur sehr begrenzt als Ironie gelten lassen. Keine von uns beiden gab nach. Und da ich der Überzeugung war, dass ich den richtigen Weg eingeschlagen hatte, gab es für mich auch keine Veranlassung dazu.

Jahre später unterrichtete meine Freundin an der höheren Mädchenschule in Köln-Mülheim (Genoveva-Schule). Hier traf sie Dorothee N. wieder, inzwischen Theologin und Germanistin Dorothee Sölle. Diese unterrichtete hauptsächlich Religion und manche Schülerinnen waren verwirrt von den für sie völlig neuen theologischen Auffassungen. Besorgte Mütter kamen zur Direktorin, die sich jedoch auf die Seite ihrer ehemaligen Schülerin stellte und sie entsprechend unterstützte. Kürzlich fand ich im Kölner Stadtanzeiger eine Rezension: Theologe und Historiker Klaus Schmidt: „Glaube, Macht und Freiheitskämpfe – 500 Jahre Protestanten im Rheinland". Hier heißt es: „Breiten Raum nimmt die Zeit nach 1945 ein und der Paradigmenwechsel, der die evangelische Kirche zu einer Kirche für andere machte und in der Feminismus, Anti-Atom-Bewegung, Kirchenasyl, Dritte-Welt-Initiativen und der Einsatz für Frieden, Gerechtigkeit und Bewahrung der Schöpfung beherrschende Themen waren." Viele dieser „neuen Horizonte" sind für Schmidt mit dem Namen Dorothee Sölle verbunden, der bedeutendsten Theologin im deutschsprachigen Raum.

Bald würde die Referendarzeit zu Ende sein, aber leider konnte meine Freundin nicht an der Abschlussprüfung teilnehmen, da der Prüfungstermin mit der Geburt ihres ersten Kindes zusammenfiel. Sie hatte tapfer während ihrer Schwangerschaft die Lehrproben überstanden, denn 1947 war so etwas noch ungewöhnlich. Als ich, nun Assessorin, zur kleinen Tochter gratulierte, war der Vater meiner Freundin ein wenig betrübt darüber, dass seine Tochter ihre Berufslaufbahn nicht nur unterbrechen, sondern vielleicht aufgeben würde. Ihr Vater brachte seinen Schwiegersohn stets ein wenig aus der Fassung mit seinem fast zweistündigen Klavierspiel, das ausschließlich Bach gewidmet war. Für ihn war es eine Entspannung nach seinem Dienst. Der Schwiegersohn hatte gerade noch versucht, die Schalplatte eines Klavierkonzertes von Brahms zu Ende zu hören, aber es klappte meistenteils nicht mehr, denn schon übertönte sie Bach.
Meine Freundin konnte nach einiger Zeit ihr Assessorexamen doch abschließen, da sie den festen Willen hatte, ihren Beruf nicht aufzugeben. Mit Hilfe ihrer Mutter, ihres Ehemannes und

später einer Haushaltshilfe gelang es ihr. Ganz einfach war es nicht, denn dem ersten Töchterchen, das allerdings im Babyalter starb, folgten noch sieben Kinder, eine wirklich stattliche Zahl.

An meiner früheren Schule in Köln-Mülheim hatte ich vorübergehend eine Stelle im Musikunterricht angenommen. Es waren noch nicht alle ehemaligen Lehrer „entnazifiziert" und so wurde für die beiden Gymnasialzweige der Jungen und Mädchen (Koedukation gab es damals noch nicht) ein Lehrer gesucht. Aber wie kam ich über den Rhein ins rechtsrheinische Köln-Mülheim? An sich einfach, jedoch gewöhnungsbedürftig: mit dem Mülheimer „Böötche". Diese Möglichkeit erzog zur Pünktlichkeit, denn eine verpasste Abfahrt war äußerst unangenehm. Auch bei den Jungen, die ich unterrichtete, musste ich sehr pünktlich sein, da sie sonst beträchtlich tobten und das Inventar im Klassenzimmer ein wenig anders verteilten. Wir respektierten uns jedoch, so weit es möglich war, und die Jungen hatten nicht ungern bei mir Unterricht. Dieses zeigte sich, als ein Schüler der zehnten Klasse das Fehlen ihres Lehrers im Lehrerzimmer meldete. Da ich bei seinem Klopfen die Tür öffnete, meinte er laut flüsternd: „Kommen Sie doch ein bisschen bei uns bei." Aber da meldete sich ein Kollege, der sich bis dahin zurückgehalten hatte, mit den Worten: „Geh schon nach oben, ich komme gleich."

In den zehnten Klassen waren die Schüler vielfach älter als üblich durch die kriegsbedingten Schulschließungen. Die Schwierigkeiten der Vorwährungszeit beeinträchtigten außerdem noch ihre schulischen Leistungen. Ich erinnere mich an den Schreck, als plötzlich ein Schüler in seiner Bank ohnmächtig zusammensackte. Bevor ich vernünftig reagierte, waren schon zwei Mitschüler hilfreich tätig. Ich fand auf dem Schulflur den Hausmeister, der ganz ruhig meinte: „Passiert öfter. Geben sie ihm ein Stück Brot, wenn Sie haben, und lassen Sie ihn mit zwei

Mitschülern auf dem Schulhof spazieren gehen. Außerdem wird in der nächsten großen Pause die Schulspeisung ausgeteilt."

Ich freue mich, mit einer Sexta im Unterricht singen zu können, denn diese Jungen waren noch nicht im Stimmbruch. Ich machte also einige Vorschläge, doch da meldete sich der Klassensprecher: „Fräulein, wir sind doch keine Mädchen." Die Klasse schaute mich gespannt an, neugierig auf meine Reaktion. Mir fielen die Wiener Sängerknaben und die Regensburger Domspatzen ein, und ich erzählte ihnen davon: „Alles Jungen, keine Mädchen, und wunderschöne Stimmen." Daraufhin meinte der Klassensprecher: „Ist ja klar. Die Mädchen piepsen ja auch so." Nun waren die Jungen allgemein mit dem Singen einverstanden.
Hatte ich in meiner netten Sexta die erste Stunde, fehlte stets ein Schüler. Man klärte mich darüber auf, dass dieser immer etwas zu spät kommen würde. Auch der Klassenlehrer schien daran nichts ändern zu können oder zu wollen. Der Kleine lebte in der Nähe eines großen Ruinengrundstücks, auf dem sogar bescheidene Blumen wuchsen. Der Kleine schaute nach den Blumen, pflückte einige und kam damit zur Schule. Er öffnete leise die Klassentür, ging mit den wenigen Blumen in der Hand zu seiner Bank und setzte sich schweigend.

Im Februar des Jahres 1948 (ich hoffte, wie alle anderen, dass das Zeit und Kraft erfordernde Hamstern und das Hungern bald ein Ende haben würden) machte ich im Palais Oppenheim ein Karnevalsfest mit und sang noch einmal das Karnevalslied von Berbuer: „Wir sind die Eingeborenen von Trizonesien, hei-di-tschimmela-tschimmela-tschimmela-tschimmela-bumm! Wir sind zwar keine Menschenfresser, doch wir küssen umso besser. Wir sind die Eingeborenen von Trizonesien, hei-di-tschimmela-tschimmela-tschimmela-tschimmela-bumm!

Doch fremder Mann, damit du's weißt, ein Trizonesier hat Humor, er hat Kultur, er hat auch Geist, darin macht keiner ihm was vor. Selbst Goethe stammt aus Trizonesien, Beethovens Wiege ist bekannt. Nein, so was gibt's nicht in Chinesien, darum sind wir auch stolz auf unser Land."

In den USA wurde die D-Mark gedruckt, streng abgeschirmt von der Öffentlichkeit. Am 20.06.1948 war es so weit, und wir bekamen Geld, das Kaufkraft besaß. Wie alle Bürger erhielt ich das so genannte „Kopfgeld", 40 DM. Auf meinem Weg zum Dienst kaufte ich einige Lebensmittel ein. Schon bei deren Anblick lief einem das Wasser im Munde zusammen. Ich stand mit anderen Fußgängern staunend vor den plötzlich ans Licht gekommenen Waren in den Schaufenstern.
Aber an der Hochzeit meiner Kusine in Bünde konnte ich nicht teilnehmen. Die Kosten dafür ließen sich trotz mehrfachen Kopfrechnens nicht zufrieden stellend mit den 40,-- DM decken. Aber die Freude über die DM siegte über die Enttäuschung. Nun waren wir voller Hoffnung, endlich eine eigene Wohnung zu bekommen – und so verhielt es sich auch Ende 1948.

Noch vor der Währungsreform und noch in unserer alten Behausung hatte ich an Joes alte Adresse in Lincoln, Nebraska geschrieben. Oft dachte ich im Krieg und im Besonderen nach dem Krieg daran, ob er im pazifischen Raum gegen Japan oder als Soldat auf deutschem Boden gekämpft hatte oder das Wichtigste: Lebte er noch? Ich bekam schnell Antwort, und zwar von ihm und seiner Frau. Der kleine Sohn namens Jacques le Roi konnte noch nicht schreiben. Nach dem Foto war es ein reizender kleiner Kerl. Der Brief trug am Ende die Unterschrift: „Deine Freunde". Sie schickten einen geschmackvollen Modeschmuck (von Joe hatte ich stets geschmackvolle kleine Dinge erhalten). Außerdem fragten Ruth und Joe, ob sie mir Kosmetika, unter anderem lipstick schenken sollten. Joe war im pazifischen Raum auf den Marshall-Inseln stationiert gewesen und zum Glück nicht in Gefangenschaft geraten. Er schrieb, dass die Japaner Gefangene zum Teil gefoltert hätten. Im Februar 1945 kehrte er in die USA zurück.

Nach der Währungsreform konnte ich mich mit kleinen Geschenken revanchieren, z. B. für Jacques le Roi und das Töchterchen Ralene. Ich war interessiert an amerikanischen Zeitungen, da Joe die Animositäten mit den Russen erwähnte und erschreckenderweise schrieb: „Im nächsten Krieg werden die USA auch im eigenen Land mehr Schwierigkeiten bekommen." Ich wollte in keiner Weise an einen nächsten Krieg denken, denn wenn wir nur einen Fuß vor die Tür setzten, wurden wir stets an den vergangenen, schrecklichen Krieg erinnert.

Joes Halbbruder Phil schrieb auch hin und wieder an mich. Er besuchte ein College, und da er sich sehr für Musik interessierte, hatten wir genügend Stoff für unsere Briefe. Phil unterstützte Joes Meinung, dass es sich in den USA wesentlich besser leben ließe als in Germany. Ich war inzwischen berufstätig und wurde verunsichert, als Joe 1948 schrieb: „Ich habe immer angenommen, Du würdest in die USA kommen – I have thought of that so many times!" Wer weiß, ob die Realität unserer irrealen Träume und Vorstellungen standgehalten hätten.

Joe machte 1949 Fortbildungskurse und seine Frau Ruth war mit den beiden Kindern bei ihren Eltern. Sie schrieb mir einen Brief, da Joe während seiner Kurse weniger Zeit besaß. In diesem bedankte sie sich für das Kleidchen, das meine Mutter für die kleine Ralene genäht hatte. Sie bedauerte, dass sie kein Deutsch gelernt hatte, denn Joe schien seiner Frau in der letzten Zeit kaum etwas aus meinen Briefen zu übersetzen. Das machte mich nachdenklich. Vielleicht würde es besser für Ruth, Joe und mich sein, die jetzigen Gegebenheiten eindeutig anzuerkennen und den Briefwechsel zu unterlassen

Die Animosität zwischen den westlichen Alliierten und den Sowjets zeigten zunehmend größere Gegensätze, die in der Berlin-Blockade Ende Juni 1948 durchaus beängstigend wurden. Die Alliierten ließen sich aber nicht aus Berlin herausdrängen. In der Folgezeit begegneten sich die ehemaligen Verbündeten mit großem Misstrauen und an Stelle der Abrüstung begann wieder die Aufrüstung. Die zukünftige Frage würde sein: „Wer rüstet am besten und schnellsten auf und wem gehen zuerst die finanziellen Mittel aus?" Und was würde mit den Deutschen zwischen den Mächten geschehen? Erst die Perestroika Gorbatschows und die Auflösung der DDR brachten wesentliche Änderungen.

Die westlichen Alliierten entschlossen sich zur Gründung eines westdeutschen republikanischen Staates. Die Deutschen hatten exzellente Vorkriegspolitiker und Nazigegner. Hierzu zählte Dr. Kurt Schumacher (SPD), evtl. ein Konkurrent Adenauers für das Amt des Bundeskanzlers. Schumacher hatte erfolgreich eine Fusion der SPD mit der KPD, wie es in der SBZ war, im Westen verhindert. Sein Parteifreund Otto Reuter wurde der erste regierende Oberbürgermeister von Berlin, Konrad Adenauer (CDU) der erste deutsche Bundeskanzler. Ein Amt, das er 14 Jahre innehatte. Für meine Familie war es selbstverständlich, dass sie für Adenauer stimmte. Prof. Theodor Heuss, der erste Präsident der jungen BRD, blieb zehn Jahre im Amt. Für ihn war es wichtig, dass die für den Bundespräsidenten notwendige Neutralität nicht als Meinungslosigkeit aufgefasst wurde. Er sah seine Funktion ähnlich wie die englischen Monarchen, die ermutigten und, wenn notwendig, warnten.

Vor Gründung der BRD waren viele Politiker aus den verschiedenen deutschen Ländern im so genannten parlamentarischen Rat, Tagungsort zunächst Herrenchiemsee und später im Bonner Bundeshaus (die ehemalige PH). Ab August 1948 waren sie an der Vorbereitung des Grundgesetzes beteiligt. Die Länder ratifizierten im Mai 1949 die neue Verfassung, zunächst bis auf Bayern, wie üblich. Sehr wichtig war unter anderem die Fünf-Prozent-Klausel, die eine größere Zahl kleiner und kleinster Parteien ausschloss, die mehr oder weniger die großen Parteien behinderten. Der Bundespräsident bekam nicht mehr die Möglichkeit, in schwierigen Zeiten die Verfassung außer Kraft zu setzen. So war es Hitler gelungen, legal seine diktatorischen Maßnahmen durchzubringen.

Ich durfte im August 1949 zum ersten Mal in meinem Leben wählen. In der Nazizeit war ich noch keine 21 Jahre und somit nicht wahlfähig gewesen. Im Krieg gab es keine Wahl.
Die CDU gewann die Wahl, aber die SPD war ihr auf den Fersen. Adenauer hatte in seinem Kabinett einen sehr wichtigen Mann und Helfer, den Wirtschaftswissenschaftler Ludwig Erhard, der mit seinem Programm der sozialen Marktwirtschaft und auch mit Hilfe des Marshallplans der Vater des Wirtschaftswunders wurde. Auch die Amerikaner hatten ihn in guter Erinnerung, da er ihnen für die Währungsreform gute Ratschläge gegeben hatte.

1948 wurde in München die Ballettpantomime „Abraxas" von Werner Egk uraufgeführt. Werner Egk, Schüler von Carl Orff und wie dieser Bayer, bezeichnete allgemein die Tanzschöpfung als „schaubare Musik und tönernes Sinnbild".
„Abraxas" ging zurück auf die alte Faust-Legende, hatte jedoch mit Goethes Faust wenig zu tun, sondern eher mit dem Tanz-Poem von Heinrich Heine. Die Uraufführung sowie vier weitere Darbietungen liefen vor ausverkauftem Haus. Aber dann kam wie aus heiterem Himmel der Hammer. Der damalige bayerische Kultusminister Alois Hundhammer (Mitbegründer der CSU) hatte plötzlich Bedenken und „Abraxas" musste abgesetzt werden. War Kultusminister Hundhammer besorgt um

seine CSU-Anhänger? Die Walpurgisnacht der Tanzpantomime hatte natürlich wenig gemeinsam mit dem Ballett „Schwanensee". Der ausgelassene Tanz der Hexen, der Schlange Archesposa und des Teufels, der mit Altarsakramenten nichts im Sinne hatte, sondern diese verhöhnte, schien für die Bayern nicht tragbar zu sein. Aber viele Bayern sahen das anders und es kam zu heftigen Demonstrationen, wie sie zur damaligen Zeit noch gar nicht selbstverständlich waren. Die Medien schalteten sich ein und das gesamte Geschehen war für die Verbreitung von „Abraxas" sehr förderlich, denn durch die Meldungen in den Zeitungen war die Tanzpantomime in aller Munde.

Als nach einiger Zeit das Ballett in Köln aufgeführt wurde, baten mich einige Schülerinnen der Oberstufe, mit ihnen „Abraxas" zu besuchen. Ihr Interesse freute mich, aber ich ließ mir die schriftliche Bescheinigung der Eltern geben, da sie noch nicht volljährig waren. Einige Jahre vorher hatte ich nämlich eine unangenehme Erfahrung gemacht. Ich wollte einer kleinen, sehr scheuen Schülerin bei einem Krippenspiel die Gelegenheit geben, die Rolle des Joseph zu übernehmen, um ihr Selbstbewusstsein zu stärken. Zwei Tage später übergab mir die Kleine mit Tränen in den Augen einen Brief der Mutter. Diese verbot mir, ihre Tochter im Krippenspiel auftreten zu lassen, da ihre Familie nicht nur Krippenspiele verurteilte, sondern weder Musik noch Radio hörte, geschweige denn ein Theater besuchte.

In Bonn gab es noch ein größeres Gebäude, die so genannte Pädagogische Hochschule, die von den Bomben verschont geblieben war. Diese PH wurde 1949 das Bundeshaus und auf ihrem Gelände entstanden im Laufe der Jahre, der zunehmenden Bedeutung der BRD entsprechend, Umbauten und Neubauten. Bundeskanzler Adenauer tagte seit September 1949 in diesem neuen Bundeshaus mit seinem ersten Kabinett: CDU,

CSU, FDP-DP. 1957 bis 1961 gelang ihm die Alleinregierung von CDU/CSU.
Adenauer besaß Autorität, ohne diese zu missbrauchen. Die Mehrheit der Stimmen für ihn bei der Wahl 1953 zeigte, dass ein großer Teil der Bevölkerung seiner Führung vertraute. Schon 1949 hatte er sich für eine Versöhnung mit Frankreich ausgesprochen (dies hatte mich im Wesentlichen veranlasst, ihn zu wählen). „Der deutsch-französische Gegensatz, der hunderte von Jahren die europäische Politik beherrscht und zu so manchen Kriegen, zu Zerstörungen und Blutvergießen Anlass gegeben hatte, muss endgültig aus der Welt geschafft werden", so eine Erklärung Adenauers aus Gordon A. Craigs Buch „Über die Deutschen". Diese notwendige Aussöhnung würde ebenfalls ein bedeutender Schritt auf dem Wege zu einem gemeinsamen Europa sein. Allerdings galt es damals nur für die westlichen europäischen Länder. 1963 hatte Adenauer Erfolg mit der Unterzeichnung eines deutsch-französischen Freundschaftsvertrages. Noch 1914, zu Beginn des Ersten Weltkrieges, sangen die jungen Soldaten (meine Mutter hatte es mir erzählt): „Siegreich wollen wir Frankreich schlagen." Sie waren auch der festen Überzeugung, dass dies schnell der Fall sein würde, das war allerdings ein folgenschwerer Irrtum.
Bereits vor dem Freundschaftsvertrag mit Frankreich erhielt die BRD mit Auflösung der „Alliierten Hohen Kommission" ihre volle Souveränität.
In einer öffentlichen Plenarsitzung des Bundeshauses habe ich Anfang der 50er Jahre sowohl Konrad Adenauer als auch seinen Finanzminister Thomas Dehler (FDP) erlebt. Als der ältere Herr, Konrad Adenauer, federnden Schrittes an das Rednerpult ging, fiel mir seine sofortige Präsenz auf. Ohne Umstände kam er zu den Schwerpunkten seines Rechenschaftsberichtes. Einwänden seiner Kollegen begegnete er schnell und schlagfertig und ließ sich nicht aus der Ruhe bringen. Ich hatte sogar den Eindruck, dass sie ihm recht gelegen kamen. Seine rheini-

sche Färbung beim Sprechen konnte fälschlicherweise dazu führen, ihn zu unterschätzen. Was stand in den französischen Zeitungen zu Beginn seiner Kanzlerschaft? „Le vieux renard".

Als ich 1954 an der Duisburger Höheren Mädchenschule meinen Dienst antrat, wusste ich noch nicht, dass ich im Ruhrgebiet bleiben würde. Von einer kleinen eigenen Wohnung konnte noch keine Rede sein. Ein Kollege, der heiraten wollte und eine Wohnung erhielt, trat mir sein bis dahin bewohntes möbliertes Zimmer ab.

Wir trafen uns mit meiner eventuellen neuen Wirtin und zunächst war noch nicht entschieden, ob Frau H. mich nehmen würde. Aber wir waren uns sympathisch und ich bekam das Zimmer. Der Kollege verriet mir, dass Frau H. nur an jüngere Lehrer vermieten würde, und falls ich Raucherin sei, bliebe für's Rauchen nur der Balkon übrig. Frau H. war Jüdin, zum Katholizismus konvertiert. Mir war aufgefallen, dass sie älter aussah, als sie war, und einen leicht schlurfenden Gang hatte. Ihre Liebenswürdigkeit war mir jedoch angenehm.

Das Zimmer, in dem ich nun wohnen würde, hatte einen schönen Blick ins Grüne, aber etwas unangenehm fiel mir ein langer so genannter Architektentisch vor dem Fenster auf. Ich machte den Vorschlag, diesen durch einen anderen hübschen Tisch zu ersetzen, den ich mir besorgen würde. Doch Frau Heils hin und wieder etwas zittrige Stimme wurde energisch: „Kommt gar nicht in Frage." Doch dann wurde sie wieder versöhnlicher und meinte: „Ich stelle Ihnen noch einen Sessel ins Zimmer." Woher kam diese Reaktion? Ich erfuhr es ein wenig später: Ihr Mann war Architekt und beim Duisburger Bauamt tätig gewesen. Man stellte ihn in der Nazizeit vor die erpresserische Wahl, Scheidung von der Jüdin oder Entlassung ohne Bezüge. Da er sich nicht scheiden ließ, rettete er seine Frau vor dem KZ und wahrscheinlich auch vor ihrer Ermordung.

Als der Krieg und die Nazizeit zu Ende waren und das Ehepaar wieder aufatmen und normal leben konnte, starb der Mann traurigerweise ganz plötzlich an einem Herzinfarkt. Sie betreute, so gut wie sie es konnte, den Schrebergarten, den ihr Mann vor seiner Entlassung noch gekauft hatte.
Als ich nun in meinem Zimmer meine Sachen verstaute, kam die junge Haushaltshilfe und bat mich, mit ihr und Frau H. Erdbeeren zu pflücken, und meinte: „Sie und ich könnten Frau H. beiderseits einhaken." Die Erdbeeren reizten mich, aber nicht der Gedanke, so eingehakt mit Frau H. und der Haushaltshilfe den Weg zum Schrebergarten zu gehen. Wenn Schülerinnen mich so sähen, würden sie sich nicht amüsieren? Dann kam mir der Gedanke, ob ich nicht aufgrund unseres Nazi-Erbes dazu verpflichtet sei, einer Jüdin, die überlebt hatte, zu helfen. Doch damit wäre ich Frau H. nicht gerecht geworden, da sie wie jeder andere auch ein hilfsbedürftiger älterer Mensch war. Die von uns gemeinsam gepflückten Erdbeeren schmeckten ausgezeichnet
Mein Verhältnis zu Frau H. war recht harmonisch. Ich durfte ihr Klavier benutzen und üben. Ich konnte in der Küche kochen und manchmal aßen wir auch gemeinsam zusammen. Hatte ich Zeit, kaufte ich mit ihr in der Stadt im Kaufhaus ein und gab ihr den gewünschten Rat, welches Kleid sie nehmen sollte.
Aber hin und wieder spürte ich auch ein Misstrauen, das an sich unbegründet war. In ihrem Schlafraum stand neben dem Telefon ein Foto aus ihren früheren Zeiten. Sie war eine schöne junge Frau, diese Lya. Als ich das Foto bewunderte, erzählte sie mir etwas von sich. Sie stammte aus Ost-Polen, das vor dem Ersten Weltkrieg unter russischer Herrschaft stand. Daher konnte sie sowohl Russisch wie auch Polnisch. Ihren Eltern gehörte in einem kleinen Ort in Polen ein Lebensmittelgeschäft. Ende des Ersten Weltkrieges lernte sie einen deutschen Soldaten aus München kennen, einen Architektur-Studenten.

Sie verliebten sich ineinander und die junge Polin verließ ihre Heimat und heiratete den jungen Münchner. Ihre Eltern waren aber gegen eine Verbindung mit einem Nicht-Juden. Als ich nach ihrer polnischen Familie fragte, antwortete sie nur: „Sie leben alle nicht mehr." Weitere Antworten auf Fragen meinerseits gab sie nicht

Eines Tages kam Frau H. zu mir ans Klavier, als ich übte und mich auf meinen Unterricht vorbereitete. Sie zeigte mir ein Blatt mit Noten sowie Text. Ich schaute erstaunt auf den Text: „Die Hymne an die Sonne" von Zarathustra. Ich befand mich zunächst auf ziemlich unbekanntem Boden. Doch dann fiel mir ein, dass ich im Krieg, der Gürzenich stand noch, die „Symphonische Dichtung" von Richard Strauss nach Nietzsches Werk „Also sprach Zarathustra" gehört hatte. Ich erinnerte mich an ein sehr großes Orchester, dessen mächtiger Klang noch durch die Einbeziehung einer Orgel erweitert wurde. Am Anfang der „Symphonischen Dichtung" erklang der „Hymnus an die Sonne" im strahlenden C-Dur. Ich erinnerte auch noch, dass mich dieser Beginn sehr beeindruckte. Frau H.s Notenblatt hatte allerdings mit Strauss nichts zu tun. Sie summte mit, als ich die Melodie auf dem Klavier spielte. Dann erzählte sie mir, dass sie und ihr Mann sich noch vor der Nazi-Zeit für die frühe persische Religion und deren Gründer Zarathustra interessiert hätten. Sie fanden auch eine kleine Gruppe Interessenten in Düsseldorf. Und diese Düsseldorfer wurden ihre Freunde. Die Freundschaft hielt auch über die Nazi-Zeit hinweg, und ich lernte sie ebenfalls kennen, da sie hin und wieder Frau H. besuchten. Eines hatte ich auch beobachtet, wie sie in der Küche bei offener Balkontür und geöffnetem Fenster Atem- sowie leichte gymnastische Übungen machte. Sollten die strengen Reinheitsgesetze dieser frühpersischen Religion auch Frau H.s Bazillenfurcht veranlasst haben? Diese Bazillenfurcht führte zu Spannungen zwischen uns beiden und

sehr betrüblichen Erinnerungen an ihren ehemaligen Überlebenskampf und ihre Ängste.
Die in der Nachbarschaft wohnende Masseurin, die jede Woche kam, hatte mir von einer kleinen Gruppe im nahen Ruhrgebietsraum berichtet, die sich für Verfolgte der Nazis trotz Gefahr für das eigene Leben einsetzte und, wenn nötig, Verfolgte versteckte, und zwar in stets wechselnden Verstecken. So hatte es auch Frau H. erlebt.
In die Wohnung im Parterre, genau unter Frau H.s Wohnung, zog ein junges Ehepaar ein. Sie hatten viel Besuch anderer junger Leute und so war es oft noch nach 22.00 Uhr recht laut. Frau H. beschwerte sich, aber es änderte sich nicht viel. Eine Änderung gab es zunächst nur für mich. Denn ich erwachte völlig ungewohnt durch lautes Klingeln kurz nach 4.00 Uhr, zu fast nächtlicher Stunde. Ich schlief zwar wieder ein, überhörte jedoch meinen Wecker und musste mich den Morgen bei der Chefin für die versäumte Stunde entschuldigen. Auf meine Frage, wer das Klingeln verursacht hätte, wich Frau H. aus und meinte nur: „Es war die Zeitungsbotin, aber ich sage ihr, das Klingeln zu unterlassen." Doch das Klingeln frühmorgens blieb und Frau H. ging nach unten, um die Zeitung zu holen. Nach meiner mehr und mehr eindringlicheren Bitte, der Zeitungsbotin die Klingelei zu verbieten, meinte sie: „Die Zeitungsbotin hat keine Schuld daran. Ich möchte nicht, dass die jungen Leute unten meine Zeitung in die Hand nehmen und diese lesen. Wer weiß, ob sie die Hände gewaschen haben und, wenn nicht, Bazillen übertragen." Ich versuchte, es ihr auszureden, aber es war nicht möglich; außerdem wirkte sie verstört.
In den nächsten Tagen bemerkte ich, dass sie nicht in ihrem Schlafzimmer übernachtet hatte, sondern wechselweise im Bad, im Wohnzimmer und sogar auf dem Balkon. Etwas gereizt wegen meiner gestörten Nachtruhe versuchte ich herauszubekommen, warum sie meinte, das tun zu müssen. Ihre Antwort war erschreckend: „Der junge Mann unten will mich durch

Stromstöße umbringen." Was sollte ich darauf sagen? Etwa: „SS-Männer, die im Auftrag Himmlers morden, gibt es nicht mehr." Ich wusste es nicht und war ziemlich hilflos. Wahrscheinlich hatte ihre eigene Kraft und eine Begegnung mit den ahnungslosen Mietern, die freundlich grüßten, ihr Trauma einige Zeit danach beendet.

Gut zwei Jahre lebte ich schon in der Wohnung von Frau H. und hatte jetzt nach häufigen Besuchen des Wohnungsamtes eine kleine Wohnung in Aussicht. Ein junger Architekt baute zum Teil mit Hilfe von städtischen Geldern in Zentrumsnähe in Duisburg drei mehrstöckige Häuser. Die Zuschüsse verpflichteten ihn, Wohnungen an städtische Angestellte oder Beamte zu vermieten. Und aus diesem Grunde bekam ich eine kleine Wohnung. Sie hatte auch noch den Vorteil, dass die Straßenbahnhaltestelle, die für mich infrage kam, sich fast vor der Haustür befand. Da ich nun damit beschäftigt war, mein neues Zuhause einzurichten, hatte ich weniger Zeit für Frau H. und ihre Probleme. Es fiel mir wahrscheinlich auch nicht ganz leicht, ihr damaliges Verhalten genügend nachvollziehen zu können. Außerdem war mein „Zorn" über meine verkürzte Nachtruhe auch noch nicht ganz verraucht. Wir verabschiedeten uns kühler, als es nach unserem doch ziemlich langen und vertrauten Zusammensein hätte sein dürfen. Ich hatte mir allerdings vorgenommen, mich so bald wie möglich zu melden, aber nicht gewusst, dass zu dieser Zeit ein Telefonanschluss durchaus noch problematisch war.

Zwei Schülerinnen und meine Klassensprecherin kamen mit vielen guten Wünschen ihrer Mitschülerinnen und einem noch kleinen Gummibaum in meine frisch bezogene Wohnung. Sie brachten außer ihrer Neugier auch Grüße von Frau H. mit. Die Mädchen wohnten in ihrer Nähe. Ich freute mich darüber und unsere beiderseitige freundschaftliche Verbindung blieb bis zu ihrem Tode bestehen. Zum Glück hatten sich inzwischen ihres

Mannes Verwandten aus München gemeldet. Nichte und Großnichte kamen nun, so oft es möglich war, zu Frau H., um behilflich zu sein und ihr Gesellschaft zu leisten. Da wurde mein ehemaliges Zimmer bestens wieder genutzt. Ich lernte die Verwandten ebenfalls kennen und wir gingen hin und wieder ins Café oder sahen uns einen Film an. Da Frau H. in späteren Jahren nur noch wenig aus dem Haus ging, plante ich den Morgen vor Heiligabend ein, um sie mit meiner kleinen Tochter zu besuchen. Der Tisch war mit schönen Sammeltassen gedeckt, und Susanne betrachtete sie mit Interesse, da ich keine besaß. Allerdings war das Geschenk für Susanne eine kleine Enttäuschung. Die große Pralinenschachtel, eigentlich von bester Qualität, hatte schon zu lange im Wäscheschrank gelegen und der Lavendelduft hatte genügend Zeit gefunden, sich mit den Pralinen zu vermischen. Essbar waren sie leider nicht mehr.

Zunächst kämpfte ich nun in meiner neuen Wohnung um einen Telefonanschluss. Und das war damals gar nicht so einfach. Es gab eben noch so einige Dinge, die noch gar nicht so selbstverständlich waren – z. B. ein Auto. Ich hatte zwar schon optimistischerweise meine Fahrprüfung gemacht und bestanden. Manchmal fand ich auch mitleidige Autobesitzer, die mich, zwar misstrauischen Sinnes, mit ihrem Auto fahren ließen. Mein Einsatz für einen Telefonanschluss führte immerhin dazu, dass ein Beamter des Telefonamtes mich aufsuchte, um mir mitzuteilen, dass ich sicherlich noch einige Zeit warten müsse. Gleichzeitig erfuhr ich aber, dass ein Mieter im vierten Stock, ebenfalls vor kurzem erst eingezogen, einen Telefonanschluss bekommen hatte. Natürlich – es war ja auch ein Mann! Und er hatte vielleicht für das Ruhrgebiet den passenderen Beruf: Er war nämlich Bergrat. Bis jetzt hatte ich stets ein Telefon zur Verfügung gehabt. Mein Zorn über die Benachteiligung wich tiefem Kummer. Der Beauftragte des Fernmeldeamtes

hatte Mitleid mit mir und gab mir einen Tipp: „Vielleicht können Sie mit dem anderen Mieter den Telefonanschluss teilen! Gespräche können nicht mitgehört werden. Und wenn keiner stundenlang telefoniert, sehe ich da kein Problem." Das Problem hatte allerdings ich. Denn ich musste nun eine Verbindung zu dem Mieter herstellen und ihm die Angelegenheit unterbreiten.
Ich begab mich in den vierten Stock (von Aufzug konnte damals keine Rede sein, dazu hatten die Geldmittel nicht gereicht). Die Zeit meines Aufstiegs in den vierten Stock nutzte ich dazu, mich darauf vorzubereiten, wie ich mein Anliegen am besten anbringen könne. Ich schellte, die Tür wurde geöffnet und ein Mann etwa in meinem Alter stand mir gegenüber. Ich bemühte mich, nicht zu stottern. Zum Glück kam mir seine Sparsamkeit zu Hilfe. In Windeseile schien er die Grundgebühr aufgeteilt zu haben und bald konnte ich telefonieren. Als Gegenleistung teilte ich mit meinem Nachbarn die Putzhilfe, die auch nicht zu teuer war und obendrein eine Rarität im voranschreitenden Zeitalter der Vollbeschäftigung. Durch diese Gemeinsamkeiten ergaben sich natürlich auch immer wieder Gespräche zweier unabhängiger Haushaltsvorstände.

In der Duisburger Schule wurde mir eine Kollegin in meinem Alter zu einer lieben Freundin. Die nahenden Osterferien veranlassten meine Freundin und mich, Reisepläne zu machen. Sollten gemeinsame Ferien möglich sein? In Rom probierten wir es zur beiderseitigen Zufriedenheit aus.
1956 nach Rom zu fahren, das war ein Ereignis! Ja, und kosten – kosten durfte es damals auch nicht viel. Und so machte nicht Neckermann, sondern Dr. Tigges mit dem Angebot einer „Pilgerreise" nach Rom uns das Erlebnis möglich.
Nach 26 Stunden Bahnfahrt, Holzklasse, im 8-Personen-Abteil, Dicke inklusive, so dass man abwechselnd einen Teil der Nacht der Bequemlichkeit halber im Gang verbrachte, erreich-

ten wir todmüde, aber glücklich das heilige Rom. Auf einem der sieben Hügel der Stadt inmitten eines schönen Parks lag unser Domizil: das Haus des Papstes mit dem Charme einer besseren Jugendherberge. Unser Zimmer war mönchisch, weniger die Musik: Einschlägige Schlager, z. B. „Oh, mein Papa war eine wunderbare Clown", weckten uns morgens in aller Herrgottsfrühe.

Nun galt's Rom kennen zu lernen. In der Art, die man heute „Sightseeing" nennt. Da wurde abgegrast, was jeder anständige Romreisende zu sehen bekommt. Aber wir waren ja eine Dr.-Tigges-Gruppe und somit „Bildungsreisende" – und so wurden von den zahlreichen Kirchen Roms alle bedeutenden – und das sind sehr viele – besichtigt, was unseren italienischen Busfahrer zu dem Seufzer veranlasste: „Sempre chiese, sempre chiese!"

Die reichliche programmfreie Zeit nutzten wir zur Eroberung Roms auf eigene Faust. Man kann sich heute gar nicht vorstellen, dass man damals die vatikanischen Museen ohne Warteschlange und mit Muße besichtigen konnte, kaum jemand in den Katakomben oder im „Forum Romanum" war, im Kolosseum das Gras sprießte und sich dort viele Katzen vergnügten, vom alten Aufseher liebevoll versorgt.

Mit Bus, Bahn und per pedes apostolorum erlebten und eroberten wir die Stadt; nicht ohne vielseitige Erfahrungen zu sammeln.

Schließlich muss der Mensch auch mal was essen. Teuer darf's aber nicht sein. Also eine kleine Trattoria. Unsere Bestellungen unterschieden sich nicht: Spaghetti Bolognese und als kleiner Luxus eine insalata piccola. Der Ober erschien mit einem überlangen Fingernagel am Finger der linken Hand, brachte den Salat und auf dem schwamm ein Tausendfüßler. Das Entsetzen unsererseits war groß. Der Ober wurde aufmerksam, kam, sah uns verständnislos an, schnippte mit seinem Finger das Tier aus dem Teller und das war's. Aber unser Hunger verlangte

nach Essen. Der nächste Schrecken war die Rechnung, denn das Gedeck musste auch noch bezahlt werden
Nun aber am nächsten Tag raus aus Rom. Wir wollten nach Ostia antica. Vor dem Bahnhofsvorplatz stand gerade ein Polizist. Prima: die Polizei, dein Freund und Helfer, der wird gefragt. Liebenswürdig erklärte er uns die Route, schaute dann auf seine Uhr und stellte fest, dass er nun dienstfrei hatte. Schnallte Koppel und Pistole ab und machte den Vorschlag, uns nach Ostia zu begleiten. Beschützt wären wir ja gewesen, aber zu viel Hilfe wollten wir doch nicht. Das einem Italiener zu erklären war etwas schwierig.
Auf unserem persönlichen Reiseplan stand auch ein Opernbesuch. Glücklich ergatterten wir noch zwei Karten für den „Barbier von Sevilla". Staunend betraten wir die von Plüsch, Goldornamenten und Stuck strotzenden altehrwürdigen Hallen, beäugten das Publikum und lauschten der Ouvertüre. Dann einige Kiekser der Bläser und ein Pfeifkonzert ging los. So etwas ließ sich das römische Publikum eben nicht gefallen!! Nach der Ouvertüre rauschte erst die „Haute Volee" ins Theater. Damen in glanzvollen Roben und sagenhaften Hutkreationen schritten plaudernd, lachend, zornig mit ihren um sich schauenden männlichen Begleitern den Logen zu. Tja, sehen und gesehen werden. Römisches Theater im Theater. Doch das eigentliche Theater, die Opernaufführung, war schon ein Ohrenschmaus, verfolgt von einem kenntnisreichen Publikum, das jeden künstlerischen Höhepunkt durch Ovationen belohnt, aber jeden Fehler gnadenlos abstraft. Ein sehr schöner Opernabend, der durch die Schlacht an der Garderobe auf Italienisch beendet wurde; man hatte keine Zeit, denn jetzt ging man noch ins Restaurant.
Zum so genannten „Muss" einer Romreise gehörte der Besuch des Café Donay in der Via Veneto. Schon im Entree entzückten die Kuchen und Schokoladenkreationen. Im prachtvollen, großzügig gebauten Café wurde jeder Gast, ob prominent oder

armer Schlucker, mit der gleichen Freundlichkeit bedient. Man schlemmte, schwatzte, lachte, beobachtete die Gäste von den Galerien und wurde beobachtet. Man schien das Leben zu genießen. „Dolce Vita"!

Machen wir einen Sprung vom Jahr 1956 ins Jahr 2001. Susanne und ich wohnten damals in der Nähe der Via Veneto. Ein Besuch im Café Donay war angesagt. Wir fanden es gar nicht. Denn von der alten Herrlichkeit war nur noch ein Caféchen übrig geblieben. Eingeklemmt von einem amerikanischen Hotel tranken fünf Damen etwas gedankenverloren ihren Espresso. Wir gingen in Richtung amerikanischer Botschaft. Und da waren wir im 21. Jahrhundert angekommen. Die Polizei hatte einen größeren Bezirk um die Botschaft abgesperrt: Bombendrohung. Ein krasser Unterschied zum ehemaligen Erlebnis. Café Donay ist Vergangenheit, hoffentlich nicht auch das, was an ihm so liebenswert war.

Zurück ins Jahr 1956, zu einem Erlebnis, das uns tief berührt und uns Rom unvergesslich gemacht hat. Es war Ostersamstagabend: Viele Besucher sammelten sich auf dem Petersplatz. Der Anblick des Domes und der herrlichen Kolonnaden, die diesen Platz umrahmen, war weder durch Busse noch durch Absperrungen beeinträchtigt. Wir strebten zur Treppe des Petersdomes. Es ist bis heute nicht recht klar, wie es uns gelang, nicht nur ohne Ticket hineinzukommen, sondern auch noch in den vorderen Reihen Platz zu finden. Haben wir die Carabinieri becirct oder haben diese nicht aufgepasst?
Der Dom war schwach erleuchtet, die Altäre verhangen. Stumm zogen die Kardinäle und Bischöfe in ihren prachtvollen Ornaten in die Kirche ein. Dann völlige Stille und wie von Geisterhänden fielen die Vorhänge. Viele Lichter flammten auf, liefen wie zuckende Blitze an den Wänden und Säulen zur Kuppel empor und versetzten den Dom in strahlenden Glanz;

die Orgel brauste und der Knabenchor sang das Osteralleluja. Wir nahmen diesen Eindruck von unserer Romreise als unvergessliches Erlebnis mit nach Hause.

Etwas Zeit blieb uns noch. Diese nutzten wir für einen Ausflug nach Grottaferrata im Großraum Rom. Hier lebten in einem Kloster auch russisch-orthodoxe Mönche, vielleicht aus Russland geflüchtet, die den Papst als Oberhaupt anerkannten. Früher war der Zar ihr Oberhaupt gewesen, aber einen Zaren gab es in Sowjet-Russland nicht mehr. Man hatte uns eine kleine Kirche wegen der schönen Ikonen zur Besichtigung vorgeschlagen. Wir waren die einzigen Besucher, bewunderten die Ikonen und näherten uns dem Altarraum. Wir schauten uns den Altar genauer an, da stürzte ein Mönch aus seinem „Allerheiligsten" auf uns zu. Seinen wütenden Worten entnahmen wir mit einiger Mühe, dass wir den Altarraum entweiht hatten, da wir Frauen waren. Nun musste dieser noch einmal geweiht werden. Er wedelte uns energisch aus der Kirche heraus. Auf dem Vorplatz angekommen, lachten wir zwar, wurden jedoch auch nachdenklich. Welchen Stellenwert hatte eine Frau in der christlichen Kirche? Nur soziale Aufgaben?

Ostern 1957 (ein Jahr nach unserer gemeinsamen Romreise) unternahmen wir eine Reise nach Spanien. Mein Budget, ein wenig mager, da die Wohnungseinrichtung noch nicht vollständig abgezahlt war, ließ eigentlich wenige Gestaltungsmöglichkeiten zu. Herr W. in unserem Duisburger Reisebüro unterbreitete uns ein kaum glaubhaftes Angebot. Etwa 20 Kilometer südlich von Barcelona in dem Badeort Casteldefels gab es ein neu erbautes Hotel. Markenzeichen Luxusklasse. Die Zimmer kosteten 25,- DM einschließlich Vollpension. Wir staunten über die Anziehungskraft der DM. In Spanien, auch im reicheren Katalonien, herrschte Franco, der Gaudillo, noch mit harter Hand. Die Katalanen liebten ihn nicht. Er benötigte Devisen, denn die Wirtschaftslage war schlecht. Importgüter gab es nur im beschränkten Maße. Es lag also nichts näher, als den Tourismus anzukurbeln. Und die USA holten Franco und damit Spanien aus seiner politischen Isolation. Franco überließ den USA militärische Stützpunkte im Mittelmeerraum gegen Wirtschaftshilfe. Franco hatte sich offiziell nicht an Hitlers Krieg beteiligt. Es gab im Russlandfeldzug nur eine inoffizielle Freiwilligengruppe, die sich in Russland für Hitler engagierte, die so genannte „Blaue Division" (nach den blauen Hemden benannt, die zu ihrer Uniform gehörten).

Wir buchten einen 14-tägigen Aufenthalt in Casteldefels und statteten zunächst Paris einen Besuch ab. Zu der Zeit unseres Aufenthaltes empfingen die Franzosen die charmante junge englische Queen, und die Besichtigungen wurden durch Straßensperren etwas erschwert. Wir sprachen mit einem Ehepaar aus Hannover, das uns ganz aufgeregt mitteilte: „Wir sind nur in Paris, um ‚unsere Königin' zu sehen." Wir gönnten uns einen sehr schönen Abend, erhielten noch Karten für die Pariser Oper und erlebten dort Prokofjews Ballett „Romeo und Julia".

Von Avignon aus kamen wir dann etwas müde in Barcelona an. Unser Gepäckträger, der zunächst nichts von dem Abendzug nach Casteldefels zu wissen schien, machte uns mit dem Zauberwort „mañana" vertraut. Das war unser zweiter Schrecken, nachdem uns im Zug zwei junge Franzosen sagten: „Sie haben Mut! Für allein reisende junge Frauen ist Spanien nicht ganz einfach zu bewältigen." Der Gepäckträger sprach französisch und nach meinen Worten „Sie sagen nicht die Wahrheit!" sauste er zum Schalter und kam freudestrahlend zurück: „Es geht wirklich abends noch ein Zug nach Casteldefels." Er vertraute uns dem Schaffner an.

Wir beäugten etwas ängstlich den alten Zug mit den hohen Stufen und der zugigen Plattform. Unglücklicherweise folgten wir dem Ratschlag einiger Mitreisender und stiegen an der Playa und nicht am Bahnhof des kleinen Städtchens aus. Es war dunkel, aber die Leuchtreklame des Hotels mit den Buchstaben „Rey Don Jaime" war gut zu erkennen. Das Hotel befand sich auf einer Anhöhe und hier unten am Strand war völlige Stille bis auf das Rauschen des Meeres. Der junge Bahnangestellte in seinem Holzhäuschen hatte kein Telefon zur Verfügung und schloss seine „Unterkunft" ab. Er hatte den letzten Zug durchgelassen. Auf der nahe gelegenen Landstraße hätte man sich ruhig niederlassen können, da nicht ein Gefährt störte. Ein kleines Restaurant lag an dieser Landstraße, aber auch dort gab es kein Telefon und von einem Auto konnte ebenfalls keine Rede sein. Aber das Gepäck konnten wir dort stehen lassen. Für uns gab es also nur die Möglichkeit, per pedes die Anhöhe zum Hotel zu erklimmen. Inzwischen war es 22.30 Uhr, aber zum Glück hatten wir Vollmond. Trotzdem hatten wir Angst, die noch durch das Bellen von Hunden aus entfernten Gehöften verstärkt wurde. Wir waren fast entschlossen umzukehren, aber da kam uns bellend ein Schäferhund entgegen, der uns den Eingang zum Hotel verwehren wollte. Er wurde zurückgepfiffen und ein junger Mann kam aus seinem Wachhäuschen. Er brachte uns zum Eingang. Am Kamin in der großen Halle des Hotels saß der Patron mit seiner Familie: Frau, zwei erwachsene Töchter und sein kleiner Sohn, ein Lümmel, wie sich später herausstellte, im Gegensatz zu seinen wohlerzogenen Schwestern. Der Patron schaute nur kurz und verbarg sein Erstaunen. Zum Einchecken hatte er sein Personal und das war reichlich vorhanden. In der nächsten Zeit konnten wir nicht einmal mehr Tischtennisschläger und -bälle selbst transportieren. Schon schwebten mindestens zwei reizende Zimmermädchen herbei, die uns jeden Handgriff abnahmen. Der junge Spanier an der Rezeption, bei dem wir uns über den Mangel an Telefonen und Taxis beklagten, klärte uns höflich, aber mit leichtem Vorwurf darüber auf, dass, wären wir am Bahnhof ausgestiegen, dies alles zur Verfügung gestanden hätte. Allerdings konnte er sich nicht verkneifen, uns mitzuteilen: „Sie sind die ersten Gäste, die zu Fuß zu unserem Hotel ge-

kommen sind." Meine Freundin (mit Doktortitel) hielt er für eine Ärztin und war etwas enttäuscht, dass sich die Nachfrage nach einem wirksamen Schnupfenmittel erübrigen würde.
Inzwischen war unser Gepäck geholt und wir konnten unsere Zimmer und eleganten Bäder bewundern. Blumen und Obst standen auf dem Tisch. Die Küche hatte selbstverständlich noch geöffnet. Der Oberkellner nahm die Bestellung auf, der rangniederste Kellner stellte zwei Gläser auf den Tisch, der Rotwein und ein anderer Kellner erschienen und es gab mit dem nächsten Kellner ein Problem. Wer machte die Kostprobe? Aber da eine von uns nickte, wurde auch diese Konvention abgehakt. Vier Kellner standen in höflichem Abstand in der Nähe unseres Tisches mit außerordentlich ernsten, aber auch müden Gesichtern. Es störte uns sehr, da wir die reichlichen Gänge mit den verschiedenen Gerichten vor Müdigkeit kaum noch auseinanderhalten konnten. Wir mussten lachen, aber wer lacht schon bei Tisch? Wir hatten jetzt das leicht ungemütliche Gefühl, als allein reisende junge Frauen etwas fehl am Platze im damaligen Spanien zu sein. Hätten wir den kleinen Lümmel aus der Hotelhalle an unserer Seite gehabt, hätte bestimmt niemand an unserer Reputation gezweifelt. Es hätte auch keiner geflüstert: „Tengo muchas pesetas", als wir mit einigen US-Amerikanern in Barcelona an einem Kiosk die Preisliste für einen Stierkampf studierten.
Die Gewöhnung an den anderen Zeitrhythmus dauerte einige Tage. Vor 21.00 Uhr war der Dinner-Raum nicht geöffnet und das Essen ging gemächlich seinen Gang bis 23.00 Uhr. Das Gelände, das zum Hotel gehörte, war groß und man hatte einen sehr schönen Blick hinunter zum Meer. Die Gäste konnten ausgedehnte Verdauungsspaziergänge unternehmen. Fernsehen gab es nicht, auch keine Unterhaltungsprogramme, die in späteren Jahren die spanischen Hotels mehr oder weniger zierten. Wer noch nicht müde war, konnte mit dem Taxi nach Barcelona fahren. Das eigene Auto zu benutzen war nicht ratsam,

denn die Polizei war streng und spanische Gefängnisse lernte man besser nur von außen kennen. Die Strenge der Polizei hatten wir bei der Karfreitagsprozession in Barcelona erlebt. Die Menge der Zuschauer verhielt sich entsprechend vorbildlich.
Ostern rückte näher und das Hotel füllte sich. Mit einigem Erstaunen bemerkten wir, dass soziale Unterschiede damals noch sichtbar eingehalten wurden. Unmittelbar hinter unserem Tisch saß ein Ehepaar mit der hilfsbedürftigen Mutter bzw. Schwiegermutter. Die Mutter wurde von einer Pflegerin betreut. Diese saß beim Essen nicht mit am Tisch, sondern an einem kleinen Tisch in der Mitte des Raumes und schaute fragend zur Herrschaft hinüber: „Was darf ich essen? Was darf ich trinken?"
Zwei Tage nach Ostern mussten wir Casteldefels wieder verlassen und waren ein wenig betrübt darüber. Niemals hätten wir angenommen, dass man uns eine so reichliche Wegzehrung mitgeben würde. Außer der obligaten Rose hatte man uns viel Gebäck aus eigener Herstellung und viele Apfelsinen schön verpackt. Wir ernährten uns davon fast bis zum „Heimathafen". Ungelegen kam es uns auf jeden Fall nicht.
Und warum waren wir so gut versorgt worden? Wir hatten uns noch spät zu einem Stierkampfbesuch entschlossen. Zum ersten Mal in Spanien und keinen Stierkampf gesehen? Und so hielten wir es mehr oder weniger für unumgänglich. Die zwei netten Angestellten an der Rezeption unseres Hotels besorgten noch Tickets, und als sie uns diese überreichten, erblassten wir. Der Preis dafür war sehr hoch. Angeblich hatten wir die besten Plätze bekommen. Grace Kelly, nun schon Fürstin Grazia Patrizia von Monaco, sollte da schon Platz genommen haben. Das war uns jedoch besonders im Hinblick auf den hohen Preis völlig gleichgültig. Zu diesem bevorzugten „Prominentenplatz" fuhren wir allerdings völlig unpassend mit öffentlichen Verkehrsmitteln. Wir amüsierten uns darüber. Die teuren Karten hätten wir noch am Eingang der Arena verkaufen können. Wir meinten aber: „Wir sind zwar fast pleite, aber so schnell sehen

wir keinen Stierkampf in Barcelona wieder" – und wir sahen ihn mit gemischten Gefühlen. Als wir uns nach Beendigung des Kampfes mit der Menge zum Ausgang kämpften, sagten wir wie aus einem Mund: „Nach den sieben Stieren hilft nur noch ein Schnaps!" Wir fanden eine annehmbare Kneipe, einen guten Schnaps und unsere Lebensgeister kehrten wieder zurück. Und im Hotel bemerkte man wohl, dass man uns mit dem Spitzenpreis für den Stierkampf etwas überfordert hatte.

Nach einer Übernachtung in Genf in einem Hotel gegenüber des Bahnhofs war der Zug, mit dem wir in die BRD zurückfuhren, noch leer. Im Laufe der Zeit füllte er sich so sehr, dass die Gänge ziemlich verstopft waren. Der deutsche Schaffner, der an der Grenze übernahm, gab uns den Tipp, nicht in Köln, sondern bereits in Koblenz umzusteigen. Er meinte, dass der Zug ins Ruhrgebiet dann noch nicht gestürmt würde. Kurz vor unserem Umsteigeziel waren wir uns einig, meinen großen Koffer frühzeitig genug zum Ausgang zu bugsieren. Unmittelbar gegenüber unserem Abteil stand ein großer, junger Mann im Gespräch mit einem jungen französischen Paar. Vielleicht würde sich der junge Mann meines Koffers erbarmen? Er tat es; er war ein Kavalier und sprach perfekt Deutsch, also ein Deutscher. Im Gespräch stellte sich heraus, dass er auch nach Duisburg wollte. Ich berichtete vom Rat des Schaffners. Er überlegte ein wenig und kam dann zu dem Entschluss, auch auszusteigen. (Seine Überlegung war: „Sollst du den beiden jungen Damen helfen oder deine französischen Sprachkenntnisse weiter erproben?") Wir drei bekamen ein leeres Abteil und unterhielten uns lebhaft.

Unser Begleiter kam von der Hochzeit seiner Schwester in Tübingen. In Tübingen hatte er Abitur gemacht und einige Semester Theologie studiert. Er war Pastor in der Duisburger Gemeinde, zu der ich neuerdings auch gehörte. Im Landfermanngymnasium, dem humanistischen der Stadt, gab er in einer Oberstufenklasse Religionsunterricht. Da in der Bahnhofshalle noch ein kleines Restaurant geöffnet hatte, aßen wir eine Kleinigkeit, die unser Begleiter unbedingt spendieren wollte. Wir, meine Freundin und ich, spendierten das Taxi und setzten ihn vorher ab. Seine Unterkunft lag in der Nähe der meinigen, aber darüber schwiegen wir. Am nächsten Morgen kaufte meine Freundin Sigi für ihre letzten 30 Pfennige zwei Frühstücksbrötchen.

Ein Kollege vom Landfermanngymnasium, ein Bekannter meiner Freundin, antwortete auf ihre Fragen nach dem jungen Religionslehrer, dass ich als Protestantin bestimmt von seinem Vater gehört hätte. Dieser sei, so sagte er, kurz vor dem Zweiten Weltkrieg (Juli 1939) im KZ Buchenwald ermordet worden. Es war mir sehr peinlich, aber ich wusste gar nichts von Pfarrer Paul Schneider, dem so genannten „Prediger von Buchenwald". Und Buchenwald lag auch noch in der DDR. Für die DDR galt Paul Schneider als der christliche Antifaschist, der ebenso wie ihre Ikone Ernst Thälmann in Buchenwald ermordet wurde. Die 50er und 60er Jahre waren eine Zeit der Verschleierung und Verdrängung. Aber die Verbrechen der Nazizeit waren dadurch nicht ungeschehen zu machen.

Nach den Osterferien fuhr ich an den Wochenenden zunächst wieder nach Köln. Wenn ich sonntags abends zurückkam, lag häufig ein Strauß selbst gepflückter Blumen meiner „treuesten" Schülerinnen vor meiner Tür. Der Wochenbeginn erschien mir gleich angenehmer und am Montag war ich bereits völlig im Alltagstrott.
Am Abend schellte es. Ich war erstaunt, da ich niemanden erwartete. Vorsichtshalber schaute ich durch den Spion und sah jemanden, den ich irgendwo schon einmal gesehen hatte. Natürlich, es war unser Mitreisender am Ende unserer Spanienreise. Während ich die Tür öffnete, dachte ich nur, für eine Mitarbeit in seiner Gemeinde hast du aber keine Zeit. Dies stimm-

te, ich würde demnächst weniger Zeit haben. Die Übergangslösung des Johanna-Sebus-Gymnasiums mit dem Unterricht an zwei Schulen könnte in naher Zukunft zu Ende sein. Der Bau der neuen Schule hatte bereits begonnen und sie schien schön zu werden. Vor allem die vorgesehene repräsentative Treppe und die Eingangshalle. Diese große Treppe mit der Eingangshalle bot sich für die Einweihung für Aufführungen an. Ich plante die Aufführung einer Schuloper: „Der Fischer und sine Fru". Ich hatte begabte und einsatzfreudige Schüler, die bereit waren, auch zusätzliche Arbeit zu leisten. Wichtig war auch die Hilfe der Kollegen, die sich für Bühnenbild, Tänze und Kostüme einsetzten und manchmal bis abends in der Schule waren. Mein Besucher trat strahlend ein und verbreitete den Anschein, als sei er bei mir zu Hause. Er meinte leicht vorwurfsvoll: „Sonntags scheinen Sie nicht in Duisburg zu sein. Zweimal habe ich es vergebens versucht, und deshalb bin ich diesen Montag gekommen." Nachdem ich mich etwas von meiner Überraschung erholt hatte, bekam ich auf meine Frage „Woher wissen Sie denn meine Adresse?" die für einen Pfarrer etwas seltsame Antwort: „Ich kannte doch den Namen Ihrer Schule und rief den Hausmeister an. Von ihm erfragte ich Ihre Adresse mit den Worten: ‚Ich muss der Musiklehrerin Noten überbringen und weiß nicht genau, wo sie wohnt.'" Nun ja, nun war er schon einmal da. Ich hatte gerade eingekauft, wollte höflich sein und mich für seine damalige Einladung revanchieren. Ich machte uns „Schnittchen". Die waren damals total in und man konnte sie mit Fantasie gut verschönern. Der junge Mann, mit Vornamen Dieter, schien ziemlich hungrig zu sein und meine Wochenration schmolz zusehends dahin. Es wurde recht spät und ich schickte ihn dann nach Hause, da ich noch arbeiten musste. Er tröstete sich, da ich ihn einen Nachmittag später zum Kaffee einlud.

An diesem Kaffee-Nachmittag hatte ich vorher in einem Magazin mit Interesse einen Artikel über den jungen Pianisten Robert Alexander Bohnke gelesen. Dieser hatte 1956 bei drei Musikwettbewerben in München, Genf und Vercelli den ersten Preis bekommen.

Mein Besuch erschien, sah die Zeitschrift mit dem Foto und sagte: „Das ist mein Freund Robi. Wir haben zusammen in Tübingen Abitur gemacht." Mein Besuch schien aber auch vor keiner Überraschung zurückzuschrecken. Dies machte allerdings auch einen Teil seiner Lebendigkeit aus. An Gesprächsstoff fehlte es uns nun am Kaffeetisch nicht.

Freund Robi, der in Berlin geboren und aufgewachsen war, hatte eine bemerkenswerte Familie. Sein Vater, E. Bohnke, war ebenfalls Musiker: Bratschist, Dirigent und auch Komponist; seine Mutter, Lilli, Geigerin und eine geborene von Mendelssohn. Diese Mendelssohn'sche Linie in Berlin wurde von Friedrich III. geadelt. Das Mendelssohn'sche Bankhaus in Berlin war Kreditgeber des Zaren für den Bau der Transsibirischen Eisenbahn gewesen. Das sagte mir etwas und ich erzählte Dieter von einer Geschichtsvorlesung an der Kölner Uni mit dem Thema „Europäische Geschichte vor dem Ersten Weltkrieg". Der Professor, der es liebte, hin und wieder ein Anekdötchen zum Besten zu geben, um eventuell einem „Schläfchen" vorzubeugen, sagte Folgendes über den Bau der Transsibirischen Eisenbahn: „Dem Zaren ging es ähnlich wie einem schwäbischen Häuslebauer: ein eigen Haus zu bauen, welche Lust, dass es so teuer wurd', das hab ich nicht gewusst."

Der Stammvater von Robi und dem Komponisten Felix Mendelssohn-Bartholdy war der jüdische Philosoph Moses Mendelssohn. Der Dichter Gotthold Ephraim Lessing, ein Freund Moses Mendelssohns, hatte diesen in seinem Schauspiel „Nathan der Weise" als Vorbild für den Nathan genommen. Lessing ermutigte Mendelssohn auch, Auszüge seiner philosophischen Schriften zu veröffentlichen.

Dieter und ich mussten beide lachen, als er einen Bericht Robis von einem Hauskonzert im Hause seines Großvaters zum Besten gab: Einstein, bereits ein anerkannter Wissenschaftler, hatte eine Zeit lang eine Professur in Berlin inne. Er spielte gerne Geige. Sein Geigenspiel entsprach jedoch nicht ganz seinen wissenschaftlichen Fähigkeiten, so dass ihm einer seiner Mitspieler, der Pianist Arthur Schnabel, entnervt zurief: „Einstein, werden Sie denn nie lernen bis drei zu zählen?"

Die finanzielle Verbindung Friedrichs III. mit dem Bankier von Mendelssohn war sicherlich auch ein Grund dafür, dass Kaiser Wilhelm II. den Bewohnern in der repräsentativen Villa mit ihren 50 Zimmern und dem großen Park einen Besuch abstattete. Robis Mutter hatte diesen „hohen Besuch" noch als Kind erlebt.

Die Nachkommen Moses Mendelssohns konvertierten zum großen Teil zum christlichen Glauben. Auch so genannte „Arier" wurden durch Heirat Mitglieder der Familie.

Robis Eltern kamen durch einen Autounfall ums Leben, als er noch keine zwei Jahre alt war. Seine Großeltern erzogen ihn und seine beiden Geschwister. Die Villa im Grunewald und das Bankhaus enteigneten die Nazis und zerstörten damit gleichzeitig einen kulturellen und geistigen Mittelpunkt.

Dieter und ich sahen uns von nun an öfter. Würden bald Schülerinnen und Gemeindemitglieder darüber reden?

Eines Nachmittags schellte bei mir das Telefon. Ich nahm den Hörer ab, und es dauerte einige Zeit, bis sich das Gekicher der beiden Anruferinnen legte. Also Schülerinnen! Eine ergriff das Wort und sagte mit verstellter Stimme: „Hier ist Max, ich liebe Sie." Danach legten sie auf, denn Telefonieren kostete Geld, und Taschengeld war knapp bemessen. – Ich überlegte: „Max?" Natürlich, mein Nachbar aus dem vierten Stock hieß Max. Dieser hatte mich mit seinem Auto schon mal zur Schule gefahren, wenn mir die Straßenbahn vor der Nase weggefahren war. So etwas blieb natürlich nicht verborgen und daraus knüpften interessierte Schülerinnen die Geschichte, die ihnen gefiel und Gesprächsstoff ergab. Demnach hatten wir beide, Dieter und ich, es nicht mehr nötig, bei zunehmender Dunkelheit zum Schwimmen oder spazieren zu gehen. Im Kino saßen wir eben zufällig nebeneinander.

Das alte Pfarrhaus, das zu Dieters Gemeinde gehörte, wurde ein wenig renoviert. Es war nicht besonders gemütlich, sondern reich an Treppen, zugig und dazu mit vielen Fenstern versehen. Die Fenster, in die man von der Straße oder den gegenüberliegenden Häusern einsehen konnte, benötigten eine größere Anzahl Gardinen. Die Möbel reichten nicht aus und zu modern waren sie für die hohen Räume ebenfalls. Im Dachgeschoss wohnte ein Ehepaar mit der Mutter. Er war Arbeiter bei Mannesmann und Frau B. hatte stets mit eigener Arbeit zum Haushalt beigetragen. Sie erklärte sich bereit, jeden Morgen von 7 bis 8 Uhr, und sie war pünktlich, zu putzen und aufzuräumen. Mit eigenen Vorschlägen hielt Dieter sich am besten zurück. Hatte er am Ersten des Monats die ihr zustehende Summe nicht sofort parat, kam er jedoch zumindest mit einem Blumenstrauß und hatte Frau B damit beim ersten Mal sehr überrascht. Wer schenkte ihr schon einen Blumenstrauß ohne einen besonderen Anlass? Ihr Ehemann hatte sich dessen schon seit langem entwöhnt.

Zunächst konnte Freund Robi zu Gast sein, da er einige Konzerte in NRW gab. In meiner kleinen Wohnung konnte er üben. Als seine Frau Helga ihn eines Tages begleitete, wurde auch die Pfarrhausküche, die sich am äußersten Ende des großen Flurs befand, eingeweiht. Robi war ein geistreicher Unterhalter. Ein Zusammensein mit ihm war stets vielseitig, interessant und amüsant. Seinen hin und wieder ironischen Bemerkungen konnte Dieter jedoch schlagfertig entgegenhalten.

Der zweite Gast des Pfarrhauses war Dieters Mutter Sie machte einen Besuch bei ihrem ältesten Sohn und bei Freunden in Barmen. Diese Freunde waren die Witwe und Tochter von Karl Immer, dem Mitbegründer der Bekennenden Kirche im Rheinland. Pfarrer Karl Immer stand mutig zur Bekennenden Kirche und der Bekenntnissynode von Barmen vom Mai 1934. Diese Synode und die beiwohnenden Pfarrer wandten sich eindeutig gegen die Aufweichung und Verfälschung der christlichen Lehre, gegen den Arierparagraphen und die Missachtung des Alten Testaments. Die Barmer Erklärung war eine Kampfansage an die den Nazis genehmen Deutschen Christen und deren Reichsbischof Müller.
Nach dem Tod Paul Schneiders in Buchenwald unterstützten Mitglieder der Bekennenden Kirche im Rheinland seine Witwe und ihre sechs Kinder (fünf Söhne und ihre Tochter Evamarie). Da die Familie das Dickenschieder Pfarrhaus dem Nachfolger zur Verfügung stellen musste, stellte man ihr, den Kindern und ihrer Schwester Mariele in Elberfeld ein Haus zur Verfügung. Die umsichtige und von den Kindern geliebte Mariele blieb von nun an viele Jahre bei ihrer Schwester. Paul Schneider hatte, als er nach Buchenwald kam, gesagt: „Dass Mariele bei euch sein wird, beruhigt meine Gedanken an euch." Das Angebot des Hauses für Dieters Mutter musste vor der Gestapo verborgen bleiben, die die Mitglieder der Bekennenden Kirche und auch die Angehörigen von Paul Schneider natürlich beobachteten und hin und wieder dem Immerschen Hause einen unangemeldeten „Besuch" abstatteten.
1943 bombardierten die Alliierten Wuppertal. Die inzwischen wirkungsvollen Brandbomben entfachten große Brände und legten viele Häuser in Schutt und Asche. Auch die schöne Zufluchtsstätte der Schneider-Familie wurde zerstört. Die Mutter und Großmutter in Tübingen nahm die Bombenflüchtlinge zunächst auf.

Dieter kam mit seiner Mutter zu mir zum Kaffee. Einerseits freute ich mich darüber, aber andererseits hatte ich keinerlei Vorstellung, ob und wie wir Gemeinsamkeit finden würden. Dieter hatte mir gesagt, er verehre seine Mutter, die sich den Schwierigkeiten und Ungewissheiten ihres Lebens während der Nazizeit nicht nur gestellt, sondern sie auch gemeistert habe. Aber die aus ihrer starken Persönlichkeit erwachsene Dominanz führte auch zu Auseinandersetzungen mit den erwachsen werdenden Söhnen Die Mutter Margarete, genannt Gretel, ließ während unserer Kaffeestunde keine Fremdheit beziehungsweise Steifheit aufkommen. Durch ihre Kommunikationsfreudigkeit entspann sich ein sehr munteres Gespräch, welches ich gar nicht erwartet hatte. Unsere gegenseitige Sympathie führte zu einer neuen Verabredung. Wir wollten alle drei eine Theateraufführung des Düsseldorfer Schauspielhauses in Duisburg besuchen. Wir bekamen auch noch Karten, die uns Dieters Mutter spendierte. Den schönen Theaterabend beschlossen wir mit einer Nachbetrachtung beim Wein.
Erst Monate später sah ich sie in Tübingen wieder. Als wir in Dickenschied (Hunsrück) ihren 90. Geburtstag feierten, erinnerte ich mich an unsere erste Begegnung und ihre noch immer vorhandene Spontaneität. Wir Gäste hatten schon so manche Rede zu ihrem Leben und zu ihrer Ehre angehört. Sie erhob sich und unterbrach die Reden mit einem kurzen Bericht über ihre Zugehörigkeit zu Dickenschied: „Natürlich, hier ist das Grab meines Mannes. Aber dass ich mir hier ein Häuschen bauen ließ, hat noch einen anderen Grund. Als mein Mann ein Grundstück kaufen wollte, um einen Garten anzulegen, habe ich gesagt: ‚Aber nur auf meinen Namen. Dir, der du nie ein Blatt vor den Mund nimmst gegenüber den Maßnahmen und Bestimmungen der Nazis, werden sie das Gründstück nicht lassen.' Ich konnte es behalten, habe aber damals nicht gedacht, dass ich in späteren Jahren noch Ehrenbürgerin von Dickenschied werden würde."

Im Januar verlobte ich mich mit Dieter und teilte meiner Chefin mit, dass ich im Beruf verbleiben und sich nichts ändern würde. Die Mitteilung kam zwar überraschend, aber das Kollegium nahm es gelassen und freundlich auf. Völliges Unverständnis zeigte nur Inge, eine der beiden getreuen „Paladine". Sie versuchte allerdings ihre Empörung zu zügeln, aber ich hörte diese aus ihrer Bemerkung heraus: „Vor kurzer Zeit haben Mona und ich beschlossen, es Ihnen gleichzutun und Singles zu bleiben." Doch zu meiner Hochzeit machten mir beide ein Geschenk mit einem liebenswürdigen kleinen Gedicht:

„Ein Engel kam geflogen,
Ein Schneider hat's geseh'n.
Da war's um alle beide
mit einem Mal gescheh'n.
Er hat es sich geschworen,
hat sie zum Weib erkoren.
Wir bringen unsern Glückwunsch dar:
Hoch lebe das Brautpaar."
(Mona und Inge)

Nach unserer Verlobung fuhren wir während eines Wochenendes nach Tübingen. Die zwei jüngsten Brüder, Adolf und Ernst, wollten uns vom Bahnhof abholen. Wir standen einige Zeit vor dem Bahnhof und warteten. Adolf musste erst seinen so genannten Leporello (oller Opel) wieder in Gang setzen. Danach fuhr der olle Opel gnädigst bis zum Bahnhof.
Am nächsten Mittag staunte ich über die zahlreichen Esser. Wir waren zehn Personen am Tisch und alle besaßen einen guten Appetit. Meine Schwiegermutter in spe sowie Tante Mariele konnten jedoch bestens damit umgehen. Sie hatten den Verlobten zu Ehren vorzüglich gekocht. Bevor wir am Abend wieder nach Duisburg fuhren, machten wir noch einen kurzen Besuch bei Robi und seiner Frau Helga, die vor einer langen

Verlobungszeit warnten. Wir heirateten einige Wochen nach unserem Besuch in Tübingen.

Im Pfarrhaus gab es eine Veränderung. Ein junges Pfarrerehepaar mit Baby zog noch ein. Zum Glück konnten wir uns über die Verteilung der Räume einigen. Unsere Mitmieter wohnten im Parterre mit Küche und wir im ersten Stock ohne Küche, aber mit dem altmodischen, geräumigen Bad, in dem wir eine Küchenecke einrichteten. Der Kühlschrank stand auf einem Treppenabsatz. Diese Verteilung hatte wahrscheinlich zur Folge, dass wir häufiger im Restaurant aßen. Der Zustand währte gut ein Jahr, bis in der Nähe in einem kirchlichen Haus eine Wohnung frei wurde.

1958 fiel das Schuljahresende noch in die Osterferien. Von meinen getreuen Verehrerinnen verließ Inge die Schule und machte eine kaufmännische Ausbildung. Mein Mann und ich waren zufrieden im ersten Stock des alten Pfarrhauses. Dieter würde bald die Arbeit als Gemeindepfarrer aufgeben und als Religionslehrer beruflich arbeiten. Ein „freundlicher Mensch" hatte auch bereits beim Schulkollegium in Düsseldorf angefragt, ob die Frau eines Pfarrers beruflich tätig sein könne. Aber die Zeiten ändern sich. Jahre später berichtete mir die Mutter einer meiner Schülerinnen voller Stolz von ihrer Tochter. Diese war Pfarrfrau und Rektorin einer Grundschule. Der Stolz der Mutter verriet, dass die Tochter beides wohl recht gut im Griff hatte.

Dieter und ich tranken gerade unseren Nachmittagskaffee, da schellte es energisch. Mein Mann eilte hinunter, öffnete, und ich hörte ihn sagen: „Im Moment passt es nicht so gut." Darauf kam die Antwort: „Zu Ihnen wollte ich ja gar nicht", und wirklich, es war meine Verehrerin Inge. Ich bot ihr einen Kaffee an, und wir unterhielten uns etwas krampfhaft Ich weiß nicht, ob sie enttäuscht war, dass ich nicht unglücklich wirkte.

Sie hatte in der Nähe unserer Wohnung ihre Ausbildungsstätte. Ich dachte bei dieser Mitteilung an nichts Böses. Doch von nun an schellte es bei uns jeden Tag Punkt 16.00 Uhr. Wir konnten die Uhr danach stellen. Wir luden ihre Freundin Mona und sie zum Abendessen bei uns ein. Es wurde sogar ein netter Abend. Ihre Freundin Mona stimmte uns zu, dass so etwas auch wiederholt werden könne. Dafür aber kein täglicher Nachmittagsbesuch. Danach war Ruhe. Inge verschwand von der Bildfläche, und ich habe nie wieder ein Wort von ihr gehört. Ich machte mir Vorwürfe, dass ich mich nicht früher mit ihren Eltern in Verbindung gesetzt hatte, von denen sie nichts erwähnte und Fragen nach ihnen eher abwehrte. Mit Mona hatte ich später noch Kontakt. Sie heiratete früh und zog nach Franken.

In der Nähe unserer Wohnung war ein Jungengymnasium. Mein Mann gab dort Religionsunterricht und es geschah Folgendes. Einige Schüler der Oberstufe begrüßten ihn provokativ mit „Heil Hitler". Er war darüber sehr bestürzt. Als elfjähriger Oberschüler auf dem Hunsrück während der Nazizeit hatte der Ausspruch seiner damaligen Lehrerin „Dein Abitur wirst du nicht machen können, da dein Vater im KZ ist!" doch sehr schockiert. Daraufhin hatte seine Mutter ihn kurz entschlossen von der Schule genommen. Freunde der Familie in Wuppertal nahmen ihn auf, und er konnte dort ein Gymnasium besuchen. Er hatte jedoch großes Heimweh nach seiner Familie. Wir wussten nicht, wie wir das Geschehene einordnen sollten. Nur ein Dummerjungenstreich, wenn auch ein geschmackloser? Oder nationalsozialistisches Gedankengut, das bei manchen Eltern durchaus noch bestand und auch weitergegeben wurde, vielleicht sogar in der Hoffnung, ein „Comeback" schaffen zu können?

Mein Mann erzählte auf meine Fragen gerne von seiner Familie im Hunsrück und den Erinnerungen, die er an seinen Vater hatte. Er war zehn Jahre, als sein Vater ins KZ kam. Seinen

Vater kannte er noch als sportlichen Motorradfahrer, der mit seinen Kindern wanderte und gerne sang. Aber daneben gab es seine Ängste, wenn der Vater abgeholt wurde und ins Gefängnis in Kirchberg/Hunsrück oder Koblenz eingeliefert wurde. Oder die Fragen der Kinder im Dorf, wenn am Pfarrhaus die Naziflagge nicht gehisst wurde.

Mein großer Respekt galt seinem Vater besonders, weil dieser sich sehr mutig und eindeutig aus seinem christlichen Glauben und Werteverständnis heraus den Nazis frühzeitig entgegenstellte und ihr Tun verurteilte. Wie oft hatte ich nach der so genannten Machtübernahme 1933 von Erwachsenen gehört: „Wir wollen erst einmal abwarten, welche Verbesserung Hitler Deutschland bringt." Aber war es bereits zu spät.

Dieter hatte zur Freude seiner Mutter Theologie studiert. Er war aber nicht ohne Zweifel, wie weit er dem Pfarrerberuf gerecht werden könne. Deshalb hatte er eine andere Ausbildung in Erwägung gezogen. Er stellte sich oft die Frage: Hättest du den Weg deines Vaters gehen können? „Ich glaube, ich würde auch so handeln", sagte er mir eines Tages. Ich war froh, dass wir in einem anderen Deutschland, allerdings Westdeutschland lebten.

Zu den Gesprächen über seinen Vater gehörten ebenfalls die Gedanken, ob sein Vater die eventuelle Möglichkeit, aus dem KZ herauszukommen, in Betracht ziehen konnte. Das hieß: Nach dem Vorschlag des Konsistoriums in Düsseldorf in den Wartestand zu gehen, die Gemeinde und ebenso das Rheinland zu verlassen, vor allem aber den Mund zu halten. Inzwischen kannten wir nach 1945 die Geflogenheiten der SS in den KZs. Sollte jemand aus dem KZ entlassen werden, was kaum vorkam, musste der Betreffende ein Papier unterschreiben, das zum völligen Schweigen über die Geschehnisse im KZ verpflichtete. Der Betreffende würde von nun an unter strengster Beobachtung stehen und Spitzel, die Handlanger einer Diktatur, würden ihres Amtes walten. Meine Schwiegermutter mein-

te: „Paul hätte nicht schweigen können." Demnach wäre eine Wiedereinlieferung wahrscheinlich gewesen.
Auszug aus einem Schreiben des Rats der Altpreußischen Union der evangelischen Kirche Berlin Lichterfelde, den 29. Juli 1939, an den Reichsminister und Chef der Reichskanzlei Dr. Lammers: „Sein Tod hat die evangelischen Gemeinden in ganz Deutschland aufs Tiefste erschüttert. Besonders im Rheinland ist die Bewegung weit über die Kreise der evangelischen Kirche hinaus außerordentlich groß.
Wir halten uns für verpflichtet, Ihnen diese Vorgänge zur Kenntnis zu bringen, und bitten Sie, auch Ihrerseits dahin zu wirken, dass den sich ständig mehrenden Maßnahmen gegen evangelische Pfarrer und Gemeindeglieder ein Ende gemacht wird."
Himmler antwortete auf dieses Schreiben und führte in seinem letzten Absatz seines Briefes an: „Unter Bezugnahme auf den letzten Absatz Ihres Schreibens teile ich Ihnen mit, dass ich Maßnahmen gegen Pfarrer dann nicht zu ergreifen brauche, wenn diese sich im Rahmen der geltenden Gesetze halten."
(Beide Zitate aus: Rudolf Wentorf: „Der Fall des Pfarrers Paul Schneider. Eine biographische Dokumentation.")

Dieter und ich entzogen uns ebenfalls nicht dem wachsenden Autotrend. Noch reichten die wenigen Autobahnen angenehmerweise gut aus. Wir wollten unsere Hochzeitsreise in den großen Ferien nachholen. Unser Auto, gebraucht gekauft, hatte so einige Macken. Erst nach unserem Kauf wurden wir vor dem Gebrauchtwarenhändler gewarnt. Doch nach und nach ließen wir die Macken beseitigen, und das Auto wurde ein brauchbarer Begleiter. Wir konnten die Sitze zu Liegesitzen umgestalten und das war praktisch. Unser Ziel in den großen Ferien war Mestre bei Venedig und bis dahin ließen wir uns Zeit. Fanden wir keine Unterkunft, schliefen wir im Auto und wachten zum Glück immer unbehelligt auf. Mein Mann nahm immer Tramper mit, weil er vor Jahren, zum Teil als Tramper, zum ersten Mal nach Italien gekommen war. Wir einigten uns darauf, nur jüngere mitzunehmen. Jugendkriminalität sowie Drogen waren noch kein Thema. Erst Jahre später erfuhren meine Kollegen bei einer Konferenz von dem Unglücksfall eines Primaners. Dieser hatte sich im LSD-Rausch zu Tode gestürzt, weil er annahm, fliegen zu können. Das war der Anfang einer schwierigen Zeit für Schüler und Lehrer.

Ein jüngerer Bruder Dieters, Hermann, von seiner Mutter stets Hermännle genannt, war nach Kalifornien ausgewandert und lebte 40 Kilometer von Los Angeles entfernt. Die Familie traf sich mit ihm in Tübingen, nachdem er nach fünf Jahren einen Besuch machte. Ich blieb jedoch in Köln, da unser erstes Kind, ein Junge, bei der Geburt am Kopf verletzt wurde und nur einen Tag lebte. Ich wollte unser zweites Kind, das im Oktober zur Welt kommen sollte, nicht durch längere Autofahrten in Gefahr bringen.
Einige Tage, bevor wir uns auf den längeren bzw. kürzeren Weg machen wollten, schellte es gegen Abend. Wir erwarteten eigentlich niemanden. Ich öffnete die Tür. Vor mir stand ein junger Mann. Ich kannte ihn nicht. Er war gut angezogen, trug den Hut ein wenig schräg auf dem Kopf, aber nur etwas. Er sagte mir seinen Namen – Johannes Rau. Ich kannte diesen Namen von meinem Mann. Denn beide waren seit der Wuppertaler Zeit meines Mannes befreundet. Rau wollte eine SPD-Versammlung in Duisburg besuchen und Dieter dorthin mitnehmen. Leider kam diese Einladung zu überraschend, denn wir waren mit Arbeit für Schule und Reise nach Köln und Tübingen noch zu sehr beschäftigt. Dieter hätte doch mitgehen sollen, denn beide sollten sich nicht wieder sehen.
Nach dem Tod meiner Schwiegermutter schrieb Johannes Rau, nun Bundespräsident, in seinem Kondolenzbrief von der

Freundschaft zu Dieter, die auch die Beziehung zur Familie ergeben hatte.

Dieter und ich freuten uns über die Osterferien. Bevor er nach Stuttgart fuhr, waren wir noch kurz in Köln zusammen, und meine Mutter und ich winkten ihm lachend zu, als er ins Auto stieg, um zum Flughafen Stuttgart zu fahren. Bald würde er wieder zurück sein; bestimmt an seinem 33. Geburtstag am 20. April. (Er hatte ausgerechnet am gleichen Tag Geburtstag wie Hitler.) Dieters Freund Robi hatte ihn während seiner Zeit in Tübingen zu einer „besonderen" Fahrt nach Baden-Baden eingeladen. Etwas Besonderes war die Fahrt deshalb, weil Robi diese in einem ziemlich alten, aber immerhin extravaganten Rolls Royce unternahm. Er hatte wieder Lust zum Autofahren bekommen und überlegt, welches Auto das möglichst sicherste sein könnte. Robi begab sich nach London und erstand einen sehr alten, aber geräumigen „Rolls". Wie es sich gehörte, war der Chauffeur, in diesem Falle Robi, von den Mitfahrern durch eine Glasscheibe getrennt. Der Spritverbrauch war beachtlich! Robi fuhr vorsichtig und ziemlich langsam, so dass Dieter sich hin und wieder auf das recht breite Trittbrett begab, um von da aus die Landschaft zu bewundern. So schrieb er mir, aber ich war nicht so begeistert.

Robi ersetzte diesen ehrwürdigen Rolls Royce nach einigen Jahren durch einen moderneren. Er besuchte uns (die Großi, seine Patentochter Susanne und mich) mit dem Auto. Die Jungen aus der Prinzenstraße betrachteten dieses Gefährt mit fachmännischen und bewundernden Blicken. Wir schauten in einigen Abständen aus dem Fenster, da wir Angst um das Markenzeichen, den Engel, hatten.

Meine Schwiegermutter hatte inzwischen auf ihrem Gartengrundstück in Dickenschied im Sommer ein Fertighaus (das Häusle) aufstellen lassen. Mein Mann und sein jüngerer Bruder Adolf bauten mit zwei Bauarbeitern das Kellergeschoss. Inzwischen war das Häusle mit dem Notwendigsten möbliert. Man konnte es schon bewundern und darin wohnen. Dieter wollte auf dem Rückweg von Tübingen nach Köln mit seinen jüngeren Brüdern, Gerhard und Adolf, dort übernachten. Gerhard wollte sich ein paar Tage Ferien gönnen. Er hatte sein Juraexamen und seine Promotion geschafft, und das war schon ein Schlauch gewesen. Seine Frau Helga, die zwei kleine Söhne zu versorgen hatte, blieb in Tübingen.

Am 18.4.1960 fuhren die drei Brüder in Richtung Norden und machten in einer Raststätte bei Bruchsal Halt. Dem Wirt in der Raststätte fielen die drei jungen Männer auf, die sich lebhaft unterhielten und miteinander viel Spaß hatten. Er erinnerte sich genau an sie. Kurz nachdem sie die Raststätte verlassen hatten, hörte er einen Knall, eilte hinaus und sah, dass zwei Autos ineinander verkeilt waren. Was war passiert? Zwei Bundeswehrsoldaten fuhren in Richtung Süden. Sie mussten um 24 Uhr in ihrer Kaserne in Memmingen sein. Auf der Höhe der Raststätte der Autobahn Bruchsal-Karlsruhe platzte an ihrem Wagen ein Reifen. Der Wagen überschlug sich, geriet auf die Gegenseite und die Bundeswehrsoldaten wurden aus ihrem Auto geschleudert. Sie trugen zu ihrem Glück nur geringfügige Verletzungen davon. Wie konnte das nur passieren? Und wie das passiert war, erschien fast unglaublich. Die Zivilkammer des Landgerichts Karlsruhe kam zu folgender Begründung und folgender Erklärung: „Herr Pfarrer Dietrich Schneider ist durch einen Verkehrsunfall getötet worden, in den er am 18.4.60 auf der Autobahn Karlsruhe-Bruchsal bei Kilometer 604 in der Gemarkung Forst schuldlos als Lenker eines Pkw verwickelt war. Etwa um 23.30 Uhr des angegebenen Tages befuhren die Beklagten gemeinsam die Autobahn bei Kilometer 604. Der rechte hintere Reifen des Pkw platzte, der Wagen geriet über den Mittelstreifen auf die Gegenfahrbahn, dort prallte er mit dem auf der Normalspur fahrenden entgegenkommenden Pkw zusammen. In diesem fuhren die drei Brüder Ger-

hard, Dietrich, und Karl-Adolf Schneider. Dietrich Schneider steuerte. Die Brüder Gerhard und Dietrich Schneider wurden sofort getötet, Karl-Adolf Schneider schwer verletzt."
Nach den Feststellungen des Landgerichts war der hintere rechte Reifen nicht nur völlig ohne Profil, es war vielmehr die Gummischicht auf der ganzen Lauffläche nur noch äußerst dünn. An der später durchgefahrenen Stelle hatte sich vor dem Unfall ein Kreuzflick befunden. An einer zweiten Stelle war bereits die Leinwand nahezu durchgefahren.
Weitere Begründungen des Landgerichts lauteten: „Im Augenblick sind die Klägerinnen (Ilse Schneider und Susanne Schneider) nicht unterhaltsbedürftig, weil die Klägerin (Ilse Schneider) zum Wohle des Kindes und um ihrer Schadensminderungspflicht nachzukommen die Tätigkeit einer Studienrätin ausübt."

Am Tage des 33. Geburtstages meines Mannes, dem 20.4.1960, erschien im Duisburger Stadtanzeiger ein Artikel, in dem es hieß: „Die gesamte evangelische Kirche in Duisburg wie auch seine Schüler bedauern den Tod dieses beliebten und weltoffenen Seelsorgers."

Sechs Monate nach dem Unfall kam meine Tochter zur Welt. Die Frage nach der weiteren Berufsausübung erledigte sich von selbst. Mein Mann hatte nur wenige Dienstjahre und mein so genanntes Witwengeld hätte kaum die Miete für die Dienstwohnung, Heizkosten, Telefon und andere Nebenkosten abgedeckt. Es kam zu einem Prozess gegen die Schuldner und den Gerling-Konzern, den Versicherer des Autohalters. Und dieser Prozess dauerte. Nach mehr als einem Jahr gab es einen Lichtblick: Ein Versicherungsfachmann, der bei einer US-Versicherung tätig war, hörte durch einen Bekannten meiner Schwägerin von uns. Er wollte uns helfen. Er und sein Anwalt aus Karlsruhe, mit dem er zusammenarbeitete, nahmen unsere nervenaufreibende Angelegenheit in die Hand. Mehr als zwei Jahre dauerte der Prozess.

Inzwischen hatte ich eine andere Wohnung gefunden, was Anfang der 60er Jahre auch noch keine Kleinigkeit war. Die Wohnung sollte möglichst nahe bei der Dienststelle und ohne Baukostenzuschuss sein. Ich erinnere mich noch gut, dass ich versuchte, sparsam mit meinem Geld umzugehen. Eines Tages suchte ich das Finanzamt wegen meiner Steuererklärung auf. Dem noch jungen Finanzbeamten deutete ich an, dass ich den mit meinem Mann abgeschlossenen Bausparvertrag kündigen würde. Er schaute erstaunt, aber auch vorwurfsvoll. Ich hörte: „Ihr Mann hat schon gewusst, was er machte." Das war der falsche Satz. Ich fühlte mich als „Dummchen" eingestuft und blieb ärgerlich bei meiner Entscheidung. Leider stellte sich diese Jahre später als voreilig heraus.

Als ich mit Susanne die neue Wohnung bezogen hatte, wurde ein von mir lang gehegter Wunsch wahr, Maria Callas in einem Konzert zu hören. Sie hatte mich stets durch ihre einmalige musikalische Darstellungsfähigkeit begeistert. Im Mai 1963 gab sie ein Konzert in der Düsseldorfer Rheinhalle. Eine Kollegin hatte Karten bekommen, und wir fuhren nach Düsseldorf. Die Rheinhalle war ausverkauft, und wir warteten geduldig miteinander. Maria Callas erschien nicht und die Zuhörer wurden unruhig. Nach gut einer halben Stunde Verspätung kam sie, verbeugte sich kurz, aber gekonnt und nickte den Musikern zu. Sie begann mit einer Rossini-Arie und begeisterte sofort die vorher noch verärgerten und reservierten Zuhörer.

Einige Monate später endete endlich der Prozess mit einem Vergleich der Parteien.

Meine Mutter und ich wollten mit meiner fünfjährigen Tochter Ostern 1966 eine Reise nach Spanien unternehmen. Im Reisebüro empfahl man uns Marbella. Es war ein hübscher Ort, wie wir im Prospekt sahen. Den Bekanntschaftsgrad und das besondere Image hatte es damals noch nicht, und wir ließen uns die Reise zusammenstellen. Wir erhofften uns eine ruhige und erholsame Zeit. Charterflüge gab es damals nicht. Bei den Linienflügen musste man jedoch meistenteils umsteigen. Und unser Umsteigeort war Madrid. Dort hatten wir einige Stunden Aufenthalt, ehe es weitergehen sollte nach Malaga. Wir beschlossen, in der Zwischenzeit den Prado, das berühmteste Museum Madrids, zu besuchen. Taxis standen genügend vor dem Flughafengelände. Unser Taxifahrer, ein groß gewachsener Spanier, der wahrscheinlich wusste, dass am Gründonnerstag das Museum geschlossen hatte, sagte natürlich kein Wort darüber. Er sprach wenig Englisch und ich genauso wenig Spanisch. Als wir mit ihm am Prado ankamen, konnten wir allerdings das Museum nur von außen bewundern. Der Taxifahrer würde wohl wieder Richtung Flughafen zurückgefahren sein. Nein, er war noch da und ließ uns wieder einsteigen. Warum sollte er sich die Fahrt entgehen lassen? Wir stiegen also wieder ins Taxi mit dem uns bereits bekannten Fahrer. Ich sagte vorsichtshalber noch einmal „Airport". Nach kurzer Zeit stellte ich mit Schrecken fest, dass die Fahrt in Richtung City ging. Meine Mutter nahm an, ich hätte dem Chauffeur diesen Auftrag gegeben. Plötzlich verstand unser Fahrer nicht das geringste englische Wort mehr. Wollte er Geld? Ich nahm es an. Aber genau kannte ich seine Absichten natürlich nicht. Es war recht ungemütlich und ich wurde ängstlich. Wir näherten uns den Bezirken außerhalb Madrids. Das Taxi hielt an, und wir landeten in der Nähe des Retiro-Parks in einem Ausfluglokal. Es war fast alles besetzt. Spanische Großfamilien nutzten den Feiertag. Unser „Familienoberhaupt" fand einen freien Platz und bestellte Cognac. Dann wunderte sich meine Mutter, dass er diesen bezahlte. Ich wunderte mich aber nicht über seine folgerichtige Handlungsweise. Das würde er schon abrechnen, ich bat meine Mutter aber, den Cognac nicht zu trinken. Im Vergleich zu den anderen Familien waren wir eine etwas seltsame Gemeinschaft. Meine Mutter mit ihrem dunklem Haar und den dunklen Augen passte noch am besten in den Rahmen. Da meine Tochter und ich blond waren, störten wir eher die Gemeinschaft. Zudem sprachen wir drei nicht Spanisch und mit dem „Familienoberhaupt" sowie so kein Wort. Langsam wurden unsere Nachbarn aufmerksam. Man schaute neugierig zu uns herüber und ich schöpfte Hoffnung. Unserem Bewacher wurde die Situation etwas kritisch, zumindest schien es so. Er scheuchte uns auf und wir gingen zum Taxi. Ich versuchte einen Polizisten zu entdecken, aber es war keiner zu sehen. Wir fuhren jetzt Richtung Flughafen, und als hier doch einmal ein Polizist auftauchte, den ich aufmerksam machen wollte, zückte unser Fahrer ein Foto, das ihn als Boxer zeigte. Es beeindruckte mich aber nicht. Ich hatte mich schon damit abgefunden, eine ganz schöne Summe für dieses sehr erschreckende Intermezzo zu bezahlen. Aber ich hatte nur noch den Wunsch, den Taxifahrer so schnell wie möglich loszuwerden. Zum Glück ließ er uns heraus und verschwand so schnell, als wäre der Teufel hinter ihm her. Leider verpasste ich so die Gelegenheit, ihm eine Ohrfeige geben zu können. 15 Jahre später kam ich noch einmal nach Madrid – dieses Mal aber angstfrei.

Nach dem Tode meiner Mutter, die für Susanne liebevoll gesorgt hatte, gab meine Schwiegermutter ihre sozialen Aufgaben in Tübingen auf und kam zu mir nach Duisburg. Durch ihre frühere Wuppertaler Zeit hatte sie auch im Ruhrgebiet viele Bekannte. Sie wurde oft eingeladen, über ihren Mann und Buchenwald zu berichten. Im Jahr 2001 verlieh ihr der Ministerpräsident von Rheinland-Pfalz das große Bundesverdienstkreuz.

Als Großi mit mir nach Mülheim umzog, besuchten fast jeden Tag pünktlich ab 14.30 Uhr drei oder vier Freundinnen Susanne. Großi konnte ihnen gute Tipps zur Beschäftigung geben und das nahmen sie auch gerne an. Ich konnte mich zum Glück in mein Zimmer zurückziehen. Großi, Susanne und ich freuten uns, dass der jüngste Schneider-Sohn Ernst mit Frau und seinen beiden Töchtern in unsere Nähe kam. Sein Tätigkeitsbereich wurde Gelsenkirchen. Gelsenkirchen war nach Nürnberg zunächst etwas gewöhnungsbedürftig.

Bei unseren gegenseitigen Besuchen hatten gemeinsame Spiele einen hohen Stellenwert, und Großi spannte uns alle ein. Wir spielten jedoch zum Zeitvertreib am Wochenende recht gerne, nur die jüngste Enkelin nicht. Aber kneifen gab es nicht.

Mit Susanne unterhielt sich meine Schwiegermutter oft über deren Großvater und Vater. So hörte ich eines Tages von ihr: „Wie bedauere ich es, dass Dieter nicht mehr lebt. Ich könnte mich über so viele Dinge mit ihm unterhalten." Es war im Allgemeinen nicht ihre Art, von ihren Gefühlen zu sprechen, aber jetzt merkte ich, wie nahe ihr der Tod ihrer zwei Söhne gegangen war. Vielleicht hatte ihre Verschlossenheit aber auch mit der Erziehung ihres Vaters zu tun.

Zwei ihrer Brüder fielen im Ersten Weltkrieg. Die Mutter war verständlicherweise sehr traurig. Großis Vater, ebenfalls Pfarrer, und zwar im Schwarzwald, national eingestellt, untersagte es seiner Frau, in der Gemeinschaft der Familie zu weinen.

Trotz seiner Marotten schätzte sie jedoch ihren Vater. Es gelang ihm nämlich, in dem kleinen Schwarzwald-Ort eine „Höhere Töchterschule" einzurichten. Er ließ es sich allerdings nicht nehmen, den Schülerinnen zum Schrecken seiner Töchter selbst Mathematik-Unterricht zu erteilen. Für ihren Vater galt der Sonntag als absoluter Feiertag und keiner sollte an diesem Tag arbeiten. Er ging mit gutem Beispiel voran und fuhr z. B. sonntags in keinem Fall mit öffentlichen Verkehrsmitteln. Doch Susannes Urgroßvater ging nicht immer so geradlinig seinen Weg. Als junger Theologe gab er sein Amt auf, um in Ungarn als Hauslehrer die Kinder eines Barons zu unterrichten. Er kehrte jedoch reumütig wieder zurück, da seine Vor-

stellungen von diesem Beruf andere gewesen waren. Außerdem musste er damit fertig werden, dass seine Mutter, die ihn zum Bahnhof begleitet hatte und den sehr heißen Tag nicht verkraften konnte, auf dem Rückweg plötzlich verstarb.
Meine Schwiegermutter war die Jüngste von zehn Kindern. Bei dem Kinderreichtum und dem nicht üppigen Pfarrergehalt musste die Familie sich natürlich einschränken. Trotzdem benötigte ein so großer Haushalt eine Haushaltshilfe. So kam Amei von der Schwäbischen Alb ins Pfarrhaus. Sie war eine lebenskluge, umsichtige Person und die Kinder mochten sie sehr. Meine Schwiegermutter erzählte gern von Amei, der sie immer ihr Herz ausschütten durfte. Die große Familie konnte sich nicht vorstellen, ohne sie auszukommen – und Amei blieb. Sie heiratete nicht, obwohl sie Bewerber hatte.
Susanne war noch keine sechs Jahre alt, als sie in die Grundschule kam, nach vorzeitiger Beendigung der Kindergartenzeit. Die BRD hatte mit Ausnahme Bayerns vor den Osterferien Schuljahresende, der größte Teil der anderen europäischen Länder vor den Sommerferien. Und die BRD passte sich an die anderen europäischen Länder an. Die Schulumstellung des Schuljahrbeginns nach den Sommerferien bedeutete für die Schüler zwei Kurzschuljahre: Das erste Kurzschuljahr währte von April bis Ende November 1966 (Susanne wurde erst im Oktober sechs Jahre alt). Das zweite Kurzschuljahr ging von Dezember 1966 bis Ende Juli 1967. Für Schüler und Lehrer wurde es eine sehr „eilige" Zeit. Für die I-Dötzchen war es auf jeden Fall zu eilig. Die Zuwendung, die sie im ersten Schuljahr besonders benötigten, fiel mehr oder weniger aus.

In der Grundschule meines Wohnbezirkes unterrichtete eine frühere Schülerin von mir. Trafen wir uns auf der Straße, hatten wir uns stets etwas zu erzählen. Dass wir einige Zeit später zu verwandtschaftlichen Beziehungen kommen würden, ahnten wir damals nicht. Mein Schwager Hermann kündigte uns seinen Besuch an. Ich freute mich darauf. Ausgerechnet hatte ich mit meiner ehemaligen Schülerin in dieser Zeit einen Abend verabredet, um ihr Tipps für die Musikstunden in ihrer Klasse zu geben. Ich wollte Gundula zunächst absagen, da ich es jedoch fest versprochen hatte, sollte diese Besprechung wenigstens keine lange Zeit einnehmen. Aber Gundel kam mit einem wunderschönen Blumenstrauß und recht interessanten Ideen zu der Gestaltung ihres Musikunterrichts. Ich vergaß mein Versprechen an die Familie, den Besuch schnellstens wieder nach Hause zu schicken.

Mein Schwager wurde neugierig, klopfte an die Tür des Wohnraums, murmelte eine Entschuldigung und setzte sich im Schneidersitz auf den Teppich. Er schaute uns erwartungsvoll an. Mein Besuch war erstaunt, ich jedoch weniger. Unser „Fachgespräch" versandete und wir drei unterhielten uns sehr munter über andere Dinge. Herrmann brachte das Gespräch dann geschickt auf die Sehenswürdigkeiten des Ruhrgebiets, die er gerne kennen lernen würde. Als ich in die Küche ging, um mit meiner Schwiegermutter über ein größeres Abendessen zu beraten, überraschten uns die Worte: „Wir fahren noch mit dem Auto in die Umgebung." Das hieß für das Ruhrgebiet, in die nahe gelegenen Städte. Meine Schwiegermutter meinte später ganz nüchtern zu mir: „Das kann noch länger dauern, bis Hermann wiederkommt, wir gehen jetzt schlafen."

Gundel kam nach Hermanns Rückkehr in die USA nun öfter zu uns und überbrachte Grüße von ihm. Die Sommerferien benutzte sie dazu, nach Kalifornien zu fliegen. Jetzt überbrachte sie Grüße von uns an Hermann. Bei ihrer Rückkehr stand die baldige Hochzeit fest. Torrance, der Wohnort Hermanns, war nach amerikanischen Verhältnissen fast nebenan von Los Angeles. Sie konnte sich Torrance als neue Heimat vorstellen. Gundel brach ihre Zelte in Duisburg ab. Wir konnten an der Hochzeit ein wenig durch die Fotos teilnehmen. Von der auf der Höhe liegenden architektonisch schönen Kirche hatte man einen prächtigen Blick auf den Pazifischen Ozean.

Der prächtige Blick auf den Pazifischen Ozean war mir zwar nicht vergönnt; aber meine Freundin – Susannes Patentante – und ich planten eine gemeinsame Nordland-Reise mit Susanne. Wir hatten uns vom Skandinavischen Reisebüro in Hamburg eine umfassende Fahrt ausarbeiten lassen. Vom Busfahrschein bis zur Unterstellung meines Autos in einer Kopenhagener Großgarage klappte zunächst alles bestens. Die großen Ferien begannen bereits im Juni. Es war noch Mittsommerzeit. In Kopenhagen gelang es uns ziemlich schnell, die vorgesehene Großgarage zu finden. Eine Fähre brachte uns nach Oslo und gegen Abend bestiegen wir einen Zug nach Bergen. Hier setzte nach anfänglichem Sonnenschein Dauerregen ein, der unsere Laune sehr beeinträchtigte. Am nächsten Morgen, wir waren bereits auf dem Postschiff, hatte die Sonne ein Einsehen und sie blieb. Die tolle Fahrt ging von Bergen bis zur Hafenstadt Kirkenes in Nord-Norwegen, nahe der russischen Grenze. Von hier aus fuhren wir mit dem Postbus, der einmal am Tag verkehrte, nach Finnisch-Lappland. Es war schön, heiß und mückenreich. An unserem ersten Ziel mussten wir durch einen Birkenwald zum Restaurant. Die Mücken stürzten sich in Scharen auf uns. Nur durch Wedeln mit Birkenreisern konnten wir sie bis zum nächsten Angriff abschrecken. Diese Hilfe war jedoch nicht unsere Erfindung, denn wir erblickten vor der Tür unseres Restaurants eine große Anzahl von Birkenzweigen.

Die lappische Hauptstadt Rovaniemi war sehenswert. Der bekannte finnische Architekt Aalto hatte für sie nach ihrer Zerstörung 1944 die Pläne zum Wiederaufbau geschaffen. Wir konnten damals allerdings noch keine Verbindung mit Essen und Aalto herstellen.

Unser nächstes Ziel war Helsinki. Danach hatten wir noch einen längeren Aufenthalt in Stockholm. Von dort aus brachte uns der Zug wieder nach Kopenhagen. Es blieben zum Glück noch Stunden Zeit für die Überfahrt nach Bornholm. Auf dieser schönen Insel wollten wir uns nur noch erholen und wenig besichtigen. Die Fähre fuhr von Kopenhagen abends um 23.00 Uhr. In der Garage empfing uns der Chef. Seltsam, das Auto stand an einem anderen Platz. Ich bekam meinen Schlüssel und stellte fest, dass der Wagen keinen Laut mehr von sich gab. Ich war völlig entsetzt. Der Chef versuchte mich mit den Worten „Nur nicht aufregen" zu beruhigen. Wir warteten auf denjenigen, dem er den besten technischen Autoverstand zutraute. Aber die Zeit verging und es erschien niemand. Der Chef rief bei der Hafenbehörde an, um uns dann zu versichern, dass das Personal der Fähre nach Bornholm orientiert sei. Beim dritten Anruf erklärte der Kapitän, bis 22.55 Uhr zu warten, dann müsse das Auto samt Insassen auf der Fähre sein. 23.00 Uhr war die planmäßige Überfahrt. Der angesagte Helfer ließ sich immer noch nicht blicken. Der Chef kochte allen Kaffee. Wir sahen unseren Erholungsurlaub schwinden, doch endlich hörten wir Fahrgeräusche und ein Taxi erschien. Die Garage diente dessen Fahrer als Parkplatz. Selten ist ein Taxifahrer so erwartungsvoll und dankbar empfangen worden. Er schaffte es, mein Auto in Gang zu bringen. Was nun? Es war bereits dunkel und eines wusste ich genau: Den Hafen hätte ich nicht gefunden. Wir kamen zu folgender Einigung: Der Taxichauffeur fuhr uns in meinem Auto zur Anlegestelle. Er schaffte es rechtzeitig und brachte den Wagen unter großer Anteilnahme des Personals sicher auf seinen zugedachten Platz. Dann fuhr er mit einem Kollegen nach Hause.

Als wir am anderen Morgen in Roenne ankamen, ließ sich das Auto ohne Schwierigkeiten an Land befördern. In Sandveg fand Susanne Spielkameraden ihres Alters, die sie vorher vermisst hatte. Ihre Antwort auf meine Frage, was ihr bei der Reise besonders gut gefallen hätte, erwartete ich nicht: Die Aufregung der Erwachsenen in der Garage hatte den größten Eindruck auf sie gemacht. Dieses Ereignis war spannend. Der Sinn für die einmalige Naturkulisse der norwegischen Küste war noch ein wenig unterentwickelt. Das Ereignis in der Kopenhagener Garage und die Lösung des Problems im allerletzten Moment verstärkten andererseits noch die Bereitschaft, mit den Erwachsenen zu reisen.

Eigentlich hatte ich nicht damit gerechnet, noch einmal nach Casteldefels zu kommen, 20 Jahre nach meinem ersten Aufenthalt in Spanien. Ein guter Bekannter hatte mir in einer für mich sehr bedrückenden Situation tatkräftig geholfen. So wurde aus der Bekanntschaft eine Partnerschaft. Mein Partner war seit einigen Jahren geschieden und hatte vier erwachsene Kinder (drei Söhne und eine Tochter).
Susanne hatte ihr Abitur bestanden. Sie unternahm mit einer Schulfreundin eine Reise nach Frankreich und Portugal mit Hilfe von Interrail-Tickets. Kurt, mein Partner, und ich planten eine Fahrt entlang der Mittelmeer- und Atlantikküste. Zunächst machten wir einen kurzen Besuch in Freiburg, um ab Perpignan unsere Küstenfahrt zu beginnen. Casteldefels wollte ich unbedingt noch einmal sehen. Gab es das Hotel Rey Don Jaime noch? Casteldefels sowie Rey Don Jaime hatten sich sehr verändert. Bei meinem zweiten Besuch kamen wir weniger kompliziert mit dem Auto zum Hoteleingang. Inzwischen hatte das Hotel nur noch vier Sterne. Der Kamin in der Halle fiel kaum noch auf. Der Blickfang war jetzt ein Farbfernseher, der sein Programm in ziemlich grellen Farben und sehr laut abspulte. Einige Kinder amüsierten sich recht ungeniert in der Halle. Im Garten des Hotels ging gerade eine große Geburtstagsfeier zu Ende. Ich hielt vergeblich nach Personal Ausschau. Außer zwei Kellnern sah ich niemanden. An der Rezeption begrüßte uns die Chefin des Hauses. Sie schaute mich lächelnd und fragend an, als ich sie erstaunt ansah. Eine Frau als Chefin hatte ich nicht erwartet. Genauso wenig wie den Man-

gel an Personal. Im Park spielten die Ehefrauen mit den Kindern, ohne ehrfurchtsvoll auf die Gespräche ihrer Ehemänner zu achten. Sie bewegten sich ungezwungen und der größte Teil von ihnen rauchte. Es war noch Vorsaison und man bekam ohne weiteres Zimmer. Sie waren ebenso wie damals vor zwanzig Jahren im katalanischen Stil eingerichtet, aber die Badezimmer versetzten mich nun nicht mehr in helle Begeisterung. Die Geburtstagsgesellschaft verschwand (wahrscheinlich in Richtung Barcelona). Da wir die einzigen Gäste waren und die „Küche" sich bereits für die Geburtstagsfeier verausgabt hatte, empfahlen uns die beiden noch vorhandenen Kellner wärmstens Steaks. Die schienen noch zur Verfügung zu stehen. Dazu Salat und Wein. Was wollte man mehr?

Am anderen Morgen staunte ich über die sogleich ins Auge fallende Veränderung des Ortes. Die Durchgangsstraße, parallel zum Strand gelegen, führte von Barcelona in die südlichen Badeorte. Ich sah vor mir in der Erinnerung, dass sich Autos damals an einer Hand abzählen ließen. Eselskarren und Zigeunerwagen waren hier früher zu sehen. Sie hinterließen keine Abgaswolken, wirkten aber sehr pittoresk und ihre Hinterlassenschaften ließen sich noch in der Landwirtschaft und den Gärten verwenden.

Nun konnte die inzwischen so wichtige Straße wegen der vielen sehr schnell fahrenden Autos kaum noch ohne Gefahr überquert werden. Deshalb führte eine Fußgängerbrücke zur Playa. Es war ein sonniger Tag und viele sonnenhungrige Badegäste hatten sich eingefunden. Auf das „Rey Don Jaime" waren sie nicht mehr angewiesen. Genügend andere Hotels wurden im Laufe von 20 Jahren im Ort gebaut. Von den zahlreichen Restaurants ganz abgesehen. Spanien hatte beim Tourismus Italien bereits den Rang abgelaufen und billiger war es auf alle Fälle.

Unser Reiseabschluss war ein Besuch bei Großi in Dickenschied. Auf dem Wege von der Normandie zum Hunsrück kamen wir durch Elsass-Lothringen. Aus dieser Ecke stammten die Vorfahren meines Lebenspartners. Sie waren Hugenotten und in der Zeit der Hugenottenkriege und der Verfolgung ihres protestantischen Glaubens wegen von Frankreich größtenteils nach Berlin geflohen. Diese gut ausgebildeten Hugenotten wurden von dem Kurfürsten von Brandenburg-Preußen gerne aufgenommen Die Armut nach dem 30-jährigen Krieg spürte die Bevölkerung. Auf ihrem Mittagstisch hatte Kohl die Hauptrolle gespielt Die neuen Mitbürger erlösten sie von dem einseitigen Essen.

Mit fünf Jahren zog Kurt mit seiner Familie nach Norderney. Der Arzt hatte dem Vater, der im Ersten Weltkrieg schwer verwundet wurde, den Aufenthalt an der See angeraten. So lag es nahe, dass sich für Kurt auf Norderney die Vorliebe zum Segeln entwickelte. An der Duisburger Seenplatte fand sich ein Liegeplatz für sein Segelboot.
Die hugenottischen Vorfahren hatten ihre Fähigkeiten, gern und gut zu kochen, an Kurt vererbt. Ich war noch im Dienst und freute mich, ein gut abgeschmecktes Essen wie vorher auch bei der Großi vorgesetzt zu bekommen. Susanne und ich vergaßen auch nicht, diesen Vorzug entsprechend zu loben. Für eine Frau ist das Kochen im Allgemeinen eine Selbstverständlichkeit und lobende Worte werden leicht vergessen. Doch der „kochende" Mann sieht das anders.

Nachdem ich aus dem Dienst ausgeschieden war, suchten wir noch einen Genossen. Das war ein Hund. Eigentlich sollte es ein Dackel sein, aber es wurde ein Cairn-Terrier. Dieser war unter die uns vorgestellten Dackel geraten und übertraf sie durch seine Schönheit. Vor allem konnte ich mich nicht mehr von dem Kleinen trennen. Es war Liebe auf den ersten Blick.

Doch diese Liebe war nicht ganz unproblematisch. Zum ersten Mal wurden wir durch die Tierärztin etwas verunsichert. Sie meinte: „Warum haben Sie sich so ein vitales Tier genommen?" Als Perro seine Jahresspritze bekam und die Helferin ihm ein Leckerchen anbot, fegte er dieses mit Schwung durch den Praxisraum. Er fraß das Leckerchen nicht. Wir sahen, er hatte Charakter.

1971 nahm ich an einer Fachstudienreise in die USA teil. Der Philologenverband war der Veranstalter und ein Reisebüro in Westberlin der Organisator. Damals galt eine Reise in die USA noch nicht als Selbstverständlichkeit. Das bemerkten wir Teilnehmer gut. Mehr als eine Stunde verbrachten wir stehenderweise in einem ziemlich kleinen Raum des Flughafens New York, da die Zollbeamten außerordentliche Schwierigkeiten hatten, unsere Namen, die in den Pässen standen, in ihren Listen zu finden und zu vergleichen. Endlich ging es mit dem Bus zum Hotel (ich hatte ein Zimmer im 20. Stock). Dieses gehörte nicht unbedingt zu den Luxushotels, aber seine Lage konnte nicht besser sein – in der Nähe des Times Square, des Broadway und der 5th Avenue. Man konnte ohne Schwierigkeiten zu Fuß vieles erkunden. Wir fanden es toll, hatten jedoch einen kleinen Schock zu verarbeiten: Ein Dollar hatte einen Wert von 4,- DM. Nun hatten wir allerdings keine Reise „Essen in den USA" gebucht. Mit morgendlichem Frühstück im Tearoom (da war es billiger als im Frühstücksraum), einem Lunch bescheidenerer Ausführung (Turkey mit Kartoffelbrei und viel Soße, leckerem Softeis, Coca und Kaffee nicht zu vergessen) kamen wir ganz gut über die Runden. Von Abnehmen konnte bei diesem Essen auch keine Rede sein.

Ich hatte mich einige Tage von meiner Reisegruppe getrennt, um Verwandte in Los Angeles zu besuchen, und erreichte meine Gruppe in New York erst zwei Tage vor dem Rückflug in die BRD wieder. Mit zwei Kolleginnen hatte ich mich zu einem

Musical-Besuch am Broadway verabredet. Sie hatten Tickets zu einem Musical besorgen können, was zu der Zeit noch möglich war. Es hieß „The Rothshilds – A Family Portrait" von Frederick Morton. Mortons Buch war ein Bestseller und das Musical hatte zwei Tony-Awards erhalten. Außerdem stammte von dem Komponisten der „Rothshilds" auch die Musik von „The Fiddler on the Roof".

Das, was ich von der berühmten Bankiersfamilie kaum und auch Fernand nur lückenhaft wusste, erfuhr ich nun in New York in dem Musical-Theater. Der bescheidene Amschel Meyer Rothschild lebte mit seiner Frau Gutele noch im Frankfurter Ghetto, während seine fünf Söhne bereits Anfang des 19. Jahrhunderts vom österreichischen Kaiser geadelt und zu Baronen ernannt wurden. Der Sohn James gründete ein Bankhaus in Paris und bis heute verbindet man mit seinem Namen zumindest noch den berühmten Rotwein. Die farbenfrohen Bühnenbilder waren beeindruckend. Bewunderungswürdig fanden wir auch die Tänze, einmal am Hofe des Kurfürsten von Hessen und einmal im Ballsaal des Fürsten von Metternich, der die europäischen Diplomaten durch kostspielige Vergnügungen bei Laune hielt und dabei hauptsächlich seine politischen Vorstellungen (nach Napoleon) fest im Griff hatte.

Und wie hieß es in der N. Y. Post: „Excellent ... A striking, interesting and highly unusual musical play" (Richards Watts).

Wir drei waren hoch zufrieden. Als wir anschließend in den „Wienerwald" gingen, eine Niederlassung der vielen deutschen Wienerwaldrestaurants nicht weit von unserem Hotel, ließen wir das Musical bei einem Bier noch einmal Revue passieren und unseren etwas leeren Magen konnten wir mit Weißbrot und Butter, die auf dem Tisch stand, ebenfalls zufrieden stellen.

Und wie erging es den Nachkommen der Rothschilds in Paris während der deutschen Besatzung? Philippe de Rothschild floh nach England und kämpfte mit den alliierten Truppen. Seine

Frau und Tochter wurden schon 1941 in das KZ Ravensbrück deportiert und nur die Tochter kehrte zurück.

Bei meiner ersten USA-Reise versprach ich meiner Cousine, sie bei der vielleicht nächsten bestimmt zu besuchen. Sie lebte in Kenosha im Staat Wisconsin. Nun hatte ich Zeit und konnte das Versprechen einlösen. Kurt hatte Verwandte in Kanada an der Grenze zu den USA in der Nähe der Niagara-Fälle. Ich würde also nach fast zehn Jahren noch einmal nach New York kommen. Das so günstig gelegene Hotel (Times Square) war mir noch in bester Erinnerung. Man hatte es renoviert und mit dem Preisangebot konnte man zufrieden sein. Das inzwischen fertig erbaute World Trade Center ließ sich vom Hotel aus zu Fuß erreichen. Für den Rückweg nahmen wir aber vorsichtshalber ein Taxi.
In Hamilton hatten wir zwar einen Fuß in Kanada, und die in diesem Grenzgebiet erlebten Naturereignisse waren ebenso atemberaubend wie der Ausblick vom hochgelegenen Restaurant des WTC in New York.
Meine Cousine und ihr Sohn holten uns in der Halle des Chicagoer Flughafens ab. Wir waren überwältigt von den Ausmaßen dieses Flughafens und schauten uns ein wenig ängstlich um. Dadurch erkannten uns meine Verwandten wahrscheinlich verhältnismäßig schnell. Wir fuhren in Richtung Kenosha am Michigan-See. Ich bedauerte, dass Bozó nicht mehr lebte. Durch seine Besuche in Köln hatte ich ihn noch in guter Erinnerung. Fast 30 Jahre war meine Cousine mit dem ehemaligen Oberst der königlichen Armee des alten Jugoslawiens verheiratet gewesen. Sie hatten in Kenosha ein schönes und geräumiges Haus erworben. Im oberen Stockwerk wohnte nun ein junges Ehepaar zur Miete. Wir fanden im Esszimmer einen schön gedeckten Tisch vor und einschließlich des Essens war alles perfekt. Wir würdigten es auch entsprechend. Natürlich hatten wir nicht angenommen, in den „Wilden Westen" zu kommen, und

wir bemühten uns, die Stoffservietten vorsichtig an die Lippen zu führen.

Für die nächsten beiden Tage gab es für uns einschließlich meiner Cousine bereits Einladungen bei ihren deutschen Freunden. Kenosha empfanden wir als eine angenehme kleine Stadt im Vergleich zu den amerikanischen Megastädten. Wir nahmen ein Taxi und hier fiel mir der Hinweis für Rentner auf – siehe da, Rentnerermäßigung. Also das gab es in den USA auch, ich hatte es nicht erwartet. Ob es einheitlich für alle amerikanischen Bundesstaaten galt, blieb jedoch ungeklärt, denn meine Cousine wusste es nicht.

Unsere erste Einladung führte uns in das Haus eines sächsischen Ehepaares, das das Glück hatte, die DDR kaum noch kennen gelernt zu haben. Sie hatten die prima Idee, uns einen Lunch nach amerikanischer Art mit Wisconsin-Einschlag vorzusetzen. Es war alles ausgesprochen gut, nur zu viel. Trotzdem verschmähten wir das Eis und den Whisky zum Nachtisch nicht. Wir bewunderten ihr gepflegtes Haus, in dem natürlich viel Eigenarbeit steckte. Wir unterhielten uns über ihre Möglichkeiten als Rentner. Sie waren eigentlich nur darüber besorgt, krank zu werden. „Ihr habt es gut in der BRD", meinten sie, „wir können nur hoffen, keine schwere Krankheit zu bekommen. Das könnte an die Substanz gehen." Die Gesundheitsvorsorge war kaum existent.

Wir kamen in unserem Gespräch auf die Bedeutung, die US-Kirchen haben. Wir hatten bereits viele Kirchen verschiedener Glaubensrichtung in den Straßen bemerkt. Die Kirchen spielen eine wichtige Rolle bei der Bewältigung sozialer Probleme. Viele Gemeindemitglieder setzen sich ehrenamtlich ein. Die Schwiegertochter meiner Cousine wirkte ebenfalls rührig in ihrer Gemeinde. Sie und ihr Mann hatten eine Halbwüchsige im Alter ihrer Tochter bei sich aufgenommen. Das junge Mädchen, das so fröhlich wirkte, kam aus einem schwierigen sozialen Umfeld und war ebenfalls gefährdet gewesen. Wie wir dem

Gespräch entnahmen, hätten unsere Gastgeber es gut gefunden, wenn der US-Staat sich ein wenig mehr einklinken würde, ohne die eigene Initiative zu sehr einzuschränken.
Am nächsten Tag waren wir Gäste bei Freunden aus Königsberg. Die Mutter und ihr Sohn erzählten ein wenig von ihrer Flucht aus dem jetzigen russischen Kaliningrad. Kenosha ließ sich natürlich nicht mit dem ehemaligen Königsberg vergleichen, aber diesen Vergleich zogen sie auch nicht. Sie hatten eine gute Arbeit gefunden, ein schönes Haus gekauft und neue Freunde gewonnen. An unserem Essen nahm noch eine frühere Kölnerin teil. Sie würzte unser Gespräch mit einem einmaligen amerikanischen Kölsch. Als wir uns darüber amüsierten, erzählte sie uns von ihrer Arbeitssuche in Kenosha. Sie kam etwas aufgeregt zu ihrem eventuellen Chef. Dieser hörte ihr erstaunt zu, um dann in ein lautes Gelächter auszubrechen. So hatte er seine Muttersprache noch nie gehört und Köln kannte er auch nicht. Aber sie bekam die Stelle.
Kurt und ich verabschiedeten uns ein wenig betrübt von meiner Cousine. Uns war es klar, dass wir uns nicht wiedersehen würden. Sie würde nicht mehr nach Deutschland kommen und ich wahrscheinlich nicht mehr nach Kenosha. Nach ihrem Tod besuchten mich ihr Sohn und seine Frau in Deutschland. Beide hatten mit großer Begeisterung eine Rheintour gemacht.
Als Kurt und ich vom Flughafen bei Los Angeles von dem Bruder meines so früh verstorbenen Mannes und seiner Frau (meiner ehemaligen Schülerin) abgeholt wurden, freuten wir uns über das Wiedersehen und die noch angenehme Wärme. Meine beiden Nichten, inzwischen zehn und acht Jahre alt, begrüßten uns in dem Haus in Torrance. In den nächsten Tagen unternahmen wir einiges mit meinen beiden Nichten, da die Eltern berufstätig waren. Der Sonntag ermöglichte dann größere gemeinsame Besuchstouren.

Von Kanada bis Kalifornien hatten Kurt und ich bereits einige Kilometer hinter uns gebracht. Und da wir nun schon in Amerika waren, erschien uns Mexiko, dessen Besuch uns sehr reizte, wie ein Land unmittelbar vor der Haustür der USA. In unserem Reisebüro in Mülheim buchten wir ein Hotel in Mexiko-Stadt und zwölf Tage in Cancún (Yucatan). Ein für zwei Tage vorbestelltes Auto sollte uns von Merida (HauptstadtYucatans) über Chichén-Itzá nach Cancún bringen Als wir nach dem Flug wieder festen Boden unter den Füßen hatten, erschraken wir über die Hitze. Wir gingen langsam zu der Autoabgabestelle und trauten unseren Augen nicht. Wir sahen eine ziemlich große Menschenansammlung, in deren Mitte ein junger Mann aufgeregt gestikulierte und für unsere Ohren ein eigenwilliges Kauderwelsch von sich gab. Es sollte Englisch sein. Es gelang uns, etwas näher an ihn heranzukommen, aber wir verstanden kein Wort. Ein Deutscher, der in Mexiko lebte, half uns zum Glück.

Wir wollten mit dem Auto nach Chichén-Itzá, zu der Kultstätte der Maya. Die Autostraße, die uns dorthin führte, war beiderseits mit wunderschönen, in voller Blüte stehenden Bäumen eingerahmt. Einige Zeit danach wurde es karger und uns fielen die zahlreichen Brandrodungsfelder auf. Langsam kamen Maya-Hütten in Sicht. Die zum Teil weißen Kleider der Frauen waren mit exakten Kreuzstichen geschmückt. Meine Handarbeitslehrerin wäre in Entzücken geraten Wir fuhren langsamer, um nicht mit den Touristen in Konflikt zu kommen In Chichén-Itzá konnten wir parken. Die vielen Steinstufen unterschiedlicher Höhe und Begehbarkeit brachten mir mein lädiertes Knie ins Gedächtnis. Es machte mir klar, dass der Aufstieg eine ziemliche Zumutung sein würde: 365 Stufen entsprechend den Tagen des Jahres. Wir sahen uns noch ein wenig in der Umgebung der Maya-Kultstätte um, aber wir mussten unbedingt weiter. Einige dunkle Wolken zeigten sich, wir wurden unruhig. Nur keinen tropischen Regen in der unbekannten Gegend! Wir schafften es gerade noch bis zu einer Tankstelle, da konnten wir uns unterstellen. Die beiden jungen Leute in der Tankstelle zeigten uns anhand der Karte den weiteren Weg nach Cancún. Der Regen ließ nach und zum Glück funkelten Sterne am rabenschwarzen Himmel. Wir fanden sogar das Hotel „El Presidente". Und sofort überfiel uns eine bleierne Müdigkeit. Entsprechend der Bedingung des Hotels hatten wir die erste Nacht in US-Dollar bezahlt. Schlafen würde nun bald möglich sein. In der Hotelhalle war es ausgesprochen ruhig. Na ja, es war bereits sehr spät. An der Rezeption hantierte eine junge Mexikanerin, und wir zeigten ihr unsere Reservierung. Sie schaute angestrengt und misstrauisch auf das Papier, um uns dann mitzuteilen, dass wir erst einmal bezahlen sollten. Vielleicht hätte uns ein Trinkgeld zu unserer Bleibe verholfen? Aber bei unserer Müdigkeit kamen wir überhaupt nicht auf diese Lösung. Ich fragte nach dem „Bell-Captain", dem Herrn über das Fußvolk des Personals. Siehe da, er kam, schaute auf das Papier, dann auf meinen Partner. Der Name Kurt war die Rettung, er sagte mit großer Liebenswürdigkeit: „Ah, Mister „Cö…d!" Er versuchte Mister „Cö…d" klarzumachen, dass er von Spaniern abstamme, kein Indioblut habe. Ich schwieg, da ich mich als Frau vorsichtshalber nicht einmischen wollte. Nun klappte alles bestens, und wir hatten eine schöne und erholsame Zeit in Cancún. Neben den US-Amerikanern waren wir die einzigen Deutschen im Hotel.

Als der Abreisetag kam, stand eine Schlange an der Rezeption. Jeder der Abreisenden studierte seine Rechnung. Sie enthielten ausnahmslos Fehlbeträge zugunsten des Hotels. Auf unserer Rechnung war der bereits bezahlte Betrag des ersten Tages als zusätzliche Summe zu finden. Endlich kamen die Ungereimtheiten zu einem einigermaßen annehmbaren Ende. Inzwischen musste der Flieger nach New Orleans bereits in der Luft sein. Da er jedoch ausfiel, hatten wir noch genügend Zeit, um auf das nächste Flugzeug zu warten. Leider fiel auch die Klimaanlage in der Flughalle aus, und unsere Wartezeit wurde zu einer schweißtreibenden Angelegenheit.

In New Orleans angekommen, hatten wir gleich die Gelegenheit, ein Shuttle zu erhalten. Ich unterhielt mich angeregt mit Deutschen, die in den USA lebten. Wir waren alle entspannt und freuten uns auf die faszinierende Stadt. Doch plötzlich stießen wir mit den Köpfen zusammen, das Shuttle rumpelte erschreckend und stellte sich quer. Ein Reifen war geplatzt. Wir schauten uns ein wenig zitterig und kreidebleich an. Doch eines klappte danach vorzüglich: Ein anderes Shuttle kam sofort und das lädierte wurde eiligst abgeschleppt. Der nicht unbeträchtliche Autoverkehr musste natürlich so schnell wie möglich weitergehen. Das war ein unvorhergesehener Empfang. Aber die faszinierende Stadt entschädigte uns. Die Jazz-Musik spielte hier eine hervorragende Rolle. Wir sahen und hörten kleine musizierende Gruppen, die sich in den Straßen zusammengefunden hatten. Nicht nur schwarze sondern auch weiße Musiker spielten ihren New-Orleans-Jazz, ein Vorbild des Dixieland-Jazz. Der New-Orleans-Jazz wurde von Schwarzen um 1900 herum kreiert. Von hier ging auch der Ruhm von Louis Armstrong aus.

Etwa Anfang 1950 hörte ich zum ersten Mal von der „Schlaraffia". Nach einem Konzert ging ich mit ehemaligen Kommilitonen in ein nahe gelegenes Restaurant. Hier stießen wir auf Professor St., der sich angeregt mit dem Schauspieler Paul Senden unterhielt. Sie teilten uns mit, dass sie beide Mitglied der Schlaraffia seien. Wir schauten etwas erstaunt. Von einem Verein „Schlaraffia" hatte noch keiner von uns gehört. Wir wollten jedoch das Gespräch wegen einer Erklärung nicht unterbrechen.
Ich hatte vier Semester Sprecherziehung bei Paul Senden, dem „Urgestein" des Kölner Schauspielhauses, gehabt. Im Examen

war Sprecherziehung auch ein Prüfungsfach gewesen. An dem Abend, als ich ihm wieder begegnete, erinnerte ich mich an meinen Ärger und die Verlegenheit, als ich ein von ihm gewünschtes Gedicht vortrug. In dem Gedicht von Anette von Droste-Hülshoff heißt es am Anfang: „Ich stehe auf hohem Balkone am Turm, umstrichen vom schreienden Stare, und lasse gleich einer Mänade den Sturm mir wehen im flatternden Haare."

Paul Senden fragte mich nach meinem Vortrag ein wenig ironisch: „Wissen Sie überhaupt, was eine Mänade ist?" Ich wurde äußerst verlegen und ärgerte mich sehr. Mein Lebenspartner konnte mir viele Jahre danach etwas über die „Schlaraffia" berichten. Die „Schlaraffia", ein ausgesprochener Männerbund, wurde um die Mitte des 19. Jahrhunderts von deutschen Künstlern in Prag gegründet. Sie verbreitete sich weltweit. Wesentlich war, Deutsch sprechen zu können. In der Schlaraffia sind Freundschaft, Kunst und Humor ein wichtiger Bestandteil. Ihr Wahlspruch ist: „In der Kunst liegt Vergnügen." Während der Nazizeit konnten die Schlaraffen nur zu geheimen Treffen zusammenkommen. Die Zeit des Rittertums mit allen Begriffen, z. B. ihre Treue, ist bei den Schlaraffen in ihren „Burgen" eine streng eingehaltene „Persiflage". Das sollte man wissen, um keinen Schrecken zu bekommen. Durch die Schlaraffia kam ich wiederum zu einem Besuch in die USA. Davor besuchten wir in Köln meinen ehemaligen Klavierlehrer Prof. St., dieses Mal auch im Hinblick seiner Schlaraffia-Mitgliedschaft. Inzwischen war er 91 Jahre alt. Seine um Jahre jüngere Frau kannte ich noch aus der Zeit des Studiums an der Musikhochschule. Sie hatte dort Gesang studiert und war eine gute Sängerin. Dass sie noch recht gut sang, stellten wir fest, als der alte Herr sie zu einem Schubert-Lied begleitete.

Kurt und ich flogen nach San Francisco zu dem bereits länger geplanten Treffen von Schlaraffen aus der BRD mit Schlaraffen aus den USA. Erstaunlicherweise gab es gar nicht so wenige US-Schlaraffen, die wir dort antrafen und auch noch gut Deutsch sprachen. Nur einer fiel mir auf, der zwar deutscher Herkunft war, aber kein Wort Deutsch mehr sprechen konnte. Das störte jedoch seine Freude an den Unternehmungen keinesfalls, und das war letztlich die Hauptsache. Kurt und ich fassten etwas voreilig den Entschluss, die Golden-Gate-Brücke zu Fuß zu überqueren. Wir hatten natürlich schöne Ausblicke, atmeten aber andererseits die Abgase der Autos ein, die in großer Anzahl über die schöne Brücke fuhren. Außerdem wurde uns erst auf der Brücke unangenehm klar, wie lang diese war. Also nahmen wir zurück zur Stadt ein Taxi.

So einen Brückenspaziergang wollte ich eigentlich in Zukunft nicht wiederholen. Diesen geheimen Schwur brach ich allerdings in späterer Zeit noch einmal. Susanne und ich waren kurz vor Weihnachten 1997 in Texas am Golf von Mexiko in einem Hotel des Außenbezirkes von Corpus Christi (Padre Island) Dieser etwas seltsame Name für eine Stadt geht zurück auf einen Konquistador, der am Fronleichnam die Bucht entdeckte. Als wir am Flughafen ankamen und uns ein Taxi zum Hotel nahmen, fuhren wir über eine Brücke, die über eine der beiden Lagunen führte. Der Taxifahrer zeigte uns unterwegs das Feld, auf dem vor einiger Zeit Ölquellen entdeckt worden waren und die ehemals unbedeutende Stadt zu einer reichen Stadt machten. Allerdings nicht nur die Stadt Corpus Christi. Und er berichtete uns empört von reichen texanischen Touristen, die mit eigenem Flugzeug kamen und sich mit dem Taxi ins Hotel bringen ließen, aber um jeden Cent mit ihm feilschten. In unserem Hotel fühlten wir uns wohl. Wir schauten von unserem Balkon und bewunderten den Pelikan, der dort entlangspazierte. Wir waren zunächst die einzigen Deutschen im Hotel und fühlten uns recht geschmeichelt, als uns die Kellnerin, die uns das Dinner brachte, mitteilte, dass sie sich in der Küche darüber gestritten hätten, wer uns bedienen solle.

Am anderen Morgen erkundeten wir unsere Umgebung. Wir gingen die von Palmen umsäumte, parallel zum Golf liegende Straße entlang. Üppig blühende Hibiskussträucher erinnerten uns an Ferien in Italien und Spanien. Nun konnten wir den Flugzeugträger aus dem Zweiten Weltkrieg und die exakt nachgebildeten Schiffe des Christoph Kolumbus aus der Nähe bewundern. Der Flugzeugträger trug den seltsamen Namen „Blue Ghost". Diesen Namen verdankte er seiner Überlebensfähigkeit. Obwohl er mehrere Male als verloren galt, tauchte er immer wieder geheimnisvoll wie ein Geist auf.

Am Heiligen Abend bekamen wir noch eilig das Frühstück. Die Rezeption war unterbesetzt. Die Geschäfte in der Hotelhalle schlossen ebenso wie die Küche. Nur der Kaffeeautomat funktionierte noch. Der Parkplatz war leer, da die Hotelgäste zu Hause feiern wollten. Susanne und ich fassten den Entschluss, über die hotelnahe Brücke zu Fuß in die City von Corpus Christi zu gelangen, um dort eventuell in einem Hotel noch einen Lunch zu bekommen. Wir waren die einzigen Fußgänger in Richtung der Stadt. In der entgegengesetzten Richtung sahen wir zunächst noch einige schwarze Mitbürger und dann nur noch Autos mit erstaunten Insassen, die uns zum Teil freundlich zuwinkten. Meine Laune war nicht die beste. Ich hatte mir Heiligabend etwas anders vorgestellt und bewunderte zum Ausgleich die schöne Aussicht. Da näherte sich auf unserem Brückenweg, also in der falschen Richtung (quasi ein Geistergeher bzw. eine Geistergeherin) eine ärmliche, bemitleidenswerte Gestalt. Ich bekam einen Schrecken und war der festen Überzeugung, dass uns diese Frau bestehlen würde. Wahrscheinlich hatte sie noch Helfershelfer. Sie näherte sich, niemand sonst war zu sehen. Ein freundliches Lächeln ging über ihr Gesicht und sie wünschte uns „Merry Christmas". Ich stotterte eine Antwort und schämte mich sehr. Mein Missmut verschwand; ich wurde nachdenklich. Die Worte „besinnliche Weihnachten", die so häufig die Weihnachtskarten zieren, blieben auf dieser Brücke keine Worthülsen mehr. Als wir mit dem Taxi zum Hotel zurückkehrten, trafen wir auf ein deutsches Ehepaar. Der Rettungsanker für unsere leeren Mägen wurde der „Pirat", ein von zwei jungen Männern betriebenes Lokal gegenüber unserem Hotel. Sie hatten geöffnet, welch ein Segen! Sie machten ein gutes Geschäft mit ihren ausgezeichneten Steaks. Die Beigabe: laute Musik, viel Zigarettenrauch und viele junge fröhliche Leute.

Am anderen Morgen erlebten wir unser Hotel mit frohen Gästen, die sich mit uns das reichhaltige Frühstück schmecken ließen. Susanne und ich mieteten uns ein Auto und fuhren am Golf entlang in den nächsten kleinen Ort „Port Aransas". Die Golfküste ist besonders reizvoll durch die Inseln und die vielen Buchten, die die Küste unterbrechen. Die Ortschaften einschließlich Aransas werden nicht durch Hochhäuser gestört. Wir sahen einstöckige, manchmal zweistöckige, aber stets farbenfrohe Häuser. Die Palmen überragten zum Teil die Dächer. Der Fischreichtum dieser Gegend ist beachtlich Außerordentlich günstig erhielten wir frittierte Austern und andere bei uns recht teure Fische (jeden Tag frisch gefangen), dazu einen Eisbergsalat mit vorzüglich schmeckender Soße, die jeder Texaner außerhalb von Texas vermisst – so konnten wir in einer Zeitung lesen.

Silvester wollten wir bei Verwandten in Torrance nahe LA sein. Jedoch nicht auf schnellstem Wege, sondern über Chihuahua, Mexiko. Bislang hatten wir nichts von dieser Stadt gewusst; Chihuahua-Hunde waren uns bekannt.

Vom Flughafen der Stadt Dallas ging abends ein Flug nach Chihuahua. In unserem Gate saßen viele Fluggäste, die auf einen Flug nach Arkansas, Kansas und anderen Städten warteten. Durch unvorgesehene Witterungseinflüsse gab es stundenlange Verspätungen. Doch so langsam leerte sich das Gate. Vier Amerikaner, ein Engländer und wir zwei deutschen Frauen blieben übrig. Wir hofften vergebens, noch nach Chihuahua zu kommen. Der Flug fiel aus. Erst am anderen Morgen um 11.00 Uhr gab es wieder Flugbetrieb. Der Engländer war wütend: „Immer der gleiche Schlamassel." Wir bekamen jeder einen Gutschein für das nächste Holiday-Inn-Hotel in Dallas und fuhren gemeinsam mit einem Shuttle dorthin. Einer der Amerikaner kümmerte sich nett um uns. Er war im deutschen Ramstein stationiert gewesen. Es war ihm etwas peinlich, dass er nur das deutsche Wort „Fräulein" kannte.

Wir erreichten wirklich am nächsten Tag um die Mittagszeit Chihuahua. Diese Stadt ist eine der größten und reichsten Mexikos durch ihre Bodenschätze Kupfer, Blei und Silber. Chihuahua war noch weihnachtlich geschmückt. Einige Tarahumara-Indio-Frauen mit ihren plissierten farbenfrohen Röcken und niedlichen Kindern, die mit ihren Zipfelmützen wie Zwerge aussahen, tätigten Einkäufe. Bekannt ist, dass Tarahumara-Männer ausdauernde Langläufer sind. Einmal im Jahr (Erntedankfest) legen sie über 100 Kilometer im Laufen zurück. Angebote, an Olympischen Spielen teilzunehmen, sollen sie aber zurückgewiesen haben.

Susanne und ich bewunderten die schönen Häuser im Kolonialstil sowie die Kathedrale. Chihuahua ist Universitätsstadt und Erzbischofssitz. So war es nicht verwunderlich, dass Papst Johannes Paul II. diese Stadt besucht hatte. An dem schön restaurierten Portal sahen wir, dass hier der Papst in das Innere der Kathedrale geschritten war. Das gegenüberliegende Portal war allerdings noch renovierungsbedürftig, ebenso wie die sich im Hintergrund befindenden Kirchenbänke.

Chihuahua, etwas über 1400 Meter hoch und am Kupfer-Canyon-gelegen, ist Ausgangs- oder Endpunkt der schönsten Eisenbahnstrecke der Welt. So „vollmundig" bezeichnete ein Reisebericht in einer Zeitung diese Fahrt. Fast 90 Jahre dauerte der Bau der Bahnstrecke, damals ein Wunderwerk der Technik. 1961 wurde sie für den Verkehr freigegeben. Die bis dahin

noch unbekannten Tarahumara-Indios wurden von den Bauarbeitern entdeckt und nach der Sierra Tarahumara benannt. Diese Indios lebten in Höhlen verschiedener kleinerer Canyons. Der Kupfer-Canyon ist in diesem Gebiet der größte. Er soll viermal größer als der Grand-Canyon sein. Es heißt in einer Beschreibung: „Zusammen bilden die Canyons dieses Gebietes das vermutlich größte Schluchtengebilde der Welt mit einer Fläche von ca. 60.000 km². Die Bahn windet sich von der Höhe Chihuahuas bis nach Los Mochis, einer Industriestadt am Pazifischen Ozean."
Um sieben Uhr morgens bestiegen Susanne und ich den „berühmten" Zug mit den Tickets für die linke Fensterseite, die Seite mit der besten Aussicht. Es war erbärmlich kalt. Doch der Schaffner tröstete uns: „Sobald der Zug fährt, wird es warm." Es gab im Zug der guten Sicht wegen nur Sitzplätze für zwei Personen. Uns gegenüber an der rechten Fensterseite setzte sich im letzten Moment eine junge hübsche Mexikanerin mit kleinem Sohn, Baby und einem niedlichen Chihuahua in einem geräumigen Käfig. Sie und die Kinder waren wie zum Skiurlaub angezogen, auch dicke Wollhandschuhe und eine Decke fehlten nicht. Der Ehemann oder ein Verwandter verstaute das noch reichliche übrige Gepäck. Ich fragte mich, wie die zierliche Frau das alles managen würde. Ihre Gelassenheit war bewundernswert und gab mir Mut, die lange Zugfahrt zu ertragen. Die vom Schaffner angekündigte Wärme wurde beträchtlich. Meine Nachbarin zog sich und den Kindern die Winterbekleidung aus, und diese landete mit Schwung samt der Wolldecke auf dem Hundekäfig. Der Chihuahua schlief nach kleinem Beller wieder ein. Er schien Kummer gewöhnt zu sein. Das Baby bekam zu trinken und schlief auch wieder ein. Der etwa fünfjährige Sohn beschäftigte sich mit seinem Computerspiel. Die Mama las ihm hin und wieder etwas vor oder erzählte lustige Geschichten Bis zum Schluss der sehr langen Fahrt hörten wir kaum etwas von den Kindern und dem Hund. Jedes

junge Paar in Deutschland hätte vor Neid erblassen können. Unser zuständiger Schaffner schaute stets mit Wohlwollen auf die Hübsche. Das Gepäckchaos schien er zu verdrängen.
Vom Zug aus hatten Susanne und ich fantastische Ausblicke. Ebenso sahen wir die hübschen Orte mit ihren Pfirsichgärten, die Pinienwälder, Ranchos, hoch gelegene Seen, Wasserfälle und die Bewohner, die dem Zug zuwinkten. Aber wir sahen auch die Elendsquartiere der Indios. Der junge Österreicher, der an der „falschen" Fensterseite saß und sich darüber beklagte, schaute hin und wieder nach dem kleinen Hund. Der lebte noch. Zur Freude der Mexikanerin und ihres kleinen Sohnes ging der junge Mann auch bei den Haltestellen ein wenig „Gassi" mit dem Hund. Keiner der Reisenden musste hetzen. Die Käufe bei den Tarahumara-Frauen konnte jeder in Ruhe abwickeln.
Inzwischen waren 13 Stunden Zugfahrt vergangen. Es war stockdunkel draußen, aber der Zug schien mehr Tempo zu haben. Wir mussten eigentlich bald am Pazifik sein. Da erschien jedoch unser Schaffner und teilte eine dreistündige Verspätung des Zuges mit. Das allgemeine Erschrecken war groß. Susanne und ich hatten bereits für „Los Mochis" ein Hotelzimmer gebucht. Viele der Reisenden wollten aber noch mit anderen Verkehrsmitteln zu Badeorten oder ihren Wohnungen kommen. Das war zu unserer Ankunftszeit nicht mehr möglich. Doch der Schaffner hatte vorgesorgt. Er zeigte mit hoch erhobener Hand und strahlendem Gesicht eine Hotelliste von Los Mochis. Nun konnten sich diejenigen, die eine Unterkunft benötigten, in die Liste eintragen. Das machte auch die junge Mexikanerin. Und jetzt war für sie die Zeit gekommen, sich um Hilfe für ihr umfangreiches Gepäck zu bemühen. Sie flirtete mit dem Schaffner. Als wir endlich Los Mochis erreichten, hatte sie drei Helfer: zwei Schaffner sowie den Österreicher, der sich des Hundes annahm.

Die Ankunft des Zuges an seinem Bestimmungsort um Mitternacht begrüßten Susanne und ich mit einem Seufzer der Erleichterung (sechzehn Stunden Zugfahrt). Unsere hübsche Mexikanerin ging in Richtung Taxi, an einem Arm die Babytragetasche, an der anderen Hand den kleinen Sohn, der voller Vertrauen zu ihr aufschaute. Vor ihr die Männer mit ihrem Gepäck und am Taxi ein besorgt schauender Chauffeur. Sie war die Siegerin, mit der Würde einer Regentin, die ihrem Willen entsprechend ihre Untertanen motiviert. Vor ihr beugte sich auch der Taxifahrer. Er widersprach nicht, alles wurde verstaut, und er kam gerade noch an sein Lenkrad.
Der nächste Tag war Silvester. Wir wollten um 24 Uhr in Torrance bei unseren Verwandten sein. Am Flughafen trafen wir die Kalifornier, die wir im Zug kennen gelernt hatten und die auch nach Los Angeles wollten. Der Österreicher gesellte sich ebenfalls zu uns. Zusammen bildeten wir mal wieder eine Wartegemeinschaft. Die Flieger hatten wie üblich zu dieser Jahreszeit beträchtliche Verspätung. Als Erster verschwand der Österreicher. Wir anderen schafften es dann noch, eine Stunde vor Neujahr in LA zu sein.

Dass mein Großvater mütterlicherseits katholisch war, erfuhr ich ganz zufällig im Alter von 14 Jahren. Als ich im Keller unserer Wohnung in dem dort abgestellten alten Bücherschrank nach einem Buch suchte, fand ich ein Gebetbuch für katholische christliche junge Männer. Wem gehörte das? Ich erfuhr von meiner Mutter, dass dieses ihrem Vater gehört hatte. Wir wohnten bereits einige Jahre in Köln und meine Freundinnen waren zum Teil auch katholisch.
Mein Großvater, den ich allerdings nicht mehr erlebt hatte, kam als junger Mann beruflich in die Nähe von Osnabrück. Er stammte aus der Gegend von Mannheim, aus Viernheim. Seine Eltern verstarben früh und er lebte bei Verwandten. An seiner neuen Wirkungsstätte lernte er meine Großmutter kennen, erst

19 Jahre alt. Sie wollten heiraten. Aber so einfach ging es nicht. Meine Urgroßeltern, gut protestantisch, verweigerten eine katholische Heirat und forderten für die Nachkommen evangelische Taufen und evangelische Erziehung. Ohne diese Zugeständnisse wollten sie ihre Tochter nicht hergeben. Mein Großvater stimmte zu und wurde von seiner Kirche exkommuniziert. Acht Kinder wurden evangelisch getauft. Bei den Konfirmationen ging mein Großvater jedoch nie mit zum Abendmahl (das große Hindernis für die Ökumene). Das betrübte zwar meine Großmutter, aber die Ehe blieb eine gute Ehe.

Zunächst hielten sich die Mannheimer Verwandten fern. Dann schickten sie aber die Nichte meines Großvaters nach Osnabrück, um eine Verbindung innerhalb der Verwandtschaft wiederherzustellen. Käthe, wie die Nichte meines Großvaters hieß, wurde zur Lieblingscousine meiner Mutter. Viele Jahre danach besuchte diese Cousine mit ihrem Mann und ihrem mit mir gleichaltrigen Sohn Carlo meine Mutter. Wir, Carlo und ich, waren beide fünf Jahre. Die Erwachsenen machten einen Bummel durch die Stadt und forderten uns Kinder zum Schlafen auf. Carlo ging zwar brav ins Bett, aber ich dachte nicht daran. Ich schlug ihm verschiedene Spiele vor, aber Carlo war beleidigt darüber, dass seine geliebte Mama es fertig gebracht hatte, ihn in einer fremden Wohnung alleine zu lassen mit einem kleinen Mädchen, das ihm ebenfalls fremd war. Er wollte nichts von Spielen wissen. Mit einem abgrundtiefen Seufzer verkündete er: „Jetzt pinkle ich ins Bett." Ich war zunächst entsetzt, aber dann interessiert. Würde er das tun? Hinterhältig meinte ich: „Das machst du ja doch nicht." Dann geschah es natürlich. Und nun kam zu seinem Kummer auch noch der feuchte Untergrund dazu. Aber dann erlöste ihn bald seine besorgte Mama.

Meine Mutter, Susanne und ich besuchten Jahre später Carlos Schwester in Darmstadt. Auf meine Frage „Was macht Carlo?" bekam ich die Antwort: „Carlo ist Jesuitenpater." Ich erschrak leicht, aber im Hinblick auf das Erlebnis mit Carlo als Fünfjährigem dachte ich: Verständnis für die Nöte anderer hat er sicher.

Mein Großvater kümmerte sich mit 70 Jahren um die Aufhebung der Exkommunikation. Es gelang ihm. Gleichzeitig bat er meine Großmutter, ihn nach katholischem Ritus beerdigen zu lassen. Sie tat es.

Ich dachte als Vierzehnjährige nicht weiter über die konfessionelle Mischehe meiner Großeltern nach. Erst in späteren Jahren, als der Begriff „Ökumene" etwas mehr ins Gespräch kam, beschäftigte ich mich damit. Ich hörte von der Gemeinschaft Sant'Egidio. Diese Laiengemeinschaft entstand im Jahr 1968 in der Zeit nach dem zweiten Vatikanischen Konzil. Der Gründer war Prof. Andrea Riccardi, der 2005 in Aachen für seine Arbeit für die Laiengemeinschaft Sant'Egidio den Karlspreis verliehen bekam.

Die Tiber-Insel beherbergt die Kirche San Bartholomeo mit dem Gedächtnis-Altar meines Schwiegervaters. Hier ein Bericht über die Tiber-Insel:
Das Stein gewordene Schiff – Rom – hat seine Tiberinsel wiederentdeckt. Kleine Wellen kräuseln sich am Bug der Agrippina Maggiore. Sonst liegt der Tiber grün und träge in der Sommerschwüle, als das Ausflugschiff sich Roms Insel nähert. Das ist es also, das älteste Fleckchen der Stadt, Herzstück aus Tuffstein, das in seiner Form selbst an ein Schiff erinnert. Auf den Uferstraßen zu beiden Seiten lärmt der römische Verkehr, doch die Insel mit dem markanten Krankenhaus „Fatebenefratelli" ruht still, von den Tiberarmen umschlungen. Die Touristen, die an diesem Sommermorgen mit Reiseführern bewaffnet

an Land marschieren, schauen ein wenig ratlos drein. Das pralle römische Leben, tobt es nicht anderswo als hier, zwischen Kirchen und Spitälern? Tatsächlich ist die Tiberinsel jedoch ein Mikrokosmos, wie er für die Ewige Stadt typischer nicht sein könnte. In der Bar trinken elegante Geschäftsmänner ihren Morgenkaffee neben jungen Müttern mit Kinderwagen. Eine Dame putzt im Ristorante nebenan die Fenster. An der alten Römerbrücke nach Trastevere, dem Ponte Cestio, warten Sanitäter mit gelangweilten Mienen auf einen Noteinsatz. Und über die kleine Piazza spaziert eine Katze, als wäre sie eine verzauberte antike Gottheit. Eine große Gelassenheit liegt über der Insel. Das mag mit dem Bewusstsein dafür zu tun haben, dass sie die Wiege Roms ist, als strategisch wichtiger Punkt schon bewohnt, noch bevor auf dem Palatin die erste Ansiedlung entstand. Hier vermischen sich Heiden- und Christentum, Heiterkeit und Schmerz, Leben und Tod. Viele tausende Römer haben ihr Leben im Krankenhaus Fatebenefratelli begonnen, manche haben es hier ausgehaucht. Und wer die Treppen zum Tiberufer hinabsteigt, der findet heute noch die steinerne Schlange des Äskulaps, mit der alles anfing. Als Rom nämlich 293 vor Christus von einer Pestepidemie heimgesucht wurde, reiste eine Gesandtschaft ins griechische Epidaurus, um aus dem dortigen Äskulap-Heiligtum das Kultbild des Gottes der Heilkunst zu Hilfe zu holen. Äskulap, so geht die Sage, machte sich selbst in Gestalt einer riesigen Schlange auf den Weg nach Rom und schlängelte an der Tiberinsel von Bord des gesandten Schiffes. Die Stadt errichtete dem Gott einen Tempel auf der Insel, und von da an strömten die Kranken herbei, um Hilfe zu erbitten und sich in einem Sanatorium zu kurieren. Zur Erinnerung an die göttliche Flussfahrt gestalteten die Römer die Insel mit Travertinstein wie ein Schiff. Später, zur Zeit des Kaisers Diocletian (284-305) wurde der Heilige Emidius bei einem Rombesuch wegen seiner Heilkunst für eine Inkarnation Äskulaps gehalten und nutzte die Gelegenheit, dort eine Kirche und ein Hospiz zu gründen.

Auf deren Überresten errichtete Kaiser Otto III. im Jahr 1000 wieder eine neue Kirche, in die er die Reliquien des von ihm geschätzten Heiligen Paulinus sowie Bartholomäus bringen ließ.

So kommt es, dass heute in der Kirche San Bartolomeo ein Marmorbrunnen zu besichtigen ist. Bekannt geworden ist das Gotteshaus inzwischen jedoch für seine Erinnerungen an moderne Märtyrer. Papst Johannes Paul II. machte die von der katholischen Laiengemeinschaft Sant'Egidio betreute Kirche zu einer Gedenkstätte mit einer Sammlung historischer Hinterlassenschaften.

Trickreiche Patres ließen Soldaten das Weite suchen.

Die Decke der Kirche nämlich grenzt unmittelbar an die Synagoge des jüdischen Krankenhauses, des zweiten großen Spitals der Insel. Während des Zweiten Weltkriegs wurde die Tiberinsel für viele römische Juden zur Zuflucht. Als die Nazis im Oktober 1943 im ehemaligen jüdischen Getto am gegenüberliegenden Tiberufer eine Razzia durchführten und fast 3000 Menschen deportierten, flohen viele der Gejagten ins Krankenhaus Fatebenefratelli. Dort erfand man geschwind das „K-Syndrom", ein Name, der die deutschen Soldaten an die Tuberkulose erinnerte und sie das Weite suchen ließ. Dank des Einfallsreichtums der Patres konnte auch die Krankenhaus-Synagoge als wohl einzige Synagoge Europas den ganzen Zweiten Weltkrieg über in Betrieb bleiben.

Eine mächtige Nachbarin hat sie mit der größten römischen Synagoge am anderen Tiberufer, deren imposantes Kuppeldach über den Fluss hinweg grüßt.

Obwohl sie im römischen Leben immer einen wichtigen Platz einnahm, war die Tiberinsel jahrzehntelang fast vergessen. Vergessen wie der Fluss selbst, der, wie ein gezähmter Gott, im 19. Jahrhundert in hohe Mauern gezwängt wurde, um der re-

gelmäßigen Überschwemmungen Herr zu werden. Von Abwasserkanälen verschmutzt, dümpelte die einstige Majestät als trauriges Rinnsal dahin. Die Insel lag nachts im Dunkeln und war der Stadt nicht einmal eine richtige Straßenbeleuchtung wert.
Das hat sich in den letzten Jahren jedoch geändert. Spätestens seit Roms Bürgermeister Walter Veltroni vor zwei Jahren die Tiberschifffahrt neu ins Leben rief, begeistern sich die Römer wieder für ihren Fluss und ihre Insel. Im Sommer bauen sie Stände am Tiberufer auf. Dann sitzen sie abends am Fluss, essen Pizza und loben die Schönheit des Ortes so stimmgewaltig, dass die Patienten in den Krankenhäusern nicht schlafen können und auf den Lokalseiten der römischen Tageszeitungen beredt ihr Leid klagen. Doch wenn auf der großen Leinwand des Freiluftkinos der Held die Heldin küsst und sich die Lichter der Ewigen Stadt im Wasser spiegeln, dann sind auch die Touristen überzeugt, dass sie Rom doch an einem seiner typischsten Orte gefunden haben."

Comunità Di Sant'Egidio
Rom, den 12.11.2002

Sehr geehrte Frau Schneider,
Wie Sie wissen, ist es ein Anliegen der Gemeinschaft Sant'Egidio, dass das geistige und geistliche Erbe der Glaubenszeugen des vergangenen Jahrhunderts nicht in Vergessenheit gerät. Professor Andrea Riccardi, der Gründer der Gemeinschaft, hat hierzu u. a. mit seinem Buch: „Salz der Erde, Licht der Welt" einen wichtigen Beitrag gegeben.
Die Gemeinschaft wurde nun damit betraut, die Basilika San Bartolomeo, in der Jugendliche der Gemeinschaft allabendlich zum Gebet zusammenkommen, zu einem Ort des Gedenkens an die Glaubenszeugen des 20. Jahrhunderts zu gestalten.

Es freut uns sehr, dass Ihre Familie und besonders Karl Adolf Schneider es ermöglicht haben, dass in der Kirche San Bartolomeo ein Originalbrief des Pfarrers Paul Schneider aus dem KZ Buchenwald für die Öffentlichkeit ausgestellt werden kann. Wir meinen, dass dies ein sehr bedeutsamer Ausdruck für die Glaubenskraft von Paul Schneider und zugleich ein Zeichen für die Ökumene der Glaubenszeugen ist.

Nun ist es uns eine Ehre und Freude, Sie zu der feierlichen Gedenkfeier in der Basilika San Bartolomeo einzuladen, bei der dieser Brief Ihres Vaters einen angemessenen Ort erhalten wird. Der Generalsekretär des Lutherischen Weltbundes, Ishmael Noko, und Kardinal Walter Kasper, Präsident des Päpstlichen Rates zur Förderung der Einheit der Christen, sowie weitere hohe Vertreter der Ökumene werden die Feier leiten.

Die Gedenkfeier wird am Samstagnachmittag, den 1. Februar 2003 in San Bartolomeo stattfinden. Wir würden uns freuen, Sie zu diesem Anlass begrüßen zu dürfen.

Wir bitten Sie freundlich darum, uns zu benachrichtigen, ob Sie an der Feier am 1. Februar teilnehmen können, und freuen uns auf eine Begegnung.

Mit freundlichen Grüßen
Dr. Cesare Zucconi

Karl Adolf Schneider
Sauerweg 7
70563 Stuttgart

An den
Präses der Evangelischen Kirche im Rheinland
Manfred Kock
Landeskirchenamt
Hans-Böckler-Straße 7
40476 Düsseldorf

Betrifft Paul-Schneider-Gedenken in Rom

Sehr geehrter Herr Präses Kock!

Für Ihren Brief vom 22. April mit dem beigefügten Verzeichnis der Paul-Schneider-Akten und vor allem dem originalen KZ-Brief meines Vaters zur Verwendung in der Gedenkstätte in Rom danke ich Ihnen auch im Namen meiner Geschwister ganz herzlich.
Leider musste der Termin für die Einweihung der Gedenkstätte bis auf Weiteres verschoben werden. Wie ich von Frau Pfarrerin Wagner von Sant'Egidio in Würzburg erfuhr, will Papst Johannes Paul II. unbedingt selbst die Einweihung vornehmen, aber seine Gesundheit ist dem zur Zeit nicht gewachsen. So muss alles in der Schwebe bleiben.
Für das Archiv der Rheinischen Kirche lege ich einige Schriftstücke in Kopien bei, die ich erst vor kurzem erhalten habe und die bis auf den Brief aus der Koblenzer Haft (5.) nicht veröffentlicht sind.
5. Farbkopie eines Briefes aus der Koblenzer Haft vom 26. Oktober 1937. Der Brief ist bisher nur in handschriftlicher Abschrift von Gretel Schneider in den Akten vorhanden. Sie hatte ihn in den 1950er Jahren Herrn Pfarrer Zeller, dem damaligen

Leiter des Waldensermuseums in Ötisheim-Schönenberg überlassen. Von Dr. Albert Lange, dem jetzigen Leiter, habe ich ihn jetzt zurückerbeten und bekommen.
6. Zeilengleiche Abschrift des Briefes vom 26. Oktober 1937
Ich hoffe, sehr geehrter Herr Präses Kock, dass ich damit den Verlust, den das Archiv durch die Entnahme des Originalbriefes aus dem KZ erlitten hat, ein kleines bisschen habe mildern können, und grüße Sie herzlich

Karl Adolf Schneider

Heute ist Sant'Egidio eine Bewegung von Laien, zu der mehr als 40.000 Personen gehören, die im Einsatz für die Evangelisierung und im Dienst an der Nächstenliebe tätig sind, in Rom, in Italien und in mehr als 60 Ländern der verschiedenen Kontinente. Sie ist ein öffentlicher Verein von Gläubigen in der Kirche. Die verschiedenen Gemeinschaften auf der ganzen Welt sind durch dieselbe Spiritualität miteinander verbunden, die den Weg von Sant'Egidio kennzeichnet:

Das „Gebet" ist der Mittelpunkt und der erste Ort, auf den das gemeinschaftliche Leben hin orientiert ist. Das Gebet, das das Leben aller Gemeinschaften in Rom und auf der Welt begleitet und das ein grundlegender Bestandteil ist.

Die „Weitergabe des Evangeliums" ist das Herz im Leben der Gemeinschaft und ist an alle gerichtet, die auf der Suche sind und nach einem Sinn im Leben fragen.

Die „Solidarität mit den Armen" wird als ehrenamtlicher und freiwilliger Dienst im Geist des Evangeliums und im Geist einer Kirche gelebt, die „Kirche von allen und besonders der Armen ist" (Johannes XXIII).

Die „Ökumene" wird auf der ganzen Welt als Freundschaft, Gebet und Suche nach Einheit unter den Christen gelebt.

Der „Dialog" wird vom II.Vatikanum als Weg des Friedens und der Zusammenarbeit unter den Religionen und auch als Lebensweise und als Methode für die Versöhnung in Konfliktfällen aufgezeigt.

Mein Wunsch ist es, dass Sant'Egidio sowie andere Kämpfer für den Frieden auf der Welt diesem Ziel in nicht allzu ferner Zeit näher kommen können.

Bibliographie:

Der Große Ploetz, Auszug aus der Geschichte, Verlag Ploetz, Freiburg Würzburg

Politik im 20. Jahrhundert, Georg Westermann Verlag

Europa nach dem zweiten Weltkrieg, Fischer Taschenbuch Verlag

Binder Gerhard, *Epoche der Entscheidungen*, Seewald Verlag Stuttgart

Die Neueste Zeit. 1850 – 1945, Verlag M. Diesterweg

Geschichtliche Quellenhefte: Die Welt im Wandel; Weltgeschichte 1919–1939, Verlag M. Diesterweg

Chronik der Stadt Mühlhausen in Thüringen, Band V: 1891–1945, herausgegeben von G. Görner und B. Kaiser, Verlag Rockstuhl, 2004

Hermanns, Hans Willi, *Köln im Bombenkrieg 1942 - 1945*, Wartberg Verlag

Danksagungen:

Ich danke für ihre Hilfe:

Bühl, Gisa
Bühl, Heiner
Kühnen-Hurlin, Annemarie
Hurlin, Enno
Schneider, Susanne
Dr. Thioux, Sieglinde
Sprenger, Christiane
Wellfonder, Sibylle
Wiesenthal, Maik